도미노 부부

도미노 부부

펴낸날   초판 1쇄 2025년 8월 5일

지은이   김상용·안병옥
펴낸이   서용순
펴낸곳   이지출판

출판등록   1997년 9월 10일
등록번호   제300-2005-156호
주소   03131 서울시 종로구 율곡로6길 36 월드오피스텔 903호
대표전화 02-743-7661   팩스 02-743-7621
이메일   easy7661@naver.com
디자인   김민정
인쇄   ICAN
물류   (주)비앤북스

ⓒ 2025 김상용·안병옥

값 15,000원

ISBN 979-11-5555-262-9   03810

※ 잘못 만들어진 책은 교환해 드립니다.

도미노 부부

김상용·안병옥 지음

이지출판

●

도미노는 라틴어로 '선생'이란 뜻에서
그 후 주님의 뜻으로 되었으니
우리가 선생 부부로 시작하여 주님을 섬기는 부부가 되고
다음에는 도미노 게임처럼 함께 스러져 간다는 뜻이다.

●

● 차례

제1부 김상용

아버지	11
나의 형	22
나의 삶	27
나의 유학기	40
스승과 제자	49
못 말리는 할망구	60
서른 번째 이사	70
호적과 족보	82
모으다 말고	87
커닝의 말로(末路)	103
결혼식 주례	113
시간강사	122
부조(扶助)	128
지양탕	133
박사(博士)	141
실버타운	147
후회막급(後悔莫及)	152
명품(名品)	158

제2부 안병옥

독립운동가 외삼촌　　　　　　　　167
1·4후퇴　　　　　　　　　　　　172
빨래터 풍경　　　　　　　　　　182
어머님의 경대　　　　　　　　　187
나의 시집살이　　　　　　　　　192
엄마의 지혜　　　　　　　　　　206
떠나는 연습　　　　　　　　　　212
천당과 극락 사이　　　　　　　　218
꽁초가 막대기를 업기까지　　　　232
불가리아 여행　　　　　　　　　236
실수! 실패?　　　　　　　　　　246
오늘도 좋은 날이요　　　　　　　256
정화조 오물을 뒤집어쓰고 만난 사람　270
큰아들 해원　　　　　　　　　　273
둘째 아들 규원　　　　　　　　　287
막내딸 지원　　　　　　　　　　304

맺는 말　　　　　　　　　　　　317

제1부
김상용

아버지

아버지 돌아가신 지 벌써 37년이 되었다. 살아 계실 때는 아버지 생각을 별로 하지 않고 지내다가 나이 들고, 나도 인생의 끝물에 오게 되니 자주 내 뇌리에 떠오르신다. 어려서는 무례하게도 우리 아버지는 왜 남들 아버지처럼 내세울 게 많지 않은 아버지이신가 하고 불만이 많았었지만, 미래를 보는 안목과 생활력이 대단하셨고 우리가 사는 사회에 조금이라도 보탬이 되도록 노력하며 사셨던 아버지를 사모하며 기록한다.

아버지는 안동 김씨(先安東) 후손으로 문무겸전(文武兼全)한 고려군 도원수(都元帥)를 역임하고 형부상서(刑部尙書), 판전리 사사세자사(判典理司事世子師)였으며, 삼중(三重) 대광(大匡)이 가봉된 충신 충렬공(忠烈公) 김방경(金方慶)의 19대 손이시다. 충렬공은 1274년(고려 원종 15년) 원나라가 일본을 정벌하기 위하여 홍차구(洪茶丘)와 같이 전함(戰艦)을 만들게 할 때 중국 남송식(南宋式)이 아닌 본국 고려 양식으로 배를 선조하게 하였으니 이것이 고려 기술로 만든 고려선(高麗船)으로 한국 선박 역사의 시조가 되었다. 원나라식은 만식(蠻式)이라고 하여 남송 복건성(福建省)에서 사용하는 건조법으로 재료도 많이 들고 시간도 오래 걸려 고려의 전통건조법으로 건조하게 한 것이다. 이것이 기록에 의한 최초의 한선(韓船) 제조이다.

또한 아버지는 조선조 개국일등공신(開國一等功臣)으로 조선조 태종왕 때 좌정승을 지냈으며 오도병마도통처치사(吾道病馬都統處置使)로 대마도 정벌에 나섰으며, 상락부원군(上洛府院君)으로 봉임된 익원공(翼元公) 김사형(金士衡)의 15대 손이시다. 익원공께서는 우정승 이무(李茂), 검상(檢詳) 이회(李薈)와 더불어 현존하는 동양 최고(最古)의 세계지도인 혼일강리역대국지도(混一彊理歷代國之圖)를 제작하셨다.

또 선친은 조선조 중종 때 정국공신(靖國功臣)으로 자헌대부(資憲大夫), 공조판서(工曹判書)를 지낸 청백리 지충수부사인 풍양군(豊陽君)의 11대 손이시다. 그리고 생각하니 모든 성씨 중에서 우리 조상 중에 청백리가 가장 많았다고 한다.

방계(傍系)에서 당정에 휩쓸려 멸문의 화를 입은 조상이 있어서 조선조 중엽 이후로 우리 직계는 크게 벼슬을 한 조상이 없었다. 그래서 백범(白凡) 김구(金九) 선생도 충렬공의 24대 손이요 익원공의 20대 손이시나 평민(平民)으로 살았었다. 그래서 우리 후대 조상은 파주에서 숨어 농사를 짓다가 할아버지 대부터 서울에 올라와 생계를 꾸리면서 살아오신 듯하다.

아버지는 3남1녀의 막내로 태어나셨지만 두 살 때 아버지(내게는 할아버지)께서 돌아가셔서 형님 밑에서 자랐으며, 배재중학을 졸업하신 후 서울 종로의 양복점에서 일을 시작하셨다고 한다. 19세에 어머니(전주 이씨)와 혼인하셔서 3남5녀를 출산하셨는데, 첫째 따님 다음의 아들은 어려서 세상을 떠났고, 둘째는 6·25사변 때 국군에 입대했다가 전사하였다. 네 번째로 내가 태어나고, 아래로 아들을 더 낳으려고 하셨으나 딸만 내리 넷을 나으셔서 내가 이 집안의 외아들이 되었다.

아버지는 항상 '예의염치'의 표본이셨다. 식성도 까다로우셔서 서울식 깔끔한 음식만 좋아하셨다. 어른에게 예를 늘 갖추셔서 늙으셔서까지 누님(내게는 고모)과 형님(내게는 작은 큰아버지)께 극진하셨으며, 남에게 폐 끼치지 말고 이웃을 보살피며 살고 약속은 꼭 지켜야 하는 것으로 생각하셨다. 그래서 6·25 공산군 치하에서 우리가 국군 가족임을 이웃이 다 숨겨 주어 우리 식구가 무사히 9월 28일까지 그 무서운 석 달을 넘길 수 있었다.

내가 이러한 우리 아버지의 존재를 참으로 인식하기 시작한 것은 대학원 등록금을 낼 때부터인 것 같다. 내 대학원 학비에 누이동생 넷이 차례로 사립대학 두 명, 고등학교, 중학교에 각각 한 명씩 아들과 딸 다섯의 등록금을 동시에 납부하여 주신 그 능력은 지금 생각해도 어마어마한데, 6·25전쟁 직후 1950년대 중엽부터 말까지 그 어려운 때에 해 주셨으니 존경할 뿐이다. 그것도 넷째 누이의 기억에 의하면 등록금을 각기 수표 한 장씩으로 하여 들고 가기 좋고 납부하기 좋도록 해 주셨다고 하니 정말 경탄할 일이다. 남들은 1,000환, 500환짜리 지폐로 된 큰 뭉칫돈을 들고 와서 돈을 세느라 등록금 납부하는 고생을 하였는데 말이다. 자식을 배려하고 남에게 폐를 끼치지 않는 마음을 가지셨기 때문이다.

그전까지는 아버지는 가장이시니까 집안의 모든 일을 당연히 책임지는 것으로 알고 있었다. 모든 것을 불편함 없이 쉽게 해 주셨으니 아버지는 누구의 아버지나 다 그렇게 쉽게 하는 것으로 알고 있었다. 그러나 내가 결혼하고 나서 남편 노릇, 아비 노릇, 자식 노릇을 동시에 하는 것이 얼마나 어려운 일인지를 안 후에 새삼 아버지께서 살아오신 모습에 존경심을 갖게 되었다. 경제적으로 정신적으로 그 어려운 몫을 아버지는 내가 보기에는 어려움 없이 쉽게 쉽게 잘 맡아 주셨다.

그러나 지금 생각해 보니 우리, 즉 내가 뵙기에는 쉽다고 보았지만 당신에게는 큰 고민과 고통이 늘 있었는데 자식들에게는 안 보이신 것 같다. 그것도 큰 전쟁 둘, 즉 2차 세계대전과 6·25전쟁을 직접 겪으면서 그 속에서 헤쳐 나오셨으니 말이다. 그런데 나는 어리석게도 그것을 못 느꼈던 것이다. 부모는 당연히 다 그러는 것으로 인식하고 있었다.

1945년 전에는 우리 가족이 약 10년 동안 만주 신경(지금의 장춘)의 조선인 마을에서 재봉틀 몇 대 놓고 아동복을 만들어 백화점에 납품하면서 살았다. 그 일도 분주하게 바빴던 것 같지는 않았다고 기억한다. 나는 어려서 잘 몰랐는데, 그래도 그 일이 돈벌이는 꽤 되었던 것 같다.

그렇게 살다가 1945년 8월 초 어느 날 아버지께서, 만주국에 와서 이제 돈을 웬만큼 모았으니 조선(지금의 한국)으로 돌아가자고 하시며 어머니와 형, 나 또 누이동생 셋의 다섯 남매에게 큰 이삿짐 보따리 대여섯 뭉치를 포장해서 안기며 열차편으로 경성(지금의 서울)으로 보내시고, 당신은 나머지 재산을 처분한 후에 오신다고 남으셨다.

그런데 우리가 서울에 도착하여 종로구 예지동에 있는 큰집에 2, 3일 있다가 경기도 양주군 구리면 도농(陶農)리의 외가로 옮겨 그 근처의 새로 얻은 초가집에 한 일주일 있으니까 일본이 멸망하고 우리나라가 해방이 되었다고 거리에 태극기가 나부끼고 온 나라가 시끄러웠다. 따져보니 우리 식구 일행은 아버지만 빼고 8·15해방 약 열흘 전에 조선으로 귀국한 것이다.

아버지는 해방되고 약 일주일 후에 배낭 하나만 등에 메고 조선으로 오셔서 온 식구가 합류하게 되었다. 물론 집이랑 재봉틀 등 재산은 하나도 처리하지 못하고 몸만 오신 것이다. 그 혼란 와중에 무사히 오신 것이 얼마나 큰 다행이었는지 모르겠다. 그 당시에는 열차편도 끊어지고 38선이 철조망으로 막혀서 산 넘고 강을 건너 걸어서 죽을 고비를 넘어 아주 힘들게 월남한 사람들의 이야기는 그 후에 들어서 잘 알았다. 우리 식구가 얼마나 무사히 어려움 없이 귀국했는지를 알고 아버지의 현달(賢達)하심을 감사하고 감사해했다.

지금도 나는 가끔 생각한다. '어떻게 아버지는 바로 8·15 열흘 전에 우리 식구들을 귀국시키려고 하셨을까? 그 8·15 직후 혼란에 들볶이지 않게 하려고 미리 생각하셨을까? 직감인가 영감(靈感)인가? 혹시 일본이 패망할 거라는 정보를 어디서 귀띔으로 들으신

게 아닌가? 밤을 새면서 며칠씩 마작을 자주 하셨는데 혹시 그 일행 중에서 어떤 비밀 정보가 나온 것은 아닌가?' 생전에 내가 여쭈어 보지 못한 것이 지금도 한이 된다.

후에 들어서 알았지만 8·15 전에 조선에서는 일본의 미곡 수탈로 조선인의 먹을 식량이 없어서 고구마와 감자, 산나물 등으로 끼니를 이었고 소나무 껍질을 벗겨서 식량으로 대신하기도 했다고 하는데, 우리는 만주 신경에서 먹는 걱정은 안하고 살았으니 얼마나 큰 복이었는지 모르겠다. 항상 흰 쌀밥에 가끔 돼지족발을 먹으면서 끼니 걱정은 없었던 것 같았다. 조선에서 살고 있는 동포들이 굶주릴 때 우리는 그러지 않았으니 그것도 아버지의 덕이다. 물론 만주도 일본 지배하에 있어서 일본의 차별대우를 받았지만 조선에서처럼 심하지는 않았던 것 같다.

그리고 귀국하실 때 돈도 상당히 많이 가지고 오신 것 같아서 해방 후에 서울 종로4가에 점포 하나를 외가 먼 친척으로부터 인수할 수 있었으니 나에게는 불가사의의 일이다. 그 혼란 중에 어떻게 돈을 그렇게 가져오실 수 있었을까. 그 점포에 딸린 방 두 칸에서 우리 식구가 살다가 몇 년 후에는 방 4개 있는 한옥을 사서 이사하게 되었다. 그때 내가 중학교 1학년 때이니까 약 2년 만에 살림집을 마련하신 것이다. 그 점포는 미곡 도매점이었는데 직원이 3명이었던 것으로 보아 잘나가는 상점으로 기억한다.

그동안 나는 국민학교를 세 군데 다녔는데 입학은 만주 신경의 영락(永樂)국민학교, 4학년 때 귀국 얼마 후 서울의 혜화(惠化)국민학교를 몇 달 다니다가 일제시대 일본인 학교였던 연건동의 비어 있는 창경(昌慶)국민학교로 전학하여 그 학교에서 졸업했다. 중학교에 들어갈 때는 그 동네에서 익숙한 보성중학교를 택했다. 왠지 나 같은 보통 학생이 가는 곳 같았다. 입학원서를 쓸 때 아버지는 더 좋은 중학교도 있을 텐데 그리 가지 않고 왜 보성중학이냐고 하셔서, 이 학교가 가깝고 좋아서 선택했다고 말씀드렸지만 속으로는 우리 가정 수준으로는 보성이 가장 알맞다고 생각했다.

국민학교 다닐 때 학교에 제출하는 가정환경기록표를 작성할 때는 항상 보호자 직업을 '상업'으로 적는 것을 부끄럽게 생각해서 내 형편에 보성이 적당하지 않은가 생각했다. 장사하는 것이 왜 그렇게 부끄러웠는지 모르겠다. 지금 생각하면 아버지의 덕을 그렇게 많이 받고 자란 놈이 아버지의 직업을 그렇게 소홀히 생각했다니, 나는 불효막심한 놈이다. 그래도 아버지는 일제시대 먹고 살기도 힘든 그때 중학교 교육을 받으셨으니 당시로는 보통 이상의 수준이셨는데도 말이다. 모든 직업이 평준화가 된 오늘에는 아무 상관이 없는 일인데 그렇게 생각하며 살아왔다. 장사를 잘 한다는 것이 얼마나 어려운 일인데. 나의 무지였다.

중학교 입학하고 나서부터 아버지는 나에게 아무 간섭도 하지 않으셨다. 나를 완전히 믿으신 것 같다. 내가 대학 갈 때 대학과 학과 선택할 때도, 대학원에 진학할 때도. 결혼할 상대를 데려왔을 때도, 미국 유학할 때도 아버지는 내 선택과 결정에 동의하시고 아무 말씀 안 하시고 그대로 허락해 주셨다. 나를 완전히 한 인격체로 믿으셨으니까 나도 책임감 있게 잘 해 나갔다. 내가 그만큼 조숙(또는 성숙)했었나 보다.

내가 서울대학에 입학했을 때 부모님이 양복 한 벌을 새로 맞춰 주신다는 것을 극구 사양하고 대학 4년 동안 군복을 검정색으로 물들인 옷(그 당시에는 그렇게 많이들 해 입었음)을 입고 다녔다. 그러나 그 당시도 서울대학에 입학한 것을 큰 벼슬이나 한 것처럼 축하하던 시절이었다. 졸업에 임박해서는 아버지 입으시던 헌 양복을 우라카이(일본말, 양복을 뒤집어서 다시 해 입는 것)해서 한 벌 얻어 특별한 외출복으로 입었었다. 그런 옷은 양복 상의의 바깥 주머니가 왼쪽 위에 있는 게 아니라 오른쪽 위에 있어서 아는 사람은 금방 알아차릴 수 있었다. 새 양복의 바깥 주머니는 왼쪽 위에 두는 게 정칙이다. 1950년대 말에는 우리나라에서 양복지를 생산하지 못해 홍콩이나 마카오 등지에서 밀수입했기 때문에 양복감 값이 무척 비쌌다. 5남매 학비를 대주시는 것만 해도 과중한데 새 양복은 무슨 새 양복, 내가 솔선수범하느라 절약할 것은 참고 견뎠다. 그런 모습으로도 부끄럼을 몰랐던 바보였다.

　그때 같은 과의 지방 학생들이 서울대학에 입학했다고 좋은 남색 더블 양복을 해 입은 것을 보아도 부러워하지 않고 그냥 잘 넘겼다. 오버 코트도 군복을 검정색으로 염색한 것, 좀 커서 잘 맞지 않는 것을 걸치고 다녔다. 요새는 노숙자도 그런 것은 걸치지 않는 것 같다. 졸업식 때는 아버지의 오래된 외투를 빌려 입었었다. 그래도 부끄럽게 생각하지 않고 잘 지냈다. 그러나 누이동생들이 대학에 입학했을 때는 새 옷을 해 주시라고 말씀드렸다. 나는 너무 착한 바보였나 보다.

　6·25전쟁을 겪을 때도 아버지의 지혜로우심에 우리 일곱 식구가

고생을 덜하고 지냈다. 1950년 6월 25일부터 9월 28일까지 인민군이 서울에 침입해 들어왔을 때는 우리가 미처 남쪽으로 피란할 수가 없어서 죽을 고비를 몇 차례 겪으며 석 달을 지냈는데. 막판 9월 25일께 우리 상점과 살림집이 폭격을 맞아 다 타서 없어져 버렸다. 우리 가족은 해방 후 5년 만에 또 집 없는 신세가 되어 버린 것이다. 그런데 살림집이 폭격 맞고 불탄 자리에 가 보니 아버지가 안방 뒷골목에 사각 석유 양철통 두 개에 가득 담아 땅에 파묻었던 현금 뭉치가 위 표면의 몇 장만 불에 그슬리고 나머지는 온전히 살아남았다. 인민군이 설쳤던 그 험한 석 달 동안에 숨어 다니면서도 어떻게 저렇게 큰돈을 모아 간직하셨는지, 다시 한 번 아버지의 지혜를 보았다.

1·4후퇴 때는 6·25 때 북한군의 포악함에 질려 일찌감치 12월 말에 피란을 갔는데, 그것도 트럭 한 대를 대절해서 우리 식구 전부와 짐을 싣고 충남 홍성군 광천읍 신진리로 이틀 만에 도착해서 아버지가 아시는 송씨 댁에 방 두 칸과 부엌이 달린 뜰아래 사랑채에 정착했다. 그 후 약 2년 동안 그곳에서 피란 생활을 하고 서울로 환도할 때는 송씨가 피란민으로부터 집세를 어떻게 받느냐고 안 받는다고 하는 것을 억지로 은수저 두 벌을 사례로 드리고 온 것을 기억한다.

남들은 1·4후퇴 때 보따리 보따리를 지고 이고 걸어서 대구, 부산 등으로 피란을 했다고 고생담을 많이 얘기하지만, 우리는 아무런 고생도 하지 않고 밥도 굶지 않고 잘 지낸 것은 아버지의 큰 덕이다. 그때에도 2년 이상 생활할 수 있는 현금을 가지고 가셨던 것이다. 남들은 맨손으로 피란 가서 살 집과 먹을거리가 없어서 거리를 헤맸다고들 하는데, 우리는 좋은 아버지 덕분에 편안히 지내다가 온 것이다. 8·15해방 때와 같이 6·25전쟁 때도 자식과 아내를 고생시키지 않으신 훌륭한 가장이셨다.

환도 후에는 우리가 살 집이 없어서 외가로 먼 친척인 분이 아직 부산에서 환도하지 않고 있어서 그들이 환도할 때까지 그 집에서 살았다. 중구 을지로5가에 있는 2층 적산가옥인데 아래층의 방 둘과 2층에 다다미방 두 개가 있었다(그런데 2층의 한 방에는 주인집 짐이 가득 들어 있었음). 아래층의 두 방은 부모님과 누이들이 각각 쓰고 2층의 한 방은 내가 썼다. 이 집에서 3~4년 살다가 주인집이 환도한다니까 우리도 그 근처 조그마한 아래층 방 둘과 2층 방 하나인 적산가옥을 사서 나갔다. 자식들 학비를 그렇게 많이 부담하시면서도 집을 마련한 것이다.

또 2년 후에는 내가 서울공대 전임강사가 되니까 대학 근처로 이사 가자고 하셔서 성북구 안암동에 마당이 넓고 방이 넷 있는 60평짜리 단독주택으로 옮겼다. 8·15와 6·25로 국난이 있을 때마다 집을 잃어 버렸지만 아버지는 곧 회복하는 힘을 가지고 계셔서 식구들이 편안히 지내도록 해 주셨으니 훌륭하고 지혜로운 가장이셨다.

그 후 연로하셔서 장사는 안 하고 세를 주고 사시다가 내가 미국에 유학하고 있는 중에 사기를 당하시어 안암동 집이 사라지게 되어 아버지의 말년은 그렇게 행복하시지는 못했다. 그래도 우리 부부는 부모님 두 분이 돌아가실 때까지 잘 모셨다. 아버지는 치매로 8년을, 어머니는 중풍으로 8년을 고생하시다가 아버지가 1986년에 돌아가신 후 2년 만에 어머니도 돌아가셔서 지금은 용인의 천주교 명동성당 가족묘지에 정답게 같이 편안히 누워 계신다.

아버지에 관한 일을 여러 모로 생각해 보니, 그래도 우리 아버지는 적어도 처자식들이 불편함이 없도록 길러 주시고 또 자식들이 어른이 되어 결혼할 때까지 돌봐 주셔서 큰 어려움이 없도록 해 주셨다. 어느 부모나 자식들에게는 헌신하지만 두 번의 전쟁 중에도 자식들을 다 고난에서 보호하여 기르시고 또 자식들을 원하는 데까지 공부시키기는 아주 힘든 일이었다. 그 자식들이 모두 조금씩이라도 우리 사회에 봉사하고 기여하면서 살고 있으니 아버지는 간접적으로나마 국가를 위하여 사신 것이다. 그러니 우리 아버지는 한국의 한 국민으로서의 본분을 너무 잘하신 분이다.

아버지는 우리 조상들의 좋은 점만 이어받아, 특히 청백리의 정신을 이어받아 검소하게 사셨으며, 이웃을 배려하여 해를 끼치지 않고 또 남에게 부끄럽지 않은 일생을 사셨다. 자식들도 그런 정신으로 길러 주셔서 나도 아버지의 좋은 점만을 이어받아 깨끗하고 반듯하게 살며 이웃을 보살피면서 살려고 노력했는데, 그대로 되었는지 잘 모르겠다.

(2019년 5월)

나의 형

나는 호적상으로 우리 집 아들 삼형제의 막내이다. 첫째 형은 두 살 때 태열로 죽었다고 한다. 그래서 나는 잘 모르겠고, 둘째가 내 형이고 우리 집 맏아들이다. 우리가 만주의 신경(지금의 장춘)에서 살 때 내가 초등학교 들어갈 때까지 우리 집 첫째와 둘째 자녀인 누나와 서로 싸우는 일이 많아 그때마다 부엌에서 일하시던 어머니가 야단을 치시면서 싸우지 말라고 하시던 모습을 본 기억이 난다. 그때 나는 같은 방에 앉아 있으면서도 제3자로 어느 편도 들지 않고 가만히 구경만 했던 것으로 기억하고 있다. 누나와 형은 나의 존재를 무시하고 저희들끼리 남자 둘 여자 셋, 5남매의 패권을 다투었던 것 같다

형은 준수하게 잘생겼고 건강하여 스케이트도 잘 타서 우리 초등학교 스케이트 선수로 활약했었다. 만주는 겨울이 아주 추워서 겨울이 되자마자 학교 운동장에 물을 부어 놓으면 그것이 스케이트

장이 되어 겨울 내내 스케이트를 탈 수 있었다. 그런데 우리 부모님은 형만 스케이트를 사 주고 나는 안 사 주셨다. 또 누나와 형까지만 유치원에 보내고 나부터는 안 보내셨다. 장자 우대 사상을 깊게 가지신 부모님 덕에 많은 차별 대우를 받았었다. 내가 그때 불평을 하고 나도 이 집 자손 대우를 해 달라고 하지 못하고 지금 와서 불평만 하는 것도 내가 못난 바보였기 때문인 것으로 생각한다. 아니, 너무 착한 바보였나 보다. 그 상황에 만족하면서 '내가 할 일은 아무도 말리지 않는 공부다' 하고 공부만 열심히 한 것 같다.

그렇게 차별해서 대우를 잘 받았는데도 누나와 형은 공부를 잘하는 것 같지 않았다. 누나는 중학교 입학시험에 안 되어 울고 짜고 했는데 고등부에 다니면서 다음을 기약했던 기억이 난다. 해방 전후에 우리 식구가 만주에서 귀환하여 장성한 형은 서울의 어느 상업학교에 보결시험에 응시했으나 만주에서 배운 것과 차이가 있어서인지 안 되었다. 그리고 얼마 있다가 군대에 가서 헌병이 되어 군복을 입고 우리 앞에 나타났을 때에는 잘생긴 씩씩한 군인 형을 보는 기쁨이 컸었다.

그는 큰아들로 우리 집의 대들보요 희망이었다. 그러나 곧바로 닥친 6·25사변 중 북한군이 석 달 동안 서울을 지배할 때 우리는 국군 가족으로 피해를 볼까 봐 가슴 졸이며 숨어 살았었다. 이웃집의 도움으로 석 달을 아슬아슬하게 숨어서 살아 넘기고 겨울에 중공군이 남침할 때는 일찌감치 남쪽으로 피란을 갔다. 충남 홍성군 광천읍에 정착하여 피란 생활을 한 지 약 1년 쯤 되었을 때 부산으로 피란 간 누나 가족에게서 전보가 왔다. 형이 부산 모 육군 병원에서 부상 치료 중 전사했다는 것이다. 천둥이 치는 듯한 기막힌 소식에 온 식구가 슬픔과 절망 속에 잠겨 있다가 아버지께서 확인 차 부산에 다녀오시겠단다. 다녀서 약 일주일 후에 오셨다. 우리 식구들은 또 한 번 슬픔에 휩싸였다. 형이 죽다니, 어머니는 장래를 의탁할 큰아들을 잃은 것을 너무 슬퍼하셨다. 그래도 시골 피란지에서 아들을 잃었다는 소문이 나면 남들이 하대한다고 생각하시고 외부에 알리지 않고 가슴속으로 슬픔을 달래시며 그 근처 절에 두 분이 가셔서 형의 명복을 빌었다.

그리고 며칠 후 윗방에서 주무시던 두 분이 조용히 하시는 얘기를 잠결에 들으니, 어머니가 아버지한테 다른 데서라도 아들을 낳아 오면 어떠냐고 하신다. 나도 아들인데 나는 안중에 없으신지 이상한 생각을 하신 것 같다. 나는 어려서부터 몸도 허약하고 바짝 마르고 사람 노릇을 못하게 될 줄 아신 것 같다. 형은 건강하고 잘생겼고 나는 삐쩍 마른 허한 놈이고 하니 그럴 만도 하셨겠다. 그러나 너무 차별해서 생각하시는 것이 서운하고 이상했지만 곧 잊어버리고 정상으로 돌아왔다.

하지만 나는 누나, 형보다는 공부도 훨씬 잘했고 그림도 잘 그리고 손재주도 좋았다. 그러나 부모님의 맏아들 선호 철학은 내가 결혼해서 애들 낳고 살 때까지 변하지 않으셨던 것 같다. '저것이 어떻게 공부는 잘해서 겨우 살고 있지' 하고 믿음이 안 가셨지만, 외아들이 된 나에게 기탁하셔야 하니 부모님의 팔자도 기구했던 것이 아닌가 생각한다.

형이 살아 있었다면 내 운명도 많이 달라졌을 거다. 나는 원래 성격이 조용하여 혼자 있기를 좋아하고 내향적이고 해서 평생을 공부하고 연구하는 직업을 가지려고 했다. 그래서 서울대 문리대가 나의 적성에 맞는다고 생각했는데, 가정 경제를 생각해서 취직이 잘 되는 공대를 택하게 되었다. 내가 살아가는 길이 여기서 갈라진 것이다. 그러나 내 팔자인지 나는 피하려고 했던 연구하고 가르치는 교수직을 갖게 되었다. 어머니는 보수가 너무 적어 생활비도 못 벌어오는 그게 뭐 대단한 거냐 하시는 듯. 형이 살아 있었다면 하고 내 형만 마음속에 담고 계신 듯했다. 이런 일도 있었다. 형의 전사로 부모님은 전사자 연금(?) 같은 것을 매월 타시는데 보훈처에서 받은 큰 양철 양동이를 형의 분신인 듯 아껴 쓰시고 다른 사람이 만지지 못하게 하신 적도 있다

그렇게 못 미더워하시던 내가 두 분이 돌아가실 때까지 중풍과 치매로 고생하시는 것을 보살펴 드리고 집에서 와석종신(臥席終身) 하시게 하였으니 그런대로 형에게 부끄럽지 않게는 되었다.

그렇게 세월이 흘러 흘러서 부모님도 돌아가신 지가 35년이 넘었고, 현충원에 있는 형의 묘소에도 가끔 들르다가 지금은 내 몸이 다 망가져 걸을 수가 없어 형의 묘소는커녕 부모님이 누워 계신 용인 명동성당 묘지에도 못 가는 신세가 되었다.

평생 내가 가진 사진들을 정리하다 보니 형의 군인 때 사진 두 장이 나왔다. 나하고 같이 찍은 사진도 분명히 있었는데 그것은 어디로 갔는지 없어졌다. 그 사진에는 나도 형 못지않게 잘생긴 청소년으로 나와 있는데. 우리 형제가 같이 찍혀 있어야지 형만 따로 있는 사진을 보면 외롭고 가련한 마음이 생겨 나에게는 별로이다.

이제는 내가 친가, 외가, 처가, 사돈집을 통틀어 제일 연장인 고로(高老)가 되었다. 어려서 허약했던 것이 아직도 살아서 제일 어른이 되었다. 어디서나 윗사람 노릇 하는 것이 어려운데 형이 있었으면 내가 옆에서 도와 주는 척만 하고도 잘 살아갈 수도 있었겠는데 하고 허망한 생각을 해 본다. 형을 '형님'이라고 부르기도 전에 전사한 형, 지상의 복록을 누리지도 못하고 간 형, 하늘나라에 평안히 계시기를 기도합니다.

옛날 일들을 따져 생각해야 무슨 소용이 있나. 이제 잘 들리지도 잘 보이지도 않으니 점잖게 못 들은 듯, 말 못하는 듯하고 지내야지 생각하면서도 코로나로 집 안에만 들어박혀 답답함을 못 이겨 시간을 내어 몇 자 옛날 일을 끄적거려 보았을 뿐이다. 인생 모든 게 무상(無常)이요, 허무(虛無)로다.

(2022년 3월 29일)

나의 삶

6·25사변은 우리 민족에게 크나큰 피해와 상처를 주었다. 나도 그 피해자 중의 한 사람이다. 서울 종로5가에 있던 우리 집과 종로4가에 있던 미곡상점 점포가 9·28 서울 탈환 폭격으로 모두 불타 없어졌다. 또 하나뿐인 형이 이 전쟁 중에 전사했다. 그래서 내가 고3 때 대학 진학 선택을 앞두고 고민을 하게 되었다. 나는 원래 성격이 내성적이고 개인적이라 학자가 되는 길로 알고 있던 서울대 문리대에 진학하고 싶었는데, 내 희망을 꺾고 그 당시 취직이 가장 잘 되는 서울공대 섬유공학과에 지원하였다. 대학을 졸업하고 빨리 취직하여 우리 집안 경제를 살려야 했기 때문이다.

대학에 들어가 1, 2학년은 재미있었다. 내가 좋아하는 학과목이 많았고, 특히 수학 과목은 흥미 있고 좋아하여 1학년 2학기에는 6학점짜리 미적분학을 우리 반에서 나 혼자 A를 받은 것을 내가 지금도 기억하는 것을 보면 자부심이 대단했던 것 같다.

그러나 3,4학년이 되면서 실망하기 시작했다. 그때 우리 과 교수 중에 동경공업대 출신인 장석윤(張碩潤) 교수는 내가 1학년 때 부산의 동아방직 공장장으로 가시고, 3학년 때는 같은 동경공업대 출신인 김상길(金相吉) 교수가 서울의 태창방직 공장장으로 떠나셨다. 나머지 교수는 대부분 고등공업(지금의 전문대학) 출신이었다. 물론 고등공업 출신 교수들도 연구를 많이한 특별한 분도 계셨지만 대부분 그들의 교육방법은 그 내용이 기술에 관한 것이었다. 공학적이고 원리적, 이론적이 아니라 기술적인 것이다. 즉 강의 내용이 기계구조와 작동에 관한 것이나 생산량 계산 등에 관한 것이었다.

그래서 그 강의가 너무 지루하여 강의시간이 나에게는 인내심을 키우는 자리인 것 같아서 괴로웠다. 뭐 이런 것을 배워야 하나 하고 고민도 많이 했다.

그래도 3학년 여름 방학에는 안양에 있는 금성방직에서 같은 과 동기생인 김달영(金撻永), 김영규(金英圭), 유종근(俞宗根), 위기찬(魏基燦) 등과 같이 30일간 공장 실습을 했고, 그 겨울 방학에는 영등포에 있는 대한모직에서 동기생 이원복(李元福)과 같이 한 달간 공장 실습을 했다. 금성방직 실습 때는 서울공고 재학생들과 같이 했는데, 그들이 공고에서 배우는 것이나 우리가 대학에서 배우는 것이나 전공과목에서는 큰 차이가 없는 듯했다. 기계작동법과 생산량 계산을 배우는 것이니 그럴 수밖에 없었다.

그리저리 지내면서 졸업을 하게 되었는데, 내가 3학년 때 실습 갔었던 금성방직과 대한모직에서 채용하겠다는 연락이 왔다. 내가 공대 온 목적이 빨리 취직하여 집안 경제를 일으키는 것이므로 솔깃

했다. 그러나 한편 4년 동안 배운 내용을 생각하니 오만하고 대담하게도 내가 배운 학문을 좀 더 공학적으로 발전시키고 싶은 욕심도 생겼다. 며칠 고민하다가 앞뒤 생각하지 않고 대학원에 진학하기로 하였다. 이것이 고생길에 들어선 첫 관문이었다.

대학원에 들어와 보니 예상대로 전혀 교육과 연구 여건이 안 되어 있었다. 대학원 수강과목을 3과목 신청하면 담당 교수들이 책 몇 권 주시고 우리는 그것을 가지고 혼자 공부하는 것이었다. 김동일 교수는 그래도 새로 출간된 학술지에 게재된 논문을 학생들 각자가 선택하여 읽고 강의 시간에 차례로 발표하고 토론을 시키기도 했다. 이렇게 대부분 독력으로 공부를 했다.

우 교수는 첫 학기에는 A학점을 주더니 다음 학기에는 B학점을 주셨다. 강의도 전혀 없고 시험도 없었는데 말이다. 왜 B를 주시느냐고 했더니 어떻게 다 A를 주느냐고 말씀하셨다. 근거도 없는 B학점이었다. 억울했지만 호랑이 담배 피던 시절이니 할 수 없었다. 이런 생활도 해야 하는 것인지, 왜 이렇게 살아야 하는지 머리가 아팠다.

이때 누이동생 넷이 각기 대학, 고교, 중학교에 재학 중이고 나는 대학원에 다니니 그 학비가 대단했다. 사실 내가 대학에 합격했을 때 아버지께서 "우리 집에서는 너만 대학 가고 네 누이동생들은 고등학교만 나오게 하면 어떠냐?" 하고 물으셨다. 당시 1950년대에는 우리나라에서 일반적으로 여자는 대학 공부를 시키지 않을 때였다. 그러나 나는 "아닙니다. 앞으로의 세상은 여자도 공부해야 하니 다 대학을 보내야 합니다" 하고 말씀드려 모두 대학까지 나오게 되었으니 부모님의 학비 부담이 엄청 컸었다. 어린 내가 그런 앞선 생각을, 요새와 같은 남녀 평등의 세상이 그렇게 빨리 올 것이라는 생각을 어떻게 했는지 지금도 모르겠다. 그래서 누이동생들은 다 대학을 나와 지금 교양 있는 시민으로 편안한 생활을 하고 있다.

나는 그래도 아버지의 부담을 덜어 드리려고 아르바이트로 가정교사를 했는데, 그 당시 가정교사는 요새와 달리 매일 저녁때 가서 중고등학생을 가르치는 것이었다. 나는 고등학생 3명을 동시에 가르치기도 하고 조흥은행 지점장 집에 가서는 그 집 중고생 아들 둘과 고교생 여학생 딸까지 세 명을 가르치기도 했다.

또 나의 경제 사정을 잘 아시는 지도교수님이 당신의 강의에 필요한 자료(그때는 교과서가 없어서 강의에 필요한 공정도나 기계도면을 복사지[tracing paper]에 제도하여 청사진으로 복사했음)를 만들어 드리면 실험비로 그 노력의 대가를 지불해 주시기도 했다.

또한 무급 조교로 발령해 주셔서 대학 통근버스를 타는 편리를 제공해 주셨다. 그때는 정식 조교 정원이 공대 내에 한두 명밖에 없어서 대부분 대학원 학생들을 무급 조교로 발령하여 무료로 고용하였다. 요샛말로 하면 노동력 착취인가?

또 교수님이 소개해 주어 그때 미도파백화점 옆에서 편성기 5,6대를 놓고 메리야스를 만드는 조그만 공장의 이 사장이 있었는데, 그 분이 영국의 유명한 Knit Journal을 들여와 외국의 경향과 유행을 응용하려고 하였지만 영어를 잘 몰라 내가 그것을 번역해 주고 매 학기 대학원 등록금을 마련했었다.

드디어 2년 만에 석사학위를 받으려고 논문을 작성하여 제출하여 심사를 받게 되었다. 그러나 그때 화공과에서 논문 발표를 하지 않고 심사에 제출한 것이 문제가 되었다. 그때는 혼란기라서 대개 논문 발표 없이 심사만 한 듯하다. 우리 과 교수가 학장서리였는데 우리 과 대학원생들도 발표하지 않고 제출하였다는 것이 밝혀져서 논문 심사가 보류되었다. 강의는 안 하고 학점은 주면서 겉으로는 규정대로 하려고 하였던 모양이다. 공연한 트집이었다. 다른 이유도 있었던 것 같다. 그러나 지금 생각하면 허술했던 제도가 차차 바로잡혀 가는 길인 것이었다.

나는 실망하여 기분이 좋지 않아 바로 지도교수님에게 말씀드려 학교를 떠나서 '중앙공업연구소'에서 일할 수 있도록 부탁드렸다. 그 당시에 우리나라에는 연구소가 한두 개밖에 없었고, 이 중앙공업연구소는 역사도 길고 도서관에 도서도 많이 구비되어 있어 공부하기 좋은 곳이었다. 마침 섬유과장이 동경고등공업을 나온 분으로 나의 지도교수님과 친분이 두터운 분이었다.

1960년 2월에 석사학위를 받아야 하는데 그러지 못하고 공업연구소에 촉탁으로 발령받았다. 당시에는 공무원 정원이 제한되어 있어서 대학 졸업생들을 촉탁이란 임시 공무원으로 발령 내어 고용하였다. 나는 1960년 2월부터 이 연구소에서 촉탁연구원으로 연구도 하고 공부를 하게 되었다.

그러나 내 동기인 고석원(高錫元)과 1년 선배인 하완식(河完植)은 대학에 계속 나가서 1960년 1학기에 논문을 발표하고 석사학위를 받았다. 하지만 나는 대학에 나가지 않고 석사학위를 포기하고 연구소에서 연구와 독서만 하고 있었다. 아무리 전쟁 직후의 대학원이지만 교육은 제대로 시키지 않고 제도만 가지고 학생을 괴롭히는 대학과는 멀리하고 싶었기 때문이다. 졸업 후 취직을 하지 않고 공부를 더 하려고 했던 것이 잘못된 계획이었나 하고 머리가 어지러웠다.

그러나 1960년 가을 어느 날 서울공대 섬유공학과 학과장인 우 교수님이 공업연구소에서 연구하고 있는 나를 찾아오셨다. 그러면서 이왕 시작한 석사 과정이니 논문 발표를 하고 마무리를 짓는 것이 어떠냐고 달래셨다.

듣고 보니 내가 고집 부려야 계란으로 바위 치기여서 수그리고 대학에 나가 1960년 2학기에 논문을 수정하고 정리해서 발표하고 심사를 받아 나도 석사학위를 받게 되었다. 예정보다 일 년 늦게 받았다. 나름대로 저항의 모양새를 보이면서 학업을 끝마쳤다.

그러나 1961년 3월 28일 동숭동 문리대 운동장에서 열린 학위 수여식에는 참석하지 않았다. 일 년 낙제생의 상한 밸이 아직 풀리지 않았기 때문이다.

그래도 내 석사학위 취득 축하를 하기 위하여 나의 아르바이트 제자가 문리대 운동장으로 갔다가 나를 못 찾고 동숭동 서울대학교 이웃에 있는 공업연구소로 와서 축하해 주었다.

연구 생활을 1961년 말까지 만 2년 동안 하고 있었는데 그때 촉탁인 임시 공무원을 정식 공무원으로 발령 내는 시기가 되었다. 그런데 섬유과장이 나보고 4급 기사자격시험을 보라고 했다. 나는 대학원 졸업자이니 3급 기사자격이 있는데도 말이다. 그래서 3급이 아니면 시험을 안 보겠다고 하였더니 안 된다고 하기에, 나는 용감히 촉탁직 사표를 쓰고 연구소 생활을 접었다. 또 나의 세상 이치를 모르는 젊은 오기가 발동한 것이다.

갈 데도 정하지 않고 두어 달 집에서 쉬었다. 지금 생각해도 쥐뿔도 없는 놈이 웬 배짱이 그렇게 있었는지 모르겠다. 젊었을 때 이야기이다. 그래도 그때는 패기는 있었나 보다.

그런데 정말 기적같이 2월 말에 다시 학과장인 우 교수님이 연락을 주셨다. 서울공대에 시간강사로 나왔으면 하는 말씀이었다. 그래서 1962년 1학기부터 시간강사로 대학에 나가게 되었다. 그때는 강사 자격자가 너무 없어서 나 같은 사람에게도 기회가 온 것이다. 사람이 없어서 내가 채택된 것이다. 참 좋은 시절이었다.

그때 박정희 혁명정부가 대학교수 정년을 잠정적으로 60세로 낮추는 바람에 나의 지도교수인 김 선생님께서 퇴직을 하시게 되어 나는 같은 해, 즉 1962년 7월에 전임강사로 발령을 받게 되었다. 석사학위 받은 지 1년 반 만에, 시간강사 한 학기 만에 공대 최연소 전임강사가 되었다. 행운이었다.

그때부터 고생이 시작되었다. 아는 것은 별로 없는데 그때 연구하러 호주로 떠나신 교수의 강의와 심장병이 나신 교수의 강의 대강(代講) 등 한 학기에 7~8과목을 가르쳐야 하니 모든 교안을 새로 작성해야 하는 나로서는 하루하루가 지옥이었다. 준비할 것은 많고 시간은 항상 모자라고 월급은 내 용돈도 안 되고 너무 힘들었다. 거기에다가 학과에서 제일 막내 교수이니 잡다한 사무적인 일은 다 내 차지였다.

또 억울한 일도 좀 당했다. 1960년대 중엽, 군사정권이 들어선 이후 대학교수의 대우를 개선해 주기 위한 방편으로 1965년 문교부에서 서울공대 각 과별로 교과서를 저술하거나 외국 저명 도서 번역을 하게 한 일이 있었다.

우리 학과에서는 G. R. Merril의 "Cotton Spinning"을 번역하기로 하였다. 그 당시 과 전임교수는 김○○, 우○○, 김○○, 이○○, 나 5명이었다. 서열 순서대로이다. 그런데 그 책도 다섯 개 장(章)으로 되어 있어 순서대로 한 개 장(章)씩 번역하기로 하여 나는 맨 끝의 'Cotton Ring Spinning'을 맡기로 되었다.

그런데 이렇게 정한 그 이튿날 아침에 원로 김 교수님이 나를 불러 갔더니 하는 말씀이, 나는 이 책의 전체 공정 분야를 숙지(熟知)하고 있으니 이 책의 가장 어려운 부분인 'Cotton Combing'을 맡고, 내가 하려던 부분은 다른 교수에게 주라고 했다. 나는 아무 생각 없이 그러겠다고 하고 내가 맡은 부분을 열심히 번역했다. 그런데 나중에 알고 보니 내가 번역한 쪽수는 78쪽이고, 내가 원래 번역하려던 것을 다른 교수가 번역한 쪽수는 156쪽이었다. 번역료는 쪽수로 계산해 주는 것이니 그제서야 이유를 알 만했다.

또 1960년대 중반에 영국의 IWS(국제양모사무국)에서 섬유물리 전공자에게 장학금을 주어 영국의 Leeds대학에서 학위 공부를 할 수 있는 기회를 우리 학과에 제공했는데, 그게 바로 내 전공에 해당되는데 미국에서 석사학위만 하고 온 다른 교수의 전공분야가 섬유화학인데도 자기가 먼저 차지하여 영국으로 유학을 갔다. 그 후 그는 자기 전공분야가 아니기 때문에 공부하는 데 고생을 많이 했다고 들었다.

미련하고 굼뜬 나는 늘 이런 식이었으나 일일이 열거하면 공연히 수십 년 지난 지금 내 기분만 상해서 그만둔다. 돌아보니 늘 바보같이 산 것 같다.

힘든 나날을 지내는 동안에 좋은 일이 드디어 생겼다. 전화위복(轉禍爲福)이란 이런 때 쓰는 말인 것 같다. 서울공대는 1950년대 '미네소타 계획(Minnesota Project)'로 시설 확충과 교수들을 훈련시키는 제도가 있어서 여러 교수들이 미국 가서 석사학위도 받아오고 박사학위도 받아와서 우리 대학의 교육과 연구의 질을 높이게 한 적이 있다. 그 프로그램이 끝난 후 60년대에 와서 다시 교수 연수 기회를 유네스코에서 제공했다. 이때 각 과에서 한 명씩 미국에 파견하게 되어 있어 우리 과에서는 내게 해당되었다. 그래서 1966년에 미국 연수를 가게 되었는데, 나는 가슴 X선 사진에 문제가 있어 일 년 늦게 1967년에 미국에 파견되었다. 이렇게 일 년 늦은 것이 또 나중에 복을 가져다 주었다. 그때는 66년에 못 가서 괴로워했는데 말이다. 세상을 살면서 '운'이라는 게 있다는 것을 생각하게 하는 계기가 되기도 했다.

1967년에 미국 남부의 노스캐롤라이나대학교 섬유대학에 가서 중요 과목 강의는 수강하고 또 몇 과목은 청강을 하면서 귀국해서 필요한 연구 자료를 수집하며 미국 생활을 즐기고 있었다. 왕복 여비에, 도서 구입비에, 정착비에, 매월 330달러 체재비는 그 당시 우리 대학 전임강사 월급의 3배는 되었다.

거의 일 년이 되어 가는 68년 7월 중에 이 섬유대학에 '섬유고분자과학' 박사 과정이 새로 생긴다는 소문이 돌았다. 이 대학교의 섬유대학은 세계에서 제일가는 곳으로 미국에서 처음으로 박사 과정이 생기게 된 것이다. 미국도 그 당시까지 여러 섬유대학에서는 기술 위주의 교육과 연구를 하여 석사 과정까지만 수여하고 있었는데, 이 대학에서 바야흐로 새로이 이론과 원리에 기초한 학문의 세계로 들어가는 박사 과정을 창설한 것이다.

나는 8월 말까지 귀국해야 하는데 이런 좋은 기회가 바로 이때 생기다니! 지도교수인 허쉬(Hersh) 박사에게 문의했더니 그게 사실이라고 하여 "내가 지원해도 되느냐?" 했더니 된다고 하면서, 먼저 유네스코에 체재 연장과 재정 보조가 계속되는지 알아보라고 하여 급히 유네스코에 문의하니, 체재 연장은 가능하나 재정 보조는 계속될 수 없다고 했다. 지도교수에게 보고하니 그러면 재정 보조는 내가 박사학위를 받을 때까지 자기가 해 주겠다고 하여 박사 과정에 지원하였다. 이왕 미국에 온 김에 박사는 하고 가야 될 것 같았다. '떡 본 김에 제사 지낸다'는 우리 속담이 여기에 해당하는 것 같다. 허쉬 교수가 내 평생의 은인이 된 것이다. 이것이 내가 67년에 미국에 연수 왔기 때문에 받은 혜택이다. 만일 66년에 왔더라면 박사 과정에 들어갈 기회를 못 가졌을 것이다.

그러나 나는 관용 여권을 가지고 있어서 체재 연장을 하려면 여권 연장부터 해야 했다. 처음 일 년은 아내가 한국에서 연장 수속을 하여 주었다. 내 공부가 오래 걸릴 것 같아서 아내가 두 아들을 데리고 미국에 온 후에는 내 여권 연장 수속이 잘 이루어지지 않았다. 그 후 일 년은 휴직이 되었고 나머지 공부가 끝날 때까지 일년 반은 여권과 비자가 연장되지 않고 붕 떠 있었다. 이때 만일 내가 교통사고라도 내면 신분이 노출되어 불법체류자로 처벌받아야 하는 형편이라 늘 조마조마하였다.

　이런 상황에서 공부를 시작한 지 3년 반 만에, 즉 1972년 2월에 박사학위 논문이 통과되었다. 그동안 문교부에서는 잊을 만하면 몇 달에 한 번씩 징계위원회에 출두하라는 공문을 보내왔다. 공부하기도 바쁜데 이런 공문을 여러 차례 받다 보니 신경을 자극하고 나를 분노와 실의에 빠지게도 하였으나, 나는 공부가 끝나면 즉시 귀국하겠다는 편지만 계속 보냈다.

　그 미국 대학에서의 학위 수여식은 1972년 5월에 있는데 서울대학교 신학기는 3월 초이기 때문에 그때까지 귀국하라고 하여 나는 뒤처리와 정리를 하고 학위수여식에 참석도 못하고 3월 17일에 귀국했다.

　내가 귀국한 후 문교부에서 징계위원회에 출두하라는 공문을 보내와 나는 기꺼이 출두하였다. 위원장은 차관이고 위원들은 국장들이었다. 나는 공부 끝나고 꼭 귀국한다고 연락을 했는데 왜 문교부는 공부하는 사람에게 그렇게 심하게 공문을 보내면서 독촉하였느냐고 항의를 하였다. 또 학비는 국비를 한 푼도 안 쓰고 미국 대학에서 받으면서 학위를 받았는데 왜 그렇게 귀찮게 했느냐고 항변하였다. 앞으로 다른 사람에게는 그렇게 하지 말라고 당부까지 당당하게 하였다. 결국 내가 귀국했으니까 지금까지의 모든 일은 없던 것으로 하겠다고 판정했다. 당연한 결정이었다.

　문교부는 그 당시 많은 국립대학 교수가 미국에 연수 받으러 갔다가 귀국하지 않고 미국에 잔류했기 때문에 그 이유가 무엇인지 나에게 묻기도 했다.

1960년대에는 우리나라와 미국의 수준은 일반사회나 대학 모두 너무 차이가 나서 우리 대학은 연구할 상황이 아니었고, 또 가정에서 세탁기와 식기세척기도 없었고 화장실도 수세식이 아니었다. 지하철도 없던 시절이니 미국에서 공부 끝나면 다들 이 불편하고 곤궁한 나라에 돌아오지 않으려 하는 것이 당연한 것으로 생각했었다. 그러나 나는 대학에서 미국에 공부하라고 보내 주었고 또 반드시 귀국한다고 약속을 했으니 그대로 지켰을 뿐이다.

　그러나 그때 미국 대학에 있던 후배인 권 박사는 내가 귀국한다고 바보라고 했다. 정말 나는 고지식한 바보였나 보다.

　몇 년 후의 일이지만 징계위원회 위원장인 그 문교부 차관의 아들이 서울공대에 입학하여 나의 제자가 되어 나에게서 석사학위를 받고 내가 공부한 미국 대학에 추천하여 그 대학에서 박사학위를 받고 지금 숭실대에 재직 중이다. 세상도 좁고 인연이란 이상한 데서도 생기는 것 같다.

　나는 미국에서 잘 정리된 새로운 지식을 배워 와서 그 후 28년 동안 학생 지도와 연구를 자신 있게 즐기면서 해냈다. 귀국 후 제일 처음 나에게서 석사학위를 받은 학생은 나의 추천으로 내가 공부했던 미국 노스캐롤라이나대학에서 우수한 성적으로 공부를 마치고 지금 미국 다트머스의 매사추세츠대학의 저명교수로 재직 중인 김 박사이다. 그 후 내가 퇴직할 때까지 석사 74명과 박사 24명을 배출하여 모두 우리나라와 미국에서 열심히 활약하고 있는 인재가 되었다.

　재직 중에는 한국유변학회를 창설하여 1989년에서 1993년까지

4년 동안 회장직을 맡으면서 유변학(流變學, Rheology)이 우리나라 고분자공업에 정착하도록 하였으며, 그 후 1996년에서 2년간 한국섬유공학회 회장직도 맡으면서 학회지와 분리하여 《섬유와 기술》지(誌)도 창간하여 학계뿐만 아니라 업계의 기술자도 참여하도록 하였다. 또 나는 학부와 대학원에 섬유물리학과 고분자물리학 강의를 개설하여 제자들이 더 깊게 더 멀리 진출하게 하였다.

2000년 8월 말에 정년퇴직인데 그 직전인 7월 14일에 대한민국 학술원 회원으로 선출되어 정년 후에도 계속 연구할 수 있는 환경을 갖게 되었다.

학술원 회원으로서 우리나라 공업기술의 발전 과정, 특히 섬유공업이 우리나라에서 어떤 과정으로 발전하였는지를 연구하였고, 지금도 20세기 초 우리나라 공업기술 정신과 사상에 관한 연구를 하고 있다. 늙어서도 계속 내가 하고 싶은 것을 하면서 즐기고 있으니, 내가 젊었을 때 어렵고 힘들게 공부한 것을 보상받게 되는 게 아닌가 생각하고 있다.

(2019년 6월)

나의 유학기

나는 1962년 만 27세 되던 해에 서울공대 전임강사로 발령 받았다. 내가 서울대에서 공학석사학위를 받은 지 일 년 반 뒤였는데, 1950년대 대학원은 거의 명목상으로만 존재하여 교수의 강의가 별로 없고, 학생 각자가 수강 신청한 과목에 관하여 해당 교수에게 도서를 빌려 알아서 스스로 공부하는 형편이었다. 강의가 있는 과목도 세미나식이라 학생들이 각자 자기 전공과 관련된 논문을 읽고 발표하고 서로 토론하는 식이었다.

이렇게 공부를 제대로 하지 못하고 논문이라고 써서 대학원을 졸업한 실력으로 한 학기에 7, 8과목씩 가르쳐야 했으니 매일 밤새워 공부를 해도 해도 끝이 없어, 매일 매일이 사는 것이 아니고 고통의 연속이었다. 내가 지금 기억하기로는 그때 담당했던 과목이 기구학, 기계제도, 통계학, 재료역학, 섬유물리, 섬유공업시험법 등이었고, 또 그때 마침 우리 학과 원로 교수님의 건강이 좋지 않아 휴직을 하시는 바람에 그분의 담당과목인 편조공학과 그 실습까지 맡았으니, 아무리 기를 쓰고 준비했다 해도 그 강의 내용의 부실함과 유치함을 짐작할 만하다.

강의를 듣는 학생들에게도 미안하고 스트레스는 스트레스대로 쌓이고, 월급은 한 달 용돈도 되지 않을 만큼 적어서 생활이 되지 않을 정도였다. 선배 교수들은 타 대학 시간강사와 회사 자문교수 등으로 바삐 움직이느라 강의시간 외에는 자리를 비우는 경우가 많았지만, 나는 말단 교수로 학과를 지키기 위하여 학교에 남아 있어야 하니 그야말로 사는 것이 암흑이었다.

이렇게 부담은 크고 모르는 것은 많고 힘이 들어, 어떻게 하면 이 고통에서 벗어날까 고민을 하던 차에 드디어 해결의 길이 보이기 시작했다.

그 당시는 대학교수 중 박사학위를 가진 이가 거의 없었고, 또 미국이나 유럽 등 서양식 학문을 공부한 이도 많지 않아서 대학에서 교수 자질 향상을 해결하는 방안으로 교수들의 해외, 즉 구미(歐美)로의 연수를 적극 권장했었다. 그래서 선배 교수들은 미네소타 계획(Minnesota Project) 등으로 1년 또는 2년 이상 전공과 관련된 미국 대학에서 연수도 받고 석사, 박사학위도 받고 돌아왔다.

그러나 이 프로그램이 지속적이지 않아 세월이 흘러 또 해외 연수의 필요가 요구되었는데, 마침 유네스코에서 서울공대 각 학과 교수 1명씩을 미국에 1년간 파견하여 훈련시키는 UNDP 프로그램이 생겼다. 이것이 우리 학과에서는 내게 해당되어 드디어 미국 유학 수속을 하게 되었다.

그때는 해외여행이 자유화되기 거의 20여 년 전이라 유학 수속하기가 아주 복잡하고 힘들었다. 우선 건강검진(가슴 X선 촬영 포함)과 예방접종, 정보(반공)교육, 경찰 및 정보부 신원조회 등에 결격사항이 없어야 하고, 또 1년간의 수련이라도 해당 외국 대학으로부터 입학허가를 받아야 하고 공무 출장 허가도 받아야 하는 등 수속할 일이 너무 많아 약 6개월 이상 이에 매달려 있어야 했다. 지금처럼 전화 사정도 좋지 않아 국제전화를 걸려면 광화문 전화국에 가서 신청하고 기다려서 해야 하고, 팩스도 없고 전자 메일(e-mail)도 없을 때이니 독자들은 이런 상황을 이해하기 힘들 것이다.

이 모든 과정을 거쳐서 드디어 1967년 7월 미국 노스웨스트 항공기로 일본 동경과 미국 알래스카 앵커리지를 거쳐 뉴욕에 도착했다. 그다음 날 국내 항공으로 바꿔 타고 노스캐롤라이나 주도(州都)인 랄리(Raleigh) 시에 있는 주립대학에 와서 시골뜨기 서울에 온 것처럼 서툰 미국 생활을 시작하였다. 왕복 여비에, 정착금에, 도서구입비와 매월 330달러씩 받았으니, 그 당시 아파트 방세가 50달러 정도였으니 나 혼자는 편안히 지낼 수 있었다. 그러므로 귀국하여 우리 대학에서 사용할 여러 가지 강의 및 연구 자료를 수집하면서, 또 강의를 수강하거나 청강하면서, 1년 후인 1968년 7월 귀국할 생각을 하면서, 공부에 재미가 붙고 미국 생활에 익숙해지면서 즐겁게 세월을 보내고 있었다.

그런데 그다음 해, 즉 1968년 가을부터 내가 다니고 있는 그 대학에 섬유고분자과학(Fiber and Polymer Science) 박사 과정이 새로 생긴다는 소문이 들리기 시작했다. '떡 본 김에 제사 지낸다'고 나도 호기심이 나서 지도교수인 허쉬 박사에게 문의하니 그것이 사실이라고 하여, 내가 박사 과정에 응모해도 되느냐고 물으니 응모하되 유네스코에 체재 연장과 재정 지원을 계속해 달라고 하였다. 그러나 만일 유네스코에서 재정적 지원을 계속할 수 없다고 하면 자기가 내 공부 끝날 때까지 경제적 지원을 해 주겠다고 했다. 결국 나는 지도교수의 덕으로 공부를 하게 되었다. 플로리다에서 살고 계신 그분께 지금도 안부를 전하고 있다.

공부가 장기화되니까 아내가 어렵고 힘든 절차와 수속을 거쳐 아들 둘을 데리고 합류하였다. 혼자 공부하고 지낼 때는 승용차 없이 지냈는데 식구가 늘었으니 차도 마련해야 하고 아파트도 부엌이 달린 곳으로 옮겨야 하고 갖추어야 할 살림살이도 늘어났고, 이듬해에는 딸이 생겨 다섯 식구가 되었다.

그때부터 새로운 고행이 시작되었다. 박사 과정 학생 하나가 생활하라고 대학에서 주는 돈을 가지고 다섯 식구가 살게 되니 그 고생은 이루 말할 수가 없다. 공부를 빨리 끝내고 즉시 서울대학으로 복귀해야 하니, 시간과 경제 상황이 형편없이 모자랐다. 그때는 우리나라 1인당 GNP가 150달러 정도였으며, 외환이 귀하여 미국 유학 갈 때 1인당 200달러밖에 가져갈 수 없었다. 또 합법적으로 한국에서 외국으로의 송금이 불가능했으므로 오로지 대학에서 주는 돈으로 모든 것을 해결해야 했다. 내 책값, 식료품비, 집세 등이 주된 소비처였다.

소비를 절약하기 위해서는 그 도시에서 가장 싸게 파는 싼 것만 파는 가게, 즉 킹(King)이나 K마트 등에, 그것도 세일에 맞춰 필수품을 마련했다. 농부시장(farmers market)에도 자주 가서 농부가 직접 재배하여 파는 것을 싼값으로 그것도 덤까지 받으면서 그 생활을 즐겼다. 콩나물콩을 큰 자루로 사다가 콩나물도 길러 먹고, 두부콩을 사다가 두부도 만들어 먹느라 아내가 고생을 많이 하였으나, 지금 생각하면 그것도 아름다운 옛 추억이다.

벼룩시장(flea market)도 그때 알아서 많이 이용하다가 재미가 들어 여러 가지 미국 생활용품과 골동품의 역사를 보는 즐거움도 가졌다. 그래서 그 후 파리(Paris) 같은 큰 도시에 갈 때도 그곳의 수집가를 위한 벼룩시장을 방문하는 것이 버릇이 되었고, 요새도 미국 서부에 가면 자주 즐기는 버릇이 되었다.

그러나 역시 미국 생활은 어려웠다. 일본식으로 공부한 교수들에게서 배운 내가 서양 학문을 직접 배우려니 어려웠고, 또 부전공으로 공업역학을 공부하니 그것을 위한 선수 과목인 여러 수학 과목, 즉 복소수함수론, 응용수학, 미분기하학 등과 역학 과목인 연속체역학, 동역학 I&II, 소성이론, 탄성이론 I&II 등 집중해서 공부한 과목들은 지금도 생각나고 노트도 아직 간직하고 있다.

화학열역학도 필수과목이었으므로 화학과에서 박사 과정 학생들에게만 제공하는 이 과목을 들어야 했다. 개강 첫날 강의실에 가보니 수강생이 나를 포함해서 7명이었다. 둘째 날에는 4명으로 줄었고, 셋째 날에는 2명만 남았다. 그런데 둘 다 한국 학생이었다. 미국의 대학에서 미국인 교수가 한국 학생 2명을 놓고 가르치다니, 신기한 일이었다.

담당교수인 서튼(Sutton) 박사는 노교수였는데 간결하고 명확한 명강의였으나 성적을 아주 박하게 주는 것으로 이름이 나 있었다. 그래서 학점 정보가 훤한 미국 학생들과 대만, 인도 학생들이 수강을 취소하였으나 어쩔 수 없이 이 과목을 필수로 이수해야 하는 우리 두 사람만 남은 것이었다.

그는 우리 둘만 앉혀 놓고도 열성으로 잘 가르쳤다. 월요일에 숙제를 내주고 수요일에 제출하라고 하고, 수요일에 내준 것은 금요일에 제출하라고 하고, 또 금요일에 숙제를 주고 다음 주 월요일에 내라고 했으니, 매일 다른 일은 제쳐두고 이 숙제 풀이에 매달려야 했다. 그렇게 제출된 숙제는 조교를 시키지 않고 (하긴 수강생이 단 2명뿐이니) 서튼 박사가 직접 검토하고 채점하여 되돌려 주었다.

학기말 시험은 숙제시험(take-home)이었다. 다섯 문제가 나왔는데 네 문제는 어렵지 않게 풀었는데 한 문제가 안 풀렸다. 며칠을 머리를 짜내고 내가 가진 책들을 다 들춰 봐도 비슷한 문제도 없었다. 하는 수 없이 도서관의 열역학 코너로 올라가서 관련 도서들을 차례로 훑었다. 이 분야에는 무슨 책이 이렇게 많은지! 집에 와서 쉬었다가 저녁 먹고 다시 도서관에 가서 수색 작업을 시작했다. 지쳐서 그만 올까 하는데 구석에 100쪽도 안 되는 얇고 오래되어 누렇게 바랜 책 한 권이 눈에 띄었다. 1930년대 구소련 학자가 지은 것으로 영어로 번역된 것인데 '열역학 문제와 풀이' 책이었다. 책을 몇 장 들춰 보니 내가 찾는 문제가 툭 튀어나왔다. 그것도 단어 한 자도 다르지 않은 똑같은 문장으로 되어 있었다. 마침 해답도 있어서 문장을 내 식으로 바꾸어 풀어서 제출했다.

이런 모든 공부가 내가 그 후 귀국하여 정년퇴직 때까지 교수로

서의 자신감을 불어넣어 준 것이 아닌가 하고 생각한다.

생활은 계속 쪼들렸다. 그런데다가 아내는 아기를 가지면서 입덧을 심하게 하니 보험도 없이 병원에 입원했다가 퇴원을 하고, 산달이 가까웠을 때는 느닷없이 둘째 아들이 교통사고를 당하여 두 다리 골절로 입원을 하게 되었는데, 나는 학기말 시험 때가 되고, 이렇게 세 가지 어려운 일이 동시에 겹치게 되었을 때의 난감함, 지금 생각해도 아찔하다. 이때 젊었던 내 치아가 흔들거리고 머리카락이 희어지기 시작했으니 얼마나 힘들었는지 알 수 있을 듯하다. 그러나 모든 것은 시간이 가면 해결되니, 아들이 한 달간 입원했다가 퇴원하고 그 사이 나는 학기말 시험을 치르면서 딸을 얻게 되었으니, 젊어서 해냈지, 지금 같으면 엄두도 안 나는 일을 하였다.

그즈음 나는 잠을 별로 자지 못한 것으로 기억한다. 낮에는 학교에서 공부하는 사이에 배가 남산만 한 아내는 병원에 입원해 있는 아들을 간호하고, 저녁때 아내와 교대하려고 내가 병원에 가면 아내는 퉁퉁 부은 다리를 끌고 집에 가서 다른 집에서 낮시간을 보낸 큰아들을 데리고 밥을 해야 하고, 나는 밤새 병원에서 간병하다가 이튿날 아침 또 아내와 교대하고 학교 가서 공부해야 하고, 언제 눈을 붙였는지 모르겠다.

그때 생활비를 아끼려고 '원더브레드(Wonder Bread)'라는 빵집에서 유통기간이 거의 끝나 싸게 파는 빵을 사다 먹으며, 나는 아내에게 "이다음에, 몇십 년 후에 이때를 생각하면 이 고생도 우리에겐 아름다운 추억으로 남겠지?"라는 말을 했었다. 이것이 현실로 돌아와 50여 년이 지난 지금은 그때 그 힘든 고생이 잊혀지지 않는 아름답고 숭고한 추억으로 기억되고 있다.

그럭저럭 고생 끝에 공부가 끝나서 1972년 3월에 귀국하게 되었다. 서울대학에서 신학기 초부터 강의를 해야 한다고 해서 5월에 있는 박사학위 수여식에도 참석하지 못하고 김포공항에 도착하였다. 귀국 비행기에서 내린 우리의 몰골은 6·25때 피란민이나 월남전쟁 때 난민과 같은 모습이었다. 나는 5년 전 유학 갈 때 입고 갔던 그 옷 그대로이고, 애들은 공부 끝나고 먼저 떠난 선배들이 주고 간 그 집 애들 헌 옷을 입고 왔다. 아내는 미국 갈 때 쓰고 갔던 안경을 어린 딸애가 잡아채어 안경다리가 떨어진 것을 시간도 없고 돈도 없어서 스카치테이프로 안경테에 다리를 연결한 것을 쓰고 왔다. 미국 거지들의 귀향이었다. 그 당시만 해도 '미국 유학' 하면 호화스럽게 되어 오는 일로 알았는데 거지가 되어 왔으니 부모님과 친척들의 실망은 오죽했으랴!

그로부터 20여 년 후 내가 회갑을 맞았을 때, 고맙고 미안하게도 대학원 제자들이 유럽 여행을 시켜 주어 파리에 갔다. 둘째 아들이 그곳에서 공부를 하고 있었으므로 어떻게 지내고 있나 보기도 할 겸, 또 좀 즐기고 쉬기도 할 겸 여름휴가 때 들렀다. 물론 파리는 그전에 학술발표 국제회의 관계로 다녀온 적이 있어 생소한 곳은 아니어서 아내와 함께 넓고 화려한 샹젤리제(Champs-Elysees) 거리를 걷고 있었는데 아내가 안경점을 보더니 불현듯이 그 안으로 쑥 들어갔다. 그러더니 점원에게 안경테를 보여 달라고 하니, 점원이 아내의 눈 사이 거리와 눈동자 사이를 재더니 안경테를 늘어놓았다. 아내가 그중에서 아주 우아한 것 하나를 골라잡자 나는 거리

낌 없이 흔쾌히 카드를 내놓았다.

그런데 나는 원래 독일제 안경을 선호하였다. 독일제나 프랑스제나 값은 거의 같지만 독일제는 좀 투박하면서 수명이 길고, 프랑스제는 멋은 더 있지만 잘 부러져서 비경제적인 것으로 생각했다. 그러나 그야말로 조강지처인 아내가 원하는데 나의 의견이 여기에 무슨 소용이 있으랴! 아내는 늘 프랑스제만 고집한다. 서울에서 우리가 늘 다니는 30년 단골 안경점에 가서도 프랑스제만 집는다. 스페어 안경까지 맞추면서 그것도 프랑스제다. 아마도 스카치테이프로 붙였던 안경에 한이 맺힌 것 같다.

미국에서 공부하던 그 어려운 때를 아름다운 추억으로 간직하고 있는 지금 누더기 안경테도 소중한 추억이 되었다. 퇴직한 지 7년이 되어 가는 지금도 아내가 원하는 것이라면 선뜻 마련해 줄 수 있으니 이 얼마나 다행한 일인가! 행복이란 것이 별 것이랴!

(섬유기술과 산업, 제10권 4호, p.406~409. 2006년)

스승과 제자

어느 주일날 내가 다니는 양재동성당 미사에 참석해서 성경 독서를 들으니까 '선생님'이란 표현이 있고 또 성서에는 '스승님'이란 표현도 있었다. 나는 평소에 '선생님'은 학교에서 가르치는 사람만을 일컫는 말인 줄 알고 있어서 성경에서 '선생님'이란 단어를 듣고 조금 생소하고 잘못된 번역이 아닌가 생각하고 영어 성서를 직접 찾아보고 또 검색하여 보았다.

그랬더니 성서에서 '선생님' 또는 '주님'은 희랍어인 퀴리오스(Kyrios)를 번역한 것으로 라틴어로는 Domino이고 영어로는 Master 또는 Lord임을 알았다. 또 성서에서 '스승님'은 희랍어인 디다칼로스(Didaskalos)를 번역한 것으로 랍비를 일컫고, 영어로는 teacher임을 알게 되었다. 그래서 성서에서의 선생님은 '주님'으로 통일해도 되지 않는가 하고 주제넘은 생각도 해 본다.

일반적으로 '스승님'은 직접 배움을 받은 분을 말하고 '선생님'은 직접 가르치지는 않았더라도 넓은 의미로 사회적으로 존경을 받고 있는 사람을 포함하여 말하는 것으로, 김구 선생, 의사 선생님 등에서 알 수 있다. 그러면서도 우리는 대개 교육기관에서 학생을 가르치는 분을 '선생님'이라고 부르면서 '스승님'보다는 '선생님'의 범위가 훨씬 넓다고 본다.

그런데 '선생님'의 참 모습이 어떠해야 한다는 것을 알게 된 것은 내가 창경국민학교 6학년 때였다. 담임인 권 선생님은 아주 잘 가르치는 분이었는데, 학기 초 어느날 운동장 한 모퉁이에서 날 보시더니 선생님께서 나의 개인교사가 되면 어떠냐고 물으셨다. 나는 우리 집 사정이 그럴 형편이 못 되어 죄송하다고 말씀드리고 그 자리를 모면하였다. 그때 우리 집은 만주에서 귀국한 직후라서 5남매가 한 방에서 지내어 내가 따로 공부할 곳도 없었다. 그래도 나는 공부도 잘하고 불평도 모르고 해방 직후 혼란기이니 다들 그렇게 사는가 보다 하고 잘 지냈다.

나는 친구도 사귀고 가끔 친구네 집에 가서 공부도 같이 하고 놀다가 집으로 가기도 했다. 우리 반에는 쌍둥이 학생이 있었는데 나는 그 애들 집에 가서 공부도 하고 놀다가 맛있는 간식을 받아먹기도 하면서 지내다가 집으로 왔다. 그 애들 집은 낙산 밑에 있는 큰 고래등 같은 기와집으로 솟을대문을 지나면 양쪽 울타리 안에 큰 셰퍼드가 두 마리 지키고 있었으며, 중문을 거쳐 들어가면 걔네 방이 있었다. 어느 날 같이 공부하고 있는데 식모(그 당시에는 가정부를 그렇게 불렀음)가 와서 "오늘 담임 선생님 오시는 날이지?" 하고 묻는데, 그 애들이 눈짓을 하면서 당황하며 가리는 것을 보고 나는 금방 알아차렸다. 우리 집에서 못 모신다고 하니 권 선생님이 이 집에 '개인교사'로 오시는구나 하고 생각했다. 그 후 얼마 지나서 산수 시험을 보았는데 그 애(쌍둥이 중 하나) 옆에서 시험을 보던 다른 학생이 "여기 오늘 시험 문제와 똑같이 적혀 있는 종이가 떨어져 있다"고 소리를 질렀다. 다들 수군수군하면서 웅성거리다가 그럭저럭 잠잠해졌다.

그 후 걔네들은 1, 2등으로 국민학교를 졸업했다. 그다음에는 각자 자기가 좋아하는 중학교에 입학했다가 6·25사변이란 혹독한 전쟁을 치르고도 살아남아서 대학시험을 치고 나는 서울공대에 우수한 성적으로 입학하였다. 부풀은 마음으로 대학 입학을 여기저기 자랑하다가 문득 생각난 것이 국민학교 6학년 때 담임 선생님이었다. 내 머릿속에 그래도 무슨 응어리가 남아 있었던 것 같다.

여기저기 알아보니 일신국민학교 교감 선생님으로 계셔서 당장 그 학교로 찾아가 내 소개를 하고 인사드렸는데 알아보지 못하셨다. 그래서 "창경학교 쌍둥이와 한 반이었던 아무개입니다" 하니 움칫하면서 알아보셔서 "이러저러해서 인사드리러 왔습니다" 하고 나왔다. 내가 선생님의 그 모습을 보려고 그랬는지, 내 마음속에 무슨 생각이 들어 있어서 그랬는지 모르겠다. 그날 이후 내가 학교 선생이 되면 학생들에게 항상 '공평(公平)하고 공정(公正)한' 선생이 되겠다고 다짐했다. 그럭저럭 세월이 지나서 나도 정말 가르치는 사람이 되었다.

나는 서울공대에서 1962년부터 2000년까지 38년간 연구와 교육을 해 왔으므로 '교수님, '선생님', '박사님'이란 호칭에 익숙해져 있었다. 그래서 길거리에서 '교수님' 하면 그쪽을 바라보게 되고, 또 '선생님' 해도 그곳을 쳐다보게 된다. 또 어떤 때에는 이발소에서 이발사끼리 X선생, Y선생 하는 소리를 듣고 이발사의 '사'자가 스승 '사'자인가 하고 생각하기도 했다.

나는 교수 생활을 엄격히 했다. 매 학기 첫 강의시간에 교실에 들어가면 학생들에게 당부하는 것이 강의시간에는 내가 교실에 들어오기 전에 학생들이 먼저 들어와 앉아 있으라고 했으며, 나보다 늦으면 강의실에 들어올 생각을 하지 말라고 했다. 또 출석에 대리 출석을 하지 말라고도 했다. 나는 매 학기 초에 강좌를 맡으면 출석부에 그 강좌를 수강 신청한 학생들의 이름을 모두 한자로 다시 고쳐 써 넣고 일주일 안에 학생들 이름을 다 외우고 대리 대답을 하는 학생의 목소리의 다름을 감지하기 때문에 학생들은 대리 대답을 할 수가 없었다. 또 학생은 절대로 커닝 행위를 하지 말아야 한다고 당부했다. 경고는 했지만 적발은 하지 않았다. 대학생은 졸업하면 신사가 되는데, 신사는 남을 속이면 안 되는 것이다.

이렇게 엄하게 학생들을 지도하려다가 젊은 패기에 실수도 많이 저질렀다. 한 번은 강의하다가 학생에게 아주 쉬운 문제를 질문했는데도 그 학생이 우물쭈물 대답을 못하니까 내가 "자네는 사무착오로 서울대학에 들어왔는가?"라고 했으니, 지금 같으면 인격 유린이 될 것이고, 그 학생이 받았을 심적 고통과 모멸감을 생각하면 내가 "왜 그랬을까?" 하고 후회하는 마음이 간절하다. 내가 인격 도야가 안 된 탓이다. 그러나 이미 수십 년 전에 뱉은 잊혀지지 않는 말이니 후회막급이다.

군사정권시대에는 데모 주동 학생은 정보부에서 제적을 시키라고 명령이 내려왔다. 그것도 합법적으로 처리하기 위하여 학과 교수회를 거치는데, 우리 학과의 한 학생을 우리는 어쩔 수 없이 위의 지시대로 처리하여 제적시키도록 했다. 그런데 그 학생이 서울대학교의 다른 대학으로 재입학하여 졸업하고 미국에 유학하여 박사학위를 받고 서울의 한 사립대학교 교수로 임명되어 우리 앞에 나타났을 때 우리의 처량하고 부끄러운 모습은 너무너무 초라해 보였다. 이런저런 잘못한 일, 후회 되는 일을 많이 겪으면서 오랫동안 교수 노릇을 해 왔다.

내가 대학에서 가르친 학생은 학사가 약 1,500명, 지도교수로 졸업시킨 석사가 74명, 박사가 24명이다. 학사 과정은 전공과목을 가르치고 교육에 필요한 개인 지도를 하면 되지만 석사, 박사 과정은 연구 논문 제목을 결정하는 데에서부터 이론 설정, 실험 계획과 실험 등 학생과 여러 번 만나서 토론하고 숙고하면서 지내기 때문에 학생의 연구 의지와 노력, 학생의 신상과 개인 사정도 자세히 알게 된다.

그래서 학생이 왜 석사를 하려는지, 또 왜 박사 과정까지 이수하려는지를 묻게 되고 그들의 목표와 의지, 노력 등을 알게 되고 나도 거기에 맞추어 지도하게 된다. 또 가정 사정을 알게 되어 대학에서 나오는 장학금 혜택도 배분을 잘 하려고 노력했었다.

내가 한창 바쁘게 연구하고 있을 때, 그 당시 아주 잘나가는 큰 염료 무역회사에 근무 중인 제자 박 부장에게서 연락이 왔다. 자기 회사에서 우리 학과 학생들에게 장학금을 주고 싶은데 3, 4학년 학생각 3명씩 졸업할 때까지 등록금과 도서비와 용돈 일체를 주겠다면서 내가 결정하여 명단을 보내 주면 그대로 시행하겠다고 하며, 자기가 어렵게 대학을 졸업해서 그런 생각을 했다고 하였다. 너무나 훌륭하고 착한 일을 그는 하는 것이었다.

그래서 학과 학생 대표에게 물어서 우리 학과에 가정 환경이 어렵고 성실한 학생을 알려 달라고 하고, 나도 조사해서 학생들을 잘 선발하여 보냈더니 다들 돌아와서 장학금을 잘 받았다고 좋아했다. 나는 학생들에게 박 부장에게 가서 감사말씀 잘 드리라고 지도하기도 했다.

이 일을 3, 4년 동안 계속하다가 다시 생각해 보니 나 혼자서 결정하라고 했어도 학과 학생들인데 이제는 나 혼자 학생들에게 혜택을 주는 것보다 교수회에 보고하여 거기서 결정하는 것이 좋을 것 같아 그렇게 하도록 하였다. 그 후 이 일이 몇 년 동안 진행되었는지는 기억이 아물아물하다. 그 염료회사 박 부장에게도 계속 감사의 인사를 제대로 했는지 생각이 잘 안 난다.

매학기 말이면 다음 학기에 학생들에게 수여할 장학금 배분 때문에 학과 교수회에서는 교수 각자가 자기가 지도하는 학생에게 더 많은 장학금이 배분되도록 논쟁을 벌이는 것을 보면, 내가 괜히 내 권한을 벗어 버렸나 하는 생각도 들었다.

그때 내가 주선하여 혜택을 받은 학생 중에는 홀어머니 밑에서 어렵게 공부하던 부산 학생으로 지금은 서울의 어느 사립대 교수가 된 이가 있고, 또 나한테서 석사학위를 받고 미국에서 박사학위를 받은 후 서울대에서 정년퇴직한 교수, 홀어머니가 고아원에서 일하던 학생으로 SK그룹에 있다가 지금은 작은 회사 사장으로 있는 제자 등 다 나열하기가 힘들다.

그중에서 대학 졸업 후 무역회사에 근무하다가 크게 성공한 김 사장은 퇴직 후 자기가 받은 혜택을 일하면서 공부하는 한국통신대학 학생들에게 충분히 나누어 주었다. 오피스텔에 공부방을 마련해 주고 물심양면으로 도와주기를 몇 년 이어 오면서 내게는 그들이 결혼할 때 주례를 부탁했으니 그 학생들이 나를 할아버지 선생님으로 불러 주었다.

나의 대학원 제자 1호는 지금 미국 매사추세츠 다트머스대학 교수로 있는 김 박사이다. 우직할 만큼 열심히 가르치고 논문을 쓰더니 금년에 '올해의 교수상(Scholar of the Year)'까지 받았다고 한다. 내게 항상 연락을 하는 제자이다.

또 내가 생각하건대 제자 중에 가장 진정한 학자다운 사람 중의 하나는 나에게서 석사학위를 받고 미국 스탠포드대학에서 박사학위를 받고 서울대학에서 근무하다가 정년퇴직 1년 전에 림프샘 암으로 세상을 떠난 정 박사이다. 그는 조용한 성격에 모든 이론의 내용을 완전히 파악해야 그다음으로 넘어가는 완벽주의자였다. 불쌍하고 아깝기 짝이 없다. 그는 세상을 떠나기 직전까지 스프링거(Springer)에서 출판하는 《소성학(塑性學)》 책을 완결하느라 온 힘을 기울였다. 그 책 서문에 나의 영향으로 학자의 길을 걷게 되었다고 썼으니 그게 교수로서의 보람이며, 매우 고맙게 생각한다.

또 대구 경북대학의 조 박사도 《고분자 점탄성》이란 책을 같은 곳에서 출판하면서 서문에 내가 그의 학자의 길의 즐거움을 갖게 해 주었다고 해서 또 고맙게 생각하면서 지낸다.

나의 지도로 박사학위를 받고 미국 플로리다에서 회사 사장으로 있는 노 박사도 때마다 나에게 안부를 물어 주는 고마운 제자이다. 내 집 근처에 살고 있으면서 때마다 잘 챙겨 주는 심 박사, 내가 퇴직 전부터 지금까지 내 지도 대학원 졸업생들을 총괄하여 통솔하며 지내는 서 박사 등 내가 퇴직하여 17년이 되는 오늘까지 챙겨 주어 고맙고 미안하기 그지없다. 내가 그들에게 고맙다고 하며 그들을 지도한 것은 석사 2년, 박사 4~5년밖에 안 되는데, 그들은 수십 년 동안 나를 보살펴 주니 미안하다고 하면 그들은 나의 지도 덕으로 평생을 먹고 산다고 너스레를 떨면서 말한다.

그러나 예수님에게도 유다란 제자가 있었듯이 나에게도 유다가 있다. 나의 존재를 지우려고 별의별 짓을 다한 자이다. 그것이 내가 90이 된 지금까지 오래 살게 된 이유가 되지 않았나 하고 생각한다.

내가 제자들을 열심히 가르치고 여러 면으로 보살펴 주고 도와주는 것은 부모가 자기 자식들을 기르고 잘 보살펴서 제대로 된 한 인간이 되도록 하는 것과 같다고 생각한다. 그래도 부모가 노후에 자식들에게 기대지 않듯이 제자들에게도 기대하지 말아야 한다. 그러나 늙어서 가끔 내가 난 자식들이 나에게 소홀히 하면 서운하듯이 내가 잘 돌보아 준 제자가 소홀히 하면 섭섭한 마음이 드는 때도 가끔 있지만, 이런 생각은 재빨리 털어 버리고 사랑(보살핌)은 언제나 주는 것이라 믿고 평상심을 가지려고 노력한다.

그러면서도 나도 제자들을 많이 살펴 주려고 애썼는데, 그 중

한 사람이 최 박사이다. 그는 나한테서 박사학위를 받고 대구 어느 대학 교수로 재직했었는데, 부인이 병으로 죽게 되자 매일 슬픔에 잠겨 술로 세월을 보내다가 2, 3년 후 그도 세상을 떠났다. 안타깝다.

그들에게는 두 아들이 있었는데 내가 정년퇴직 후 그 애들 생각이 나서 알아보니 외조모가 애들 이모의 보조로 기르고 있다는 말을 들었다. 큰아들이 대구 경북대학에 다니고 있다고 하기에 그 애들과 연락이 닿아 겨울 방학에 양재동 어느 음식점에서 만났는데, 형제가 같이 왔다. 동생은 초등학교 6학년이었다. 애들 아버지가 공부하느라 둘째를 늦게 보아 터울이 컸다. 그런데 대학생인 형이 어떻게 곰살스럽게 아우를 잘 챙기는지 동행했던 내 아내가 안쓰러워 눈물을 흘리려고 해서 내가 꾹 찔렀다. 그들에게 연금 생활을 하는 나로서는 좀 과분한 돈을 건네며 보태 쓰라고 하고, 그 후 큰아들이 결혼할 때도 제자의 스승으로서 할 도리를 조금은 했으나 그 애들 생각을 하면 항상 마음이 아프다.

제자들과 어울려 밥 먹은 일도 많았다. 시도 때도 없이 제자들이 집으로 찾아와 밥상 차려내느라 아내가 힘들었으며, 술 한 병 들고 와서 세 병은 먹어야 가는 제자들 때문에 집안 식구들이 고생했다. 그러나 지내 놓고 보니 다 즐겁고 그리운 추억으로 남아 있다.

나는 위에 늘어놓은 바와 같이 스승으로서의 도리는 다하려고 노력했으나 제자로서의 할 일은 다하지 못했다. 즉 나는 석사학위를 받은 내 지도교수인 김 선생님께는 제자로서의 도리를 다하지 못했다. 내가 대학원 재학 중에 나를 잘 보살펴 주셔서 경제적으로 도움이 되는 여러 가지 일을 잘 마련해 주시고 진로도 잘 이끌어 주셨는데 마음으로만 고맙게 생각했다. 미국에서 공부하고 귀국한 직후 우리 집이 소유권 문제로 심각한 어려움이 생겨서 즉시 인사를 차리지 못한 것이 한이 된다. 생전에도 잘 모시지 못하고 돌아가셨을 때도 빈소에만 들렀고, 묘지까지 모시지도 못하였다.

나는 내 할 도리를 다하지 못하고 제자들에게서만 대접 받는 것이 나를 너무 부끄럽게 만든다. 그러나 나이를 먹으면서 또 같은 잘못을 저지르지 않으려고 미국의 박사학위 지도교수께는 예의를 갖추면서 살아왔다. 은퇴하고 플로리다에 사실 때까지 안부를 전하면서 제자의 할 일을 다 하려고 노력했었다.

내가 2000년에 정년퇴직을 할 때만 해도 내가 배출한 석사, 박사 졸업생들이 정년퇴임식을 갖도록 주선해 주어 섭섭하지 않게 퇴직을 하였다. 그 당시에는 그것이 유행이었다. 동창회 대표, 공대학장, 졸업생들과 관련된 인사들을 다 초청하여 큰 잔치를 베풀었었다. 그러나 요즘에는 그것도 간소화하여 소문 안 내고 조출하게 지낸다고 한다. 그래서 후배 교수들이 언제 퇴직을 했는지 잘 모르고 지낸다.

또 학생들이 대학을 졸업할 때도 내가 교수인 시절에는 사은회를 열어 교수들을 모시고 그동안의 노고에 감사를 드리고 했었는데, 지금은 그것도 다 없어졌다고 한다. 스승과 제자 사이가 소원(疏遠)해지고 각박(刻薄)해졌다. 세상이 정이 없어지고 인색해졌다. 타산적이고 사무적이 되었다. 시절이 그렇게 되어 세월이 흘러가는가 보다.

나는 대학교수의 대우가 박한 힘들고 어려운 때에 대학교수로 살았지만, 그래도 그나마 정이 있는 좋은 시절을 지냈다고 생각해야 하나 보다.

(2017년 8월 29일)

못 말리는 할망구

　아내는 유아 영세를 받은 천주교 신자로서 나와 관면 혼배를 하고 십여 년 만에 나를 신자로 만들더니, 이어서 부모님도 신자가 되시게 하였다. 60년 전 처녀 때는 초창기 '레지오 마리에' 단원으로 활동하였으나, 외인 집에 시집 와서 겨우 주일미사나 하면서 기도 생활만 하더니, 모시고 살던 부모님이 돌아가시자 구역 반장을 하면서 슬슬 발동이 걸렸다.
　우리 동네 우편집배원이 별안간 교통사고로 병원에 입원하자, 대방동에 있는 '성애병원'으로 급히 달려가 위문을 다니는 동안 가족을 통해 그분이 평소에 천주교 신자가 되기를 원했다는 말을 듣자, 목숨이 경각에 달린 환자에게 재빨리 병자성사를 주고 그이의 주소지인 흑석동성당에 알리고, 이어서 돌아가시자 어려운 형편인 그 가족이 성당 연령회의 극진한 보살핌을 받게 하였다. 그분의 남편과 두 아들도 그 후 신자가 되었으니 보람 있는 일이었다.

내가 은퇴하고 양재동성당 구역으로 이사 온 후 2002년 아내는 대장암에 걸려서 생사의 고비를 넘나들다 겨우 회복되더니, 일흔이 훨씬 넘은 나이에 '데레사회'라는 데 들겠다기에 몸이 안 좋은 나는 극구 말렸다. 늙은 할망구가 무얼 하느냐고. 데레사회는 '마더 데레사'의 정신을 본받아 아픈 사람을 방문하고 돕는 일을 한다는데, 척추관 협착증으로 두 번이나 수술을 받고 거동이 불편한 옆에 있는 남편을 돌보고 있으면 되었지, 따로 나가서 누굴 돕겠느냐는 게 내 주장이었다.

"당신이 늘 아프니 주님께 항상 낫게 해 달라고 기도만 하면 되겠수? 나도 주님이 좋아하실 일을 해야지. 사람이 염치가 있어야지." 주님께서 좋아하실 일을 한다며 눈이 안 보이는 '근위축증' 환자인 김젬마 자매의 집에 가끔 가서 말벗이 되어 주고, 척추 수술 후 몸져 누워 있는 벨라뎃다 할머니를 방문하는 일이 아내의 즐거움이라니 말릴 재간이 없었다.

그러다가 우리 아파트 경비원인 '조계형' 씨가 병에 걸렸다는 소식을 듣게 되었다. 우리가 단독주택에만 살다가 정년퇴직 후 이곳 아파트로 이사 와 보니 가장 좋은 일은 경비원이 아파트 둘레를 쓸어서 늘 깨끗하게 해 주고 택배 물건도 받아주고 무거운 물건을 들고 오면 들어주기도 하는 것이었는데, 그중 조계형 씨는 가장 친절하고 성실한 사람이었다.

다만 그는 무슨 일인지 천주교 신자를 별로 좋아하지 않는다는 것이었다. 신자인 입주자가 좋지 않은 행동을 하면 내 아내에게 "할머니, 501호가 불을 내서 온 아파트를 힘들게 하고 사과의 말도 없어요. 그 여자가 천주교 신자라면서"라며 불평을 하면, 아내는 자기가 한 것처럼 미안해하곤 하였는데, 그 사람이 병이 난 것이다. 백혈병에 걸렸다는 것이었다. 아내는 우선 그에게 편지를 써 보냈다. 그 편지 내용은 다음과 같다.

조 반장님께

저는 1동 807호 할머니입니다. 아파서 병원에 입원하셨다는 소식 듣고 깜짝 놀랐어요. 의사 말 잘 듣고 얼른 나으시길 진심으로 기도할게요. 아시지요? 우리 할아버지와 내가 천주교 성당에 다니는 걸. 그래서 우리 하느님께 조 반장님 빨리 낫게 해 달라고 기도하다가 이렇게 편지를 씁니다.

사람들이 천주교 신자가 되려면 꽤 힘들어요. 예비교육을 받으러 다녀야 하고 절차도 까다로워요. 그런데 아픈 사람은 달라요. 하느님을 믿겠다고, 병이 다 나으면 성당에 다니겠다고만 하면 외상으로 영세(세례)를 준답니다.

조 반장님, 이 기회에 천주교 신자가 되지 않으시겠어요? 그러면 우리 기도가 하느님께 더 잘 전해져서, 어떤 병이라도 꼭 나으실 거예요. 제발 얼른 나으시길 빌고 또 빌면서 드리는 말씀이니, 잘 생각해 보시고 답을 주시면 반갑겠어요.

조 반장님을 진심으로 걱정하는 마음으로 말씀드립니다.

꼭 만나러 갈게요. 얼른 건강해지세요.

2013년 1월 31일
1동 807호 할머니 드림

그리더니 아내는 칠십이 훨씬 넘은 몸을 이끌고 분당에 있는 '차병원'으로 문병을 갔다. '가두선교회'의 천주교 선교 책자와 간단한 선물을 들고. 조계형 씨는 반가워하기는 하였으나 입교할 의향은 없는 것 같다고 실망스러워했지만, 아내는 그 못 말리는 끈질긴 정신으로 희망을 잃지 않았다.

아파트에서는 조 반장을 돕자는 의견이 나와서 모금 내용을 각 동 엘리베이터에 고지하고 한 달 동안 모금을 하여, 15층짜리 다섯 개 동만 있는 오래된 아파트이고 주민이 많지 않아도 400여 만 원이 걷혔다.

나는 그만하면 많이 모았다고 생각했는데 아내는 부족하다고 애가 타서 또 한 번 일을 벌였으니, 우리 아파트에 사는 천주교 신자들에게 각 반 반장들을 통해 새로운 모금 협조문을 보낸 것이다.

+ 찬미예수님

한신아파트에 사시는 양재동성당 신자분들께 말씀드립니다.

이미 아시는 바와 같이 우리 아파트에서 20여 년간 일하시던 경비원 조계형 씨가 백혈병으로 고생하고 있습니다. 지난번 전체 입주자들께서 성금을 모으셨으나 그것으로도 매우 부족합니다.

조계형 씨는 부인도 없고 아들 하나와 어렵게 살았는데(참고로 그분의 월급이 요즘 인상되어서 160만 원이며, 병으로 그만둔 상황에서 한 달 치 월급만이 퇴직금 명목으로 지급되었음), 그를 위해 천주교 영세를 받도록 권하여 주님의 특별한 은총을 받아 기적적으로 병이 낫게 하고자 몇몇이 진심으로 걱정하던 중에 어려운 부탁을 드립니다. 집에서 보살펴 주는 사람도 없이 병원 무균실과 집을 오가는 사람에게 무턱대고 신자가 되라고 권하는 것보다, 한 번 더 모금하여 성금을 전하면서 전교를 하는 게 어떨까 하고요.

그분을 진심으로 걱정하는 사람들이 있다는 것만으로도, 돈의 많고 적음을 떠나 위로가 될 뿐 아니라, 하느님의 따뜻한 손길을 느끼게 되지 않을까 합니다.

그동안 고생만 하고 외롭게 살았는데, 주님을 알고 믿다가 좋은 세상을 만나게 해 드리는 게 우리 신자들의 마땅한 도리가 아닐까요? 마침 주님 수난 시기에 부디 어려운 이웃을 위해 마음을 여시어 성금을 각 반 성당 반장에게 보내 주신다면 모아서 전달하며, 대세 받기를 권유하겠습니다.

부탁드립니다.

2013년 3월 7일

1, 2반 반장 남엘리사벳

3반 반장 이요세피나

4반 반장 김바라소피아

1동 207호 양모니카

1동 807호 안소화데레사 드림

이 모금 부탁 편지를 세 반장들이 각 신자 가정에 전하고 이어서 모은 성금이 200만 원이 넘었다. 아내는 반장 두 명과 같이 다시 분당 차병원을 방문하여 성금을 전하니 조씨의 눈에서 눈물이 왈칵 쏟아지더라는 것이었다. 성금이 문제가 아니라 자기를 잊지 않고 염려해 주는 사람들이 있다는 것이 큰 위로가 되는 모양이었다. 조 반장은 나에게도 전화를 주어 누누이 고맙다고 인사를 했다. 아내가 전한 천주교 가두선교회의 작은 책자를 무균실에 들어갈 때도 지니고 들어간다고 했다.

뿐만 아니라 우리 아파트의 세차를 담당하는 조요한 씨는 마침 조계형 씨와 가까운 동네에 살아서 그곳 경기도 성남시 '태평동성당'과 긴밀한 연락을 하고, 그가 입퇴원을 반복하는 동안 수녀님께서 방문도 하시고 조요한 씨와 성당 분들이 반찬도 계속 전해 드리니 드디어 조계형 씨의 마음이 움직이는 것 같았다.

그러나 조씨의 병세는 날로 악화되어 갔다. 우리의 마음이 아슬아슬한 가운데 드디어 그는 대세를 받겠다고 하였다. 그는 마침내 조요한이 되어 6월 어느 날 주님의 아들로 하늘나라로 떠났다. 아내는 양재동성당 빈첸시오회 회장과 데레사회 회장과 같이 빈소에 가서 연도를 하고 왔다. 우리 본당 신자도 아니었는데 선선히 조의금까지 가지고 아내와 데레사회 회장을 직접 운전하여 성남까지 가주신 빈첸시오회 회장이 너무 고마웠다.

빈소에는 외아들과 그의 친구 두 명만 쓸쓸히 지키고 있었으나, 태평동성당 교우들의 정성스런 연도로 외롭지는 않았을 것이라고 했다.

어느 날 조요한 씨가 아내에게 웃으며 이 말을 전하더란다. "조계형 요한 씨의 아들이 태평동성당에서 신입 교우를 위한 교리교육을 받기 시작했다"고. 못 말리는 할망구가 또 한 건 한 것이다.

아내는 매일 묵주 9일 기도 외에 103위 순교성인 호칭 기도를 하기에 "그 기도는 왜 하느냐?"고 내가 물으니 그 대답이 웃겼다. 저쪽 동네에 가기 전에 거기 계실 것이 확실한 성인들과 친해 놓으려고 한다는 것이었다. 죽어서 저쪽 동네에 갔을 때 아는 사람이 별로 없으면 얼마나 쓸쓸하겠는가? 그러니까 천당에 갈 수 있도록 열심히 착하게 살면서 한편으로는 그 동네에 아는 사람을 많이 만들어 놓아야 한다는 게 못 말리는 우리 할망구의 지론이다. 죽음학(Thanatology)을 연구하는 사람에 의하면 조금 옳은 듯하기도 하고 아리송한 이론이지만 아내는 확고했다.

나는 비록 몸이 불편하지만, 아내는 대장암도 다 나았고 퇴행성 관절염으로 다리는 좀 아프지만 그럭저럭 살고 있으니 다행이라고 여기던 중 큰 일이 터졌다. 아내가 밥을 먹을 때마다 반찬이 잘 안 보인다고 불평을 하기 시작하여 안과에 예약을 하고 올해 4월에 가서 보니 왼쪽 눈의 시력이 전혀 안 나오는 것이다. 그 놀라움이란 뭐라 표현할 수가 없었다. '황반변성'이라는 병이란다. 수술도 할 수 없고 고칠 수도 없다고 하는 의사의 말에 할망구의 얼굴이 하얗게 질렸다. 암에 걸렸다고 했을 때보다 더 낙심하는 것 같았다.

우리는 다른 병원에도 가 보고 사방으로 알아보았으나, 눈에 '루센티스'라는 주사를 맞아 보기는 하되 불치병이라는 진단만 받았다. 더욱 겁나는 것은 오른쪽 눈도 결국 안 보이게 될 확률이 많다는 소견이었다. 딱 하루 동안 아내는 낙담하고 어쩔 줄을 몰라 하며 안절부절하더니, 이튿날 나에게 이렇게 말하는 것이었다.

"주님이 76년 동안 잘 보게 해 주셨으니 그것만도 감사해야지. 그런데 참 이상도 하지. 내가 살아오는 동안 별로 대단한 일은 하지 못했으나, 그래도 무언가 주님이 좋아하실 일을 해야 한다고 애는 썼는데, 그래도 좀 했다는 일이 지나고 보니 모두 눈이 안 보이는 사람들을 위한 일이었더라구요."

맨 먼저 학교 선생이었던 처녀 시절에는 (1960년대) 우리나라가 가난해서 맹학교 아이들이 점자를 쓸 때 필요한 두꺼운 종이가 모자란다는 말을 듣고, 학생들과 함께 큰 벽걸이 달력 종이 같은 두꺼운 종이를 모아서 인천 근처 주안에 있는 맹학교에 계속 보냈었다는 것이다.

두 번째는 시집살이 하면서 도저히 다른 일은 할 수 없어서 '가톨릭 맹인선교회'에서 낭독 봉사하는 일을 했으나 시어머님 병환으로 그것도 오래 하지 못했다. 늙어서는 다행히 '데레사회'에 입회하여 봉사를 했는데 하필이면 눈이 안 보이는 김젬마를 맡게 된 것도 이상하지 않느냐는 것이었다. 주님이 언젠가는 눈이 안 보이게 하시려고 준비를 시키셨나 보다며 쓸쓸히 웃는 것이었다.

나는 마음이 너무 아파서 마누라에게 이제 우리 성당에서 다른 지역으로 이사 간 김젬마에게 전화나 해 보라고 넌지시 말했다. 다행인지 불행인지 양재동성당에서 빈첸시오회와 겹친다며 데레사회를 없앴기에 아내는 이제 성당 단체에 참여하지 않았으나, 그 김젬마와는 계속 전화로라도 인연을 이어 오던 중이었으니 아내는 즉시 김젬마에게 전화를 하고 그동안에 일어난 일들을 말하는 모양이었다.

김젬마와의 대화 이후 아내는 편안해지면서 마음의 평화를 얻었을 뿐만 아니라 오히려 행복한 것같이 보였다. 내가 이상해서 물으니 내용은 이렇다. 젬마 자매는 젊어서 매우 가난하여 남의 지하 셋방에서 어렵게 살다가 무서운 '근위축증'이라는 병에 걸렸는데, 그때 아들의 나이가 세 살이었단다. 아마 삼 년을 살기가 어려울 것이라는 의사의 선고에도 불구하고 지금 아들이 서른 살이 되도록 살고 있다는 것이다. 물론 온몸이 굳어서 휠체어에 의지하고 눈도 안 보이지만….

그러나 무엇보다도 젬마 자매가 큰 병에 걸리면서부터 남편 사업이 잘 되기 시작해서 이제는 그래도 집칸이라도 지니고 살 뿐 아니라, 엄마의 보살핌도 못 받은 아들이 너무나 잘 성장해서 대기업 사원이 되고 결혼도 해서 착한 며느리까지 얻었다며, 하느님은 결코 불행만 주시지 않는다고 하더란다.

우리 할망구의 눈이 보이지 않게 하셨으니, 우리 집에 무슨 아주 좋은 일이 일어날 것이라고 장담을 하였다. 아내는 요즘 오히려 은근한 희망에 들떠서 살고 있다. 우리는 이미 다 늙어 꼬부라졌으니, 아마 우리 자식이나 손자들에게 아주 좋은 일이 일어날 것이라는 확신에 가까운 희망!

'우리 전능하신 주님이 내게 어떤 좋은 일이 일어나게 하시려나?' 하는 기대에 차 있는 할망구를 보노라면 측은하면서도 다행이라는 생각이 든다. 내가 그렇게 말려도 기어코 찾아 다니던 젬마에게서 그런 좋은 위안을 얻다니! 별안간 눈에 이상이 생기니 집 안에서도 여기저기 부딪혀 멍이 들 뿐 아니라, 부엌에서도 자주 실수를 하건만, 조금도 주눅 들지 않고 당당하다.

어제는 뭇국을 끓여 내놓으며 한다는 말이, "이 뭇국은 쇠고기에

다가 사람 고기도 조금 넣어서 끓였으니 더 맛있을 거요. 다 끓여 놓고 보니 손가락을 좀 베어 피가 나는구려. 아마 무를 썰 때 손가락도 조금 썬 것 같아요. 하하하."

못 말리는 할망구 같으니라고! 주님, 저 못 말리는 할망구의 믿음을 보시어 부디부디 보살펴 주소서. 아멘!

(가톨릭평화신문, 제3회 신앙체험수기 특별상 수상작. 2016년 3월)

서른 번째 이사

　금년은 우리가 결혼한 지 만 50년이 되는 해이다. 50년이 어떻게 보면 짧기도 하지만 무척 길게도 느껴진다. 고생을 많이 해서 그런가? 어차피 인생은 고해인 것을. 사는 것 자체가 고역이었다. 아내는 나보다 더 푸념을 한다. 시집살이 심하게 했다고 늘 불평이며, 기억력이 좋아서 그런지 50년 전의 작은 일도 소상히 기억하고 있다. 예를 들면 이런 거다.
　아내가 시집와서 얼마 안 되어 더운 여름에 빨래를 해서 풀을 먹이고 다림질을 해 놓으면 우리 어머니가 못마땅하게 여겨 물이 담긴 대야에 휙 던져 버리셨단다. 그러면 나는 그것이 우리 어머니의 스파르타식 교육이라고 들먹인다. 장래 우리 집안 살림을 책임질 며느리이기 때문에 철저히 가정사를 가르치시려고 그렇게 교육을 시키신 거라고. 그러면서 살아온 거다.
　어찌했든 나는 금년에 만 팔십이 되었다. 그동안 나도 고생을 많이 하며 살아왔다. 그러나 우리 나이보다 십여 년 연상인 구십 노인들이 우리보다 훨씬 고생을 더 많이 한 것은 사실이다. 그들은 일제시대에 징병과 징용까지 나갔는데, 우리는 1945년 해방 당시에 열 살이었으니까 그들보다 덜 고생을 한 셈이다.

'사람이 한평생 살면서 얼마나 힘들게 살았는가?' 하는 것을 알아내는 잣대가 무엇인지 모르겠다. 무슨 척도로 한 인생의 어려운 정도를 평가할 수 있을까? 여러 가지 방법이 있겠다. 즉 죽을 고비를 몇 번 넘겼다든지, 파산을 몇 번 했다든지, 직업을 몇 번 바꾸었다든지, 여러 가지가 있을 것이다.

그러나 나는 일생 동안 몇 번 이사를 했는지, 즉 집을 몇 번 옮겼는지 하는 것도 한 가지 평가 방법이 된다고 생각한다. 집을 옮기는 것은 안식처를 옮기는 것이니 안식이 얼마나 안 되었으면 옮기는 것일까?

나는 태어나서부터 지금까지 29번 이사를 했다. 많이 한 편이다. 물론 아주 갓 태어났을 때는 몰라서 더 많은지는 모르지만, 내가 기억할 수 있는 것은 다섯 살 무렵부터 지금까지의 일이다.

나는 1935년 서울 종로구 관훈동(寬勳洞) 21번지에서 태어났다. 그 후 한 살 때 중국 만주의 수도 신경(新京), 지금의 장춘(長春)으로 우리 다섯 식구가 이사를 갔다고 한다.

아버지는 두 살 때 당신의 아버지(나의 할아버지)가 돌아가셔서 큰형님(나의 큰아버지) 밑에서 배재중학을 나오시고, 몇 가지 일을 하다가 여의치 않아 큰 돈벌이를 하겠다고 중국행을 하신 것이다.

내가 기억하기에는 중국에서 처음 살았던 집이 신경 시내 중심가에 있는 일본교통(日本橋通)이란 곳이었다. 살기 좋은 아담한 동네 같았다. 집 안에 라디오가 한 대 있어 높은 선반에 올려놓고 듣던 생각도 난다. 이 집에 살 때 누나와 형은 유치원에 다녔다. 큰딸과 큰아들만 보내신 것 같다. 내가 못 다닌 것이 지금까지 기억나는 것은, 그때 퍽 서운했었던 것 같다.

또 가끔 조선에서 연예인단이 공연을 오면 온 식구가 마차를 타고 가서 구경하던 생각도 나고, 추운 겨울 아침에 집 앞 행길에 나가면 길에서 꽁꽁 얼어 죽은 뻣뻣한 아편쟁이 시체들을 쿨리들이 리어카에 척척 싣고 가는 것을 보기도 했다.

그러나 그 집에서 그리 오래 살지는 못했다. 그 동네에서 페스트가 발생했다고, 대부분 조선인이었던 그곳 주민들을 모두 내쫓고 불을 질러 버렸다. 그곳 조선인들은 시외 적막한 동안통(冬安通)이란 동네로 쫓겨났으며, 우리가 살던 곳은 새로 재건되어 일본인이 차지했다. 그때 만주도 역시 일본의 지배하에 있었으니 할 수 없었다.

동안통의 집들은 옥수숫대로 엉성하게 엮어 지은 것이었으므로 겨울엔 몹시 춥고 여름엔 무더운 한적한 촌동네였다. 시내에서 그곳에 가려면 너무 멀고 매우 무서웠다. 포장도 안 된 길에 가끔 여기저기 죽은 아편쟁이 시체를 개가 뜯어 먹고 있는 것을 볼 수 있었기 때문이다. 그러나 아버지가 어떻게 잘 활약하셔서 곧 장춘 시내로 들어오게 되었다.

새로 온 집은 장춘 시내 조일통(朝日通)이란 곳에 있는 조선인 동네였다. 입구(口)자형으로 된 동네인데 큰 대문이 하나 있고 마당은 널찍하고 네 모서리에 십여 채의 집이 각각 바깥쪽을 향해 지어져 있었다. 우리도 큰길가에 면한 한 모서리에 자리 잡은 집에서 살았는데, 아버지는 중국 쿨리 한두 명을 고용해서 재봉틀 몇 대 놓고 어린애 옷을 만들어 '보오산'(?)이란 백화점에 납품하는 일을 하셨던 것 같다. 그 작업실 옆에도 방 하나가 있었는데, 시내에 있는 박물관에 근무하는 조선 청년 한 사람이 하숙하고 있어서 가끔 우리 형제를 박물관에 데리고 가 구경시켜 주었다. 아버지는 마작을 좋아하셔서 가끔 밤을 새고 오실 때면 돼지족발 한 보따리를 사 오시기 때문에 우리 식구 모두 어머니만 빼고 불평은 없었다.

그 집에서 살 때 나는 영락(永樂)국민학교에 다녔다. 이 학교는 그 도시에 있는 조선인 학생만 다니는 학교였다. 교장은 일본인이지만 교사는 대부분 조선인이고, 중국인 여선생도 한두 명 있었던 것으로 기억한다. 겨울에는 이 학교 운동장에 물을 가두고 얼려서 스케이트를 타게 했다. 그런데 우리 집에서는 큰아들인 형만 스케이트를 사 주고 나는 안 사 주었다. 나는 나무로 만든 발 썰매를 타고 놀았다. 그래도 불평 한마디 안 했다. 나는 너무 착한 바보였나 보다.

그 학교에는 훌륭한 조선 선생님도 계셨다. 종례 후에 김유신 장군이나 을지문덕 장군에 관한 얘기도 조선말로 해 주시고, 밖에 나가서 자기가 그런 얘기 했다는 것을 말하지 말라고 당부했던 기억이 난다. 정말 애국하는 선생님이었다.

우리는 그 집에서 4, 5년 살다가 어느 날 아버지가 타국 땅에 와서 고생해서 이제는 웬만큼 살게 됐으니까 우리나라 조선으로 귀국해야겠다고 하여, 며칠 후에 큰 이불 보따리 대여섯 개를 만들어 어머니가 우리 5남매를 데리고 먼저 귀국하게 되었다. 아버지는 집과 자산을 처분하고 뒤에 오시기로 하였다.

우리는 기차를 타고 서울에 도착하여 며칠 동안 서울 종로구 예지동에 있는 큰집에 머물다가 경기도 양주군 구리면 도농리에 있는 외갓집으로 옮겨갔다. 외가는 그 동네에 백여 년 살아오던 집으로 논밭도 많아 밭도 보름갈이가 있고 큰 동산도 있어서 좀 풍족했던 것 같다. 외갓집에서 근처의 초가집 하나를 마련해 주어 그 집에서 2, 3일 머무르고 있었다.

그런데 그다음 날이 1945년 8월 15일이었다. 그러니까 우리는 해방되기 약 열흘 전에 귀국한 것이다. 참 아슬아슬했다. 며칠 후 아버지는 중국의 살던 집을 채 처분도 못하고 재봉틀 같은 자산은 중국 쿨리에게 다 주고 배낭 하나만 지고 귀국하셔서 우리와 합류하게 되었다. 만일 조금만 늦었더라면 우리 식구 모두 업고, 안고, 지고, 걸어서 38선을 넘어오려고 죽을 고생을 했을 것을, 아비지의 지혜로 그것을 면하게 되었다. 나는 지금도 모른다. 그때 왜 귀국을 서두르셨는지, 혹시 마작 친구들에게서 어떤 귀띔을 받으신 게 아닌가 하고 상상만 할 따름이다.

아버지가 오셔서 우리 모두 상경하여 우선 종로구 혜화동에 세를 들어 몇 달 살았다. 그 후 외가 쪽 친척 할머니의 주선으로 그가 갖고 있던 서울 종로4가의 살림방이 달린 한 점포를 우리에게 양도하여 아버지는 그곳에서 미곡 도매업을 하게 되었다. 그 일이 아주 잘 되었던지 우리는 얼마 후 종로5가의 아담한 한옥으로 이사하게 되었다. 그 집은 방이 4개였는데, 안방은 부모님이 쓰시고 건넌

방은 나와 형, 그리고 누이동생들이 같이 썼다. 뜰아래 방은 외사촌 누나가 혼자 썼다. 왜 그랬는지 지금 와서 생각해도 모르겠다. 같은 여자들인데 누이동생들도 외사촌 누나와 같이 쓰게 하지 않고 독방을 쓰게 하다니. 부모님의 뜻을 모르겠다. 부엌에 붙은 또 한 방은 창고처럼 잡동사니가 가득 차 있었던 것으로 생각된다.

이 집에서 나는 보성중학교에 들어갔고, 행복하게 몇 년을 지내다가 3학년 때 6·25사변을 맞게 되었다. 그때 형은 이미 군대에 나가서 우리는 국군 가족이 되어 공산 치하에서 힘들고 어려운 석 달을 죽을 고비를 몇 번 넘기면서 9·28을 맞게 되었으나, 우리 집은 이미 미군 폭격으로 불타 없어져 또 집 없는 신세가 되었다. 그러나 불탄 안방 뒷골목에 사각 석유통 2개에 현금을 가득 담아 묻어 놓았던 것이 위에 있는 몇 장만 불에 그슬리고 나머지는 그대로 있어서 그 어려운 6·25 때도 아버지의 경제적인 능력이 대단하셨다고 안심했었다.

우리는 종로구 충신동에 있는 아버지의 친구분이신 '연동치과' 원장 댁에 임시로 거처하다가 석 달 후인 1·4후퇴 때 다시 남쪽으로 피란을 가게 되었다. 그때도 우리 가족은 아버지 친구분인 송씨 아저씨 댁인 충남 홍성군 광천면(廣川面) 신진리(新津里) 다진(多津) 동네로 피란을 가 그 집 바깥채에서 환도할 때까지 2년여를 지냈다. 이 집에서 형의 전사 소식을 접했다. 어머니는 가슴으로 속으로 우시고 그 동네 산에 있는 절에 가서 슬픔을 달래셨다.

그러나 그동안 나는 무작정 놀 수만 없어서 혼자 상경하여 서울 동대문구 창신동의 외사촌 누님 댁에 가서 고등학교 1학년 과정을

'서부훈육소'에서 두 달 만에 마치고 고등학교 2학년이 되었다. 전쟁 중이라서 수업 시간도 따지지 않는 일도 가능했던 것으로 생각된다. 그리고 정부가 환도하여 우리 식구가 모두 합쳐져서 살 집을 또 찾아야 했다.

이때도 우리 외가 쪽의 친척인 최석자 누님 댁이 아직 부산에서 환도하지 않아 그 집이 비어 있다고 하여 중구 을지로5가에 있는 그 집에서 살게 되었다. 적산가옥 2층집인데 아래층에 방이 2개, 2층에도 방이 2개인데 방 하나에는 주인집 세간과 짐들이 있어서 우리는 나머지 3개의 방을 쓰게 되었다.

아래층 아랫방은 큰 온돌방으로 외할머니와 누이들이 같이 쓰고 윗방은 다다미방인데 부모님이 쓰시고, 2층 다다미방은 내가 혼자 쓰게 되었다. 이 집에서 나는 등잔불을 켜고 밤늦게까지 공부하였다. 전기 사정이 나쁘고 또 램프나 촛불은 비싸기 때문에 못 쓰고 석유 등잔불로 일본 헌책인 화학연습문제집, 물리연습문제집, 그랜빌(Granville)의 미군용 '미적분학'(원서) 등으로 공부한 기억이 아직도 새롭다. 이 집에서 나는 서울공대에 입학했다.

이때 최석자 누님이 환도하게 되어 우리는 그 이웃인 같은 을지로5가의 더 작은 적산가옥 2층집을 사서 이사 가게 되었다. 비로소 또 우리 집이 생긴 것이다. 아래층엔 방이 2개, 2층엔 방이 1개인 아주 작은 집이었다. 아래층 작은방은 부모님, 큰방은 외할머니와 누이동생들이 같이 지내고, 윗층은 다다미방 하나가 있는데 그것은 내 차지가 되었다. 여름에는 외할머니가 나하고 같이 2층에서 지내셨다.

이곳에서 우리 5남매는 중고등학교와 대학을 다니고 나는 대학원까지 다녔으니 부모님이 가장 힘드셨던 집이다. 지금 생각해도 우리 5남매의 그 많은 등록금을 한꺼번에 그렇게 여러 해 동안 어떻게 마련하셨는지 궁금하다. 새삼스럽게 부모님 노고가 지금 생각난다. 그래도 나는 대학원에 다닐 때 지도교수인 김 선생님이 소개해 준 메리야스 공장 사장에게 영문 월간 전문지를 번역해 드리면서 등록금을 벌어 아버지의 노고를 덜어 드렸다. 드디어 이곳에서 몇 년 사는 동안 나는 서울대학의 전임강사가 되었다.

집이 조금씩 피기 시작하니 좀 더 큰 집으로 옮기려고 우선 동대문구 충신동의 한옥에 전세를 들어 이사하고 일 년쯤 살다가 성북구 안암동5가의 60평짜리 단독주택으로 이사하게 되었다. 그 당시 서울공대는 도봉구 신공덕에 있었기에 내가 다니기 좋은 주택가에 있는 방이 5개인 집다운 집으로 옮긴 것이다. 등나무와 대추나무가 마당에 있었고, 마당도 넓어서 나는 좋아하는 화초도 마음대로 심어서 기르고 겨울에는 조그만 온상을 만들어 선인장도 많이 길렀다.

이 집에서는 여러 가지 일이 많았다. 내가 이 집에 살 때 결혼했고 아버지, 어머니 회갑연과 회혼례도 치렀다. 두 아들, 해원과 규원이도 이 집에서 태어났다. 이 집에서 7, 8년 정도 살았던 것 같다.

내가 더 공부하기 위해 미국에 유학을 간 것도 이 집에서였다. 미국에 가서는 노스캐롤라이나 주 랄리 시의 NCSU 대학의 세계적으로 유명한 Textile school과 가까운 곳에 셋집을 얻었다. Bagwell Ave에 있는 에드워드 씨 부부 집의 2층 다락방이었다. 여름에는 찜통같이 무더운 방이었다. 이 집에서 약 9개월 동안 자취하면서 살다가 방세 75달러가 비싼 것 같아 30달러짜리 싼 집으로 옮겨서 돈을 아꼈다.

내가 박사학위를 하려면 공부가 오래 걸릴 것 같아서 아내와 두 아들을 데려오기로 하여 그 대학의 결혼한 학생 기숙사(Mckimmnon village)를 신청하고 아내를 기다렸다. 드디어 아내가 두 아들을 업고 안고 와서 나와 합류하고 그 기혼 학생 아파트에서 약 일 년 반을 지내다가 딸 지원이가 생겨서 할 수 없이 또 더 큰 집으로 이사를 갔으니, 그게 그 도시 Leonard St.에 있는 방 둘에 거실과 부엌이 있는 duplex 집이었다. 헌집이고 늘 외국인 학생들이 세 들어 사는 집이니 지저분하고 바퀴벌레가 나오는 집이었다. 그 집에서 내 공부가 끝나고 박사학위를 받을 때까지 살다가 귀국했다. 이 집에서 아내가 무척 고생을 많이 했다. 모자라는 생활비에 세 아이들 기르느라고 두부 만들어 먹고, 콩나물 기르고, 묵 쑤어 먹고 하느라 정신이 없었다. 지금 유학생들은 상상도 할 수 없는 일이었다.

귀국하여 서울에 와서 보니 아버지가 사기를 당하셔서 우리 집이 은행에 저당잡혀 있었다. 할 수 없이 내 고등학교 친구인 강형진에게 100만 원을 빌려 동대문구 회기동에 있는 작은 한옥집에 전세로 들어갔으나, 그 집에 며칠 살고 있는데 경매 편지가 날아왔다. 집주인이 빚에 쪼들려 세무서가 경매하는 집이었다. 소개한 복덕방에 항의하여 한 달 만에 또 다른 집으로 이사했다. 경희대 뒷문 옆에 있는 2층집이었는데, 낮에는 수돗물이 안 나오고 새벽 2시부터 물이 나오는 집이었다. 이 불편한 집에 학생들은 왜 그렇게 많이 찾아오는지, 살림살이가 제대로 갖추어지지 않았던 우리 형편에 참 힘들었다. 미국 유학하고 온 신임 젊은 교수라 호기심으로 그랬던 것 같다.

아내는 국어 교사로 학교에 나가고 국어 과외지도도 하고, 나도 여러 학교에 시간강사로 다니면서 돈을 모아 드디어 동대문구 이문동의 큰 3층집 바로 뒤에 있는 방 3개짜리 집을 사서 갔다. 여기서도 우리 부부가 열심히 뛰었다. 나는 이때부터 주식회사 코오롱의 자문위원으로 한 달에 한 번 대구와 구미에 있는 이 회사 공장을 방문하여 연구소까지 만들게 하였으니, 그들에게도 도움이 되고 나에게도 큰 도움이 되었다.

이듬해에 같은 이문동 외국어대학 담 옆의 좀 큰 집으로 이사 갔다. 약간 집 같은 집이었다. 방이 5개이고 화장실이 2개나 되는 단독주택이다. 이때야 비로소 내가 서재를 갖게 되었다. 이곳에서 나는 서재를 즐겼고 학생들도 많이 찾아와 밤새워 토론한 적도 여러 번 있었다. 나는 이 집에 살 때 김수창 신부님의 강권에 의하여 천주교 세례를 받았다. 아내의 기도 덕이다. 아내는 유아 세례를 받아서 우리 결혼 때 관면 혼배를 받고 10년을 기다린 셈이다. 이 집에서 어머니도 영세를 받으시고 아버지는 후에 대세를 받으셨다.

이 집에서 10여 년 살다가 그 근처 경희대 뒷산 아래 삼익타운이란 빌라가 새로 건설되어 그리로 이사 가려고 하는데, 시일이 맞지 않아 한 달 동안 그 옆의 조그만 연립주택에 전세로 갔다가 건설이 끝나는 대로 삼익타운으로 이사 갔다. 이제야 비로소 남향판의 큼직한 방이 4개나 있는 집으로 온 것이다. 마음에 드는 집이었다.

이때 처음으로 집들이도 하고 '포니' 중고차를 사서 몰고 다녔다.

그러나 이 집에 일 년쯤 살았을 때 내가 안식년이 되어 또다시 미국에 가게 되었는데, 이때도 식구 모두를 데리고 가서 내가 옛날 미국에서 공부할 때 아내와 애들 고생시킨 것을 만회하려고 노력했다. 나는 연구를 하면서 방학 동안에는 2주일 동안 전 미국을 운전하면서 일주하여 미국 동부와 중부의 이곳저곳을 구경하면서 돌아다녔다. 나이아가라도 이때 갔고 Boston, Ohio, West Virginia 등에서 친지, 후배, 제자들도 만났다. 플로리다도 운전하여 다녀오고, 워싱턴 DC도 자주 갔었다. 이때에는 Raleigh 시의 Sumter Square 아파트에 일 년 동안 살면서 잘 지냈다.

귀국하면서 서울공대가 관악캠퍼스로 이사를 가서 우리도 할 수 없이 강남으로 이사 왔는데, 그곳이 서초구 방배동의 조그만 2층 단독주택이다. 이곳에서 18년 동안 살면서 여러 가지 행사를 치렀다. 세 애들 결혼시키고 부모님 장례 모시고 나와 아내의 회갑을 치르고, 내가 대학을 정년퇴직하고 대한민국 학술원 회원으로 선출되었다.

정년퇴직 후 여행도 다닐 겸 집도 줄일 겸하여 근처의 아파트를 찾아다니다가 지금 살고 있는 강남구 도곡동의 도곡한신아파트로 이사 왔다. 이곳에서는 고난이 많았다. 내가 심근경색과 뇌경색을 앓고 또 허리를 두 번이나 수술했고 기타 갖가지 잔병치레를 하고 있고, 아내는 대장암 수술과 담낭 수술, 구강 악안면 외과 수술, 백내장 수술, 또 요새는 황반변성이란 눈병을 앓고 있다. 나이가 많아서일 것이다.

아내가 대장암 수술을 받았을 때 담당 의사가 물 좋고 공기 좋은 곳에 가서 요양하라고 하여 강원도 홍천읍 하오안리에 있는 삼호아파트에 들게 되었다. 15층에 전세를 얻어 매 주말 금요일에서 주초 월요일까지 머물러 있다. 그곳에서 여내골 산골짜기 산책도 하고 동네 주민이 빌려 준 밭에 고추, 상추, 가지 등을 심어 농사도 짓고 홍천 5일장도 즐기고, 인제 산골에 있는 다물 피정의 집도 자주 다니고, 동해안 해안가도 여행을 하면서 아내가 완쾌될 때까지 4년 동안 왔다 갔다 했다.

그 후는 도곡동 이 집에서 계속 살고 있다. 늙을수록 한 집에서 거주하는 기간이 길어진 것이다. 방배동 전 집에서 18년, 이 집에서 15년째 살고 있다. 즉 이제야 비로소 안정된 생활을 하게 되었다. 그러나 안정되니까 병앓이를 하고 있는 것이다. 이렇게 내가 나고 자라면서 어른이 되어 살아오는 동안 모두 29번 이사를 한 것이다.

사람의 일생을 '생로병사'로 표현하는데 우리 부부는 50년 동안 '생' 다음의 '노' 과정을 힘들고 어렵고 길게 거치고 지금은 세 번째 단계인 '병'의 단계에 온 것이다. 그다음에는 마지막 한 단계가 남아 있다. 그것은 순간으로 끝나는 단계이다. 그러니 이제는 '생로병사'의 거의 끝 단계에 온 것이지만 한 번은 더 이사를 가야 한다. 육신이 용인 모현면에 있는 천주교 우리 가족 묘지의 부모님 곁으로 가는 것이다. 그것이 나의 서른 번째 이사가 되겠다. 그곳은 더 이상 이사 가지 않아도 되는 공기 맑고 편안하고 조용하고 평화스럽고 영원한 나의 안식처가 될 것이다.

(2015년 8월)

호적과 족보

　호적(戶籍)은 호주를 기준으로 한 한 가족 단위의 사람의 신분에 관한 사항을 기록한 공문서이고, 족보(族譜)란 한 가문의 계통과 혈연 관계를 부계(父系)를 중심으로 하여 나타낸 그 집안의 역사책이다. 호적 기재는 국가가 국민을 다스리기 위하여 의무적으로 시행된 것이고, 족보 기재는 가문의 사항이다.
　나는 일찍이 우리 집 호적을 고친 적이 있다. 그것은 1952년 1월 20일에 내 형이 전사했는데 우리 부모님이 전사자 연금을 받으시려고 서류 신청을 해야 하는데 서류 중에 호적등본이 포함되어 그것을 떼어 보니 아버지 성함이 그때 동회에 등록된 '종한(鐘漢)'이 아니라 '수명(壽命)'으로 되어 있어 연금을 신청할 수 없었다. 그래서 '수명'은 아버지의 아명(兒名)이라고 설명해도 막무가내였다.
　아버지의 아버지(나의 할아버지)는 아버지가 두 살 때 돌아가시고, 내 할아버지는 삼 형제의 막내이시고 아버지는 3남1녀의 막내이신

데 명이 길라고 '수명'을 아명으로 지어 주고 호적에는 사람을 시켜서 그때 쓰던 아명을 그대로 올린 것 같다.

그러니 연금을 타려면 동회에 등록된 이름으로 바꿔야 했다. 그때는 내가 고등학교 2학년일 때이고 서울이 완전 수복되지 않아 내가 다니던 보성중학교도 미군이 주둔하고 있었고, 또 중앙중학교와 동성중학교도 같은 사정이라 이 세 학교를 한데 모아 '동북훈육소'란 이름으로 명동성당의 일부를 빌려서 수복한 학생들을 가르치고 있었다. 나는 이 훈육소에 다니고 있었는데, 그때 가정법원은 덕수궁 옆 골목 이화여중 옆에 있었다.

나는 호적을 고치려고 점심시간에 명동성당에서 가정법원까지 뛰어가서 서류를 받아오고 또 그 서류를 작성해서 그 거리를 서너 번 다녀와서 호적 정정을 하여 부모님이 전사자 연금을 타시게 해 드렸다. 고등학교 2학년짜리가 그 일을 해내다니, 내가 지금 생각해도 대견하고 신통하다.

나는 안동 김씨 손으로 신라 경순왕(敬順王)의 제4자(第四子)인 대안군(大安君, 諱 殷說)의 제3자인 숙승(叔承)의 자손으로 중시조인 고려조 충렬공(忠烈公, 諱 方慶)의 20대 손이요, 고려 말 조선 초 익원공(翼元公, 士衡)의 16대 손이요, 조선조 풍양군(豊陽君, 諱 碔)의 12대 손이다.

우리 안동 김씨는 후(後)안동 김씨와 구별해야 하는데, 후안동은 고려조 태사(太師) 김선평(金宣平)을 시조로 하는 계통이다. 따라서 우리 안동 김씨를 선(先)안동 또는 구(舊)안동이라고도 한다. 서로 조상이 다르기 때문에 혼인도 할 수 있다.

우리 선조는 조선조 중기 이후에는 그리 큰 벼슬을 한 분이 많지 않고, 또 방계에서 당정에 휘말려 멸문지화를 입은 조상들이 있어서 몰래 촌에 숨어서 사느라 거의 상민에 속하게 되었다. 그래서 우리 일족인 김구(金九) 선생도 익원공의 20대 손(淳永의 子)이지만 낙후된 상민 생활을 했었다. 그러나 근본이 있고 정신이 살아 있어서 어려운 속에서도 글을 배웠고 독립운동을 한 것이다.

우리 집은 증조부도 삼 형제 중 막내, 할아버지도 삼 형제 중 막내요, 아버지도 삼 형제 중 막내이시다. 그런데 내 아버지는 두 살 때 당신의 아버지(내게는 할아버지)께서 돌아가셔서 어머니(내게는 할머니)와 큰형님 밑에서 자라셨다. 그래도 아버지는 형님 덕에 신식 교육을 받으셨다.

내가 어렸을 적 큰집에서 제사 지낼 때나 생일잔치 때는 경기도 파주에 사는 일가들이 참여하는 것을 본 적이 있었다. 그래서 우리 원래의 근본은 파주라는 것을 알게 되었다. 그리고 우리 할아버지가 파주에서 상경하여 장사를 하면서 가계를 이룩하신 것을 알게 되었다. 막내에서 막내로 몇 대를 내려왔으니 가뜩이나 없는 재산에 물려받을 차례도 없고 해서 상경하였으나, 힘들게 노력한 나머지 서울에 고래등 같은 기와집에서 아래채에 행낭아범과 행낭어멈을 두고 생활하셨던 것 같다.

내가 어렸을 때 큰집에 가면 안방에는 할머니와 큰어머니가 딱 버티고 앉아 계시고 일은 큰아버지의 첩이 행낭어멈과 아범을 시켜서 다 하고 있었는데, 우리는 그 첩을 '작은 큰어머니'라고 불렀던 기억이 난다. 큰집 사촌형은 자기 아버지 첩을 '서모'라고 부르며 갖은 호강을 다 하던 모습을 봤다.

　막내에서 막내로 내려왔고 또 살기 바빴던 탓인지 족보가 집안에 없었다. 그래서 내가 결혼한 후에 아내와 같이 이것을 해결하려고 경기도 파주에 일가들이 있었고 우리 윗대 어른들이 거기서 서울로 왔으니 그곳이 우리 근본인 것 같아 알아보려고 일을 시작했다.

　먼저 둘째 집 사촌형이 파주 근처에서 군대 생활을 했던 것을 기억하여 그에게 문의하니, 그가 군대 시절에 그 근처에서 군복무를 했고 그 당시 일가가 있는 파주에 자주 들렀다고 했다. 그래서 그와 우리 내외가 파주읍 봉서리를 찾아가 일가인 '선옥(仙玉)' 아저씨를 만나 우리 족보가 어떤 상황인지 알아보니 할아버지까지만 기재된 것을 알아내었다. 한편 종친회 일을 열심히 하시는 '철원(哲源)' 형님을 소개 받아 양서면 목왕리에 있는 익원공의 묘소도 방문하고, 또 포천군 내촌면에 있는 풍양군 묘소도 참배했다. 그리고 안동 김씨 대동보는 1935년에 발간하고 새로 발간한다고 하여 우리 일가의 단자를 다 적어내고 1979년에 발간된 대동보에 잇게 되었다.

　그때는 딸들은 안 넣고 아들들만 기재하고 며느리도 이름은 안 쓰고 본관과 성씨만 올렸었다. 그런데 36년 만에 또 대동보를 발간한다고 해서 단자를 다 적어냈다. 이번에는 딸들도 넣고 며느리도 이름까지 다 기재하고 직업까지 넣는다고 한다. 우리 손자손녀들까지 넣었으니 앞으로 30~40년은 편안하게 지내겠다. 먼저 인터넷으로 완성하고 다음에는 종이책으로 만든다고 한다. 족보도 현대화했다.

모든 것이 새로워지니 오래 살고 볼 일이다. 이제는 친가 중에는 내가 가장 연장자가 되었다. 벌써 내가 그렇게 되었나 하고 서글플 때도 있고 어른 노릇은 제대로 했는지 생각될 때도 있다. 아무튼 어려운 한 세상을 살면서 그래도 할 일을 바로잡고 가게 되어서 다행이다. 이 일에는 아내가 나보다 더 많은 애를 썼다. 멸문의 집에 와서 고생을 많이 했다. 마지막으로 내 아내의 노고에 깊이 고마움을 표시한다.

(2015년 9월)

모으다 말고

　인생 80은 길기도 꽤 긴 것 같다. 일제에서 해방된 지가 70여 년, 6·25사변을 겪은 지가 60여 년, 또 내가 대학에서 정년퇴직한 지가 20년이 가까워 오니 힘하고 어려운 세상을 꾸준히 잘도 버텨내며 살아왔다. 그동안 그렇게 힘들게 살아오면서도 내 둘레에 있는 사물에 관심을 가진 일들을 곰곰이 생각해 보니 한평생 좋아하다 말다 한 것도 퍽 많았다. 좋아서 내 몸 근처에 간직하다 보면 어느새 싫증이 나서 시들해진 일이 수없이 많았다. 그런 일들을 하나씩 꺼내 본다.
　나는 어려서부터 무엇이든 읽기를 좋아했다. 그래서 주위에 있는 책은 아무것이나 무턱대고 읽었다. 그래서 국민학교 4학년 때 서울사대 재학 중이던 외사촌 누나와 같이 그의 친구 집에 갔다가 그들이 나누는 대화를 듣고 내가 참견하면서 내 의견을 말했더니 누나가 "얘는 책읽기를 좋아해서 저런 것도 다 안다"고 칭찬을 했던 기억이 남아 있다. 그러다가 중학교에 들어가자 소설을 보기 시작하면서 한 권 두 권 읽어 나갔다. 아마 처음 본 것이 김동인의 《운현궁의 봄》인 것 같다.

그리고 6·25사변이 나서 학교에 갈 수 없었으니 집에서 책 읽을 시간이 많아져 을지로6가 청계천 헌책 서점을 순례하게 되었다. 그때 《젊은 그들》을 읽고 나서 김동인에 반하여 단편집을 포함한 그의 소설을 거의 다 청계천에서 빌려 보기도 하고 사서 보기도 했다. 당시에는 청계천이 복개되기 전으로 사변 전에는 북쪽 변에만 헌책 서점이 수십 곳 있었는데, 사변 후에 청계천 남쪽 변으로도 서점들이 옮겨 들어서기 시작했다.

김동인의 소설을 다 읽고 나서는 그의 야담집도 찾아서 다 읽었다. 그중 너무 신기해서 아직 기억나는 것이 한 가지 있다.

어느 시골에 논밭이 좀 있는 살 만한 노인이 외동딸을 시집보내려고 사윗감을 고르는데 그 고르는 방법이 특이하여 사윗감의 샅추리에 있는 중요 부분에 가장 큰 돌을 매달 수 있는 자를 사위로 뽑으려 했다는 것이었다. 내가 어려서 그게 왜 중요한지 잘 몰랐어도 70여 년이 지난 지금까지 기억하는 것은 그게 흥미롭게 느껴졌고 또 관심도 많았던 것 같다. 그 후에 새로 발간된 김동인 전집을 보면 이 야담이 빠져 있다.

대학에 입학하고부터는 민중당의 36권으로 되어 있는 《한국문학전집》을 한 권 두 권씩 사 모으면서 읽었다. 리스트를 해 가며 사 모았다. 또 을유문화사의 60권으로 구성된 《세계문학전집》도 목록을 만들어 한 권씩 사 모으면서 읽어 나갔다.

다 읽지는 못한 것 같고 두꺼운 《백경》을 끝으로 보았으며 언젠가는 다 보리라고 보관하고 있었다. 《삼국지》는 대여섯 번은 읽어서 몸에 배어 있었다. 그런데 내가 결혼 전 아내하고 사귀는데 내 '아내' 감이 자기 어머님이 날 만나보고 '감'이 되는지를 알아보려는지 날 보자고 하신다고 하기에 만났다. 그분이 삼국지 얘기를 하면서 떠보시기에 내가 '계륵(鷄肋)'에 관하여 말씀드렸더니 무척 좋아하며 합격시켜 주셨다. 그 후 결혼 생활 중 아내가 힘들다고 친정에 가서 아무리 불평을 해도 장모님은 《삼국지》로 신임을 얻은 사위 편을 들어 주셨다.

대학 재직 중에는 전공 서적을 사서 보다가 정년퇴직을 하고 여행이나 많이 하자고 단독주택에서 집단속이 잘 되는 아파트로 이사 오느라 월간지, 논문집과 연구보고서와 원서가 아닌 복사본들을 많이 처분했다. 그런데 아파트에 이사 오고 나서도 책 둘 곳이 모자라 또 처분하는데 옛날에 사 모았던 한국문학전집과 세계문학전집이 인쇄가 세로로 되어 있고 활자가 너무 잘다고 아내가 버리자고 해서 거의 다 내다버렸다. 한 권 두 권 사 모을 때 생각을 하면 아까운 생각이 들었지만 할 수 없었다. 그때 약 5천 권 되던 내 책들이 지금은 3천 권으로 줄었다. 만 권 이상씩 모은 장서가가 보면 아무것도 아니지만. 그러나 아직도 내가 좋아하는 분야, 즉 문화, 민속, 역사, 건강, 노령사회에 관한 책들은 사고 기증받은 책도 있으니 계속 서고가 좁아진다.

그다음 모은 것이 60년대 미국에 가서 공부할 때의 LP판이다. 그때 미국에서는 컬럼비아 레코드 클럽(Columbia Record club)과

알씨에이 레코드 클럽(RCA Record Club) 두 회사가 레코드판을 선전하고 판매하였는데, 그 클럽의 회원이 되면 매달 한 장씩 싼값으로 살 수 있고 또 여러 가지 혜택도 있어서 회원으로 입회하여 베토벤 심포니 1번에서 9번까지 수첩에 기록하면서 수집했고, 또 차이콥스키 교향곡도 차례로 모으고, 슈베르트, 브람스, 요한 슈트라우스 등 여러 작곡가의 음악을 가리지 않고 모았다. 물론 그때 미국 대학에서 주는 돈 월 330달러로 공부할 때이고 혼자 생활은 넉넉히 되니까 부지런히 사 모았다.

  그런데 내 공부가 길어져 아내가 아이 둘을 데리고 나와 합류하게 되고, 또 막내딸이 생겨 경제 사정상 도저히 계속할 수 없어서 중도에 끝냈지만, 그래도 100여 장 모은 것을 아직도 보관하고 있다. 수천 장씩 모은 LP판 마니아에 비하면 아무것도 아니지만. 죽기 전에 옛날 어려울 때 모은 것을 생각하면서 한 번 더 들어보려고 간단한 싸구려 턴테이블을 사서 돌리고 있다.

  내가 공부하던 곳이 미국 남쪽에 있는 노스캐롤라이나 주인데 이곳은 미국의 담배 주생산지로 그때 이 주에서는 담뱃세가 없어서 담뱃값이 다른 주의 반값이니 마음껏 피웠다. 학교 도서관에서 공부할 때 그 당시에는 각 책상마다 재떨이가 있어서 지금처럼 남 눈치 보지 않고 담배를 피웠다.

  도서관이 담배 연기로 자욱했다. 나는 하루에 두 갑 이상 피우면서 학교 실험실이나 내 어린애들이 있는 아파트 거실에서도 눈치 보지 않고 마음놓고 피웠었다.

  학교 교실에서는 교수가 담배를 피우면서 들어와 피우면서 강의를 한 적도 있었다. 축구 경기장에서는 내 앞에 앉아 관람하고 있던 미국인 부녀가 같이 피우면서 아비가 딸의 담뱃불을 붙여 주는 광경을 보고 기절할 뻔했다. 우리는 지금 생각해도 기가 찰 일이지만, 음식을 노소(老少)가 같이 먹는 것처럼 미국에서는 담배도 노소가 같이 해도 되는 것이었다. 그때는 담배 안 피우는 것이 이상할 정도로 어른 남자들은 거의 다 담배를 피우던 시절이었다.

그때부터 재떨이를 모으기 시작했다. 워싱턴, 뉴욕, 시카고 등을 여행할 때마다 그곳 기념품점이나 문방구에서 재떨이를 샀다. 그런데 그때만 해도 일본제는 조잡한 저질품이었다. 유리로 된 것, 금속, 목제, 돌로 된 것 등 다양한 것들을 될 수 있는 대로 일본제는 피하고 정교한 유럽제나 미국제를 사 모으면서 기뻐하고, 그것을 구입한 때의 추억을 더듬으면서 즐겼다.

공부가 끝나고 귀국해서도 지방 여행할 때나 학회 관계로 외국 출장 가서도 재미있고 정교한 것들을 주로 모았다. 그러나 담배가 건강에 해롭다고 판명되어 금연운동이 벌어지는 바람에 70년대 중반에 담배를 끊고 나서는 이 수집 취미도 중단했다. 그 후 흔하고 싫증이 난 것들은 버리고 지금은 내가 좋게 여긴 것들과 둥글넓적한 옛날 우리 조상들의 놋재떨이 몇 개만 간직하고 있다.

또 미국에서 담배 필 때는 한때 쿠바산 연초(부) 향기가 너무 좋아서 파이프 담배도 즐긴 적이 있었는데, 그때 모은 파이프와 목재로 조각한 정교한 파이프 걸이, 파이프 청소하는 기구 등도 버리지 않고 어느 구석에 처박아 두고 있다.

아내는 내가 미국에서 재떨이를 모을 때 촛대를 모으기 시작했다.

미국 사람들은 툭하면 테이블에 촛불을 켜놓고 축하하는 일이 많아서 그런지 별의별 촛대가 많았다. 벼룩시장에서도 진기하고 오래된 촛대들을 많이 모았다. 놋쇠로 된 것, 유리, 크리스털, 도자기, 나무를 조각해서 만든 것 등 많이 모았으나, 아내도 지금은 그것들을 감상하고 하나하나 수집하던 옛날을 추억하면서 더 이상 모으는 것 같지는 않다.

  미국에서 나에게 박사 과정 공부를 하게 해 주고 장학금도 마련해 주신 지도교수 허쉬 박사에게 감사의 표시로 동양화 한 점을 드리려고 마음먹었다. 그래서 그때 한국에 있는 아내에게 연락하여 우리가 결혼할 때 여섯 폭의 설악산 풍경을 그려 주신 남전(藍田) 금동원(琴東媛) 선생에게 부탁드렸더니 두 점이 날아왔다. 한 점은 보기 좋았으나 나머지 한 점은 허술하고 문란하여 아내에게 왜 그런 그림도 보냈느냐고 화를 냈더니 나중에 그 이유를 설명해 주었다. 그래서 그림도 화가의 심리 상태에 따라 명화가 되기도 하고 이발소 그림도 되는 수가 있구나 하고 생각했다. 그러나 그 화가는 최근에 미수전시회를 열었는데 그림들이 세련되고 우아해졌다. 그래서 그림도 연륜에 따라 이렇게 좋아지는구나 생각했다.

  귀국하여 여러 해 동안 집 때문에 고생하다가 처음으로 새 집인 동대문구 이문동의 삼익타운 하우스라는 빌라로 이사한 적이 있다. 6·25 전에는 서울 종로에 있던 우리 집이 9·28 폭격으로 소실되고 또 유학 전 서울 안암동에 있던 우리 집은 내가 유학 중 사기 사고로 남에게로 넘어가 무주택자가 되었었다. 그래서 나는 우리 부부가 고생하여 새 집을 마련한 것이 스스로도 기특하고 자랑스러워 고교 동창 몇 명을 불러 '집들이'를 하였다. 기분 좋게 아내가 마련한 음식을 잘 먹고 난 친구 중에서 동아일보 기자로 있는 이종석 군이 집 안을 쓱 둘러보더니, "대학교수 집에 그림 한 점이 없느냐?" 하고 한마디 던졌다. 우리는 집 마련하기도 힘들어 그런 데까지는 채 생각을 하지 못하고 집들이를 한 것이 내 불찰이었다. 물론 그전에도 아내와 같이 그림 전시회에는 여러 군데 다녔지만 그림 살 생각은 하지 못했었다.

그러나 그 한마디를 듣고 큰 충격을 받아 나도 그림을 가지려고 노력했다. 그래서 마침 동덕여대 화가 허계(許桂) 교수의 전시회가 있어서 추상화인 아름다운 꽃그림이 마음에 들어 화가의 아량으로 5개월 할부로 사서 그 아름다움을 감상하고 있다.

아내와 교사 생활을 같이 한 적이 있는 덕성여대 박석환(朴錫煥) 교수의 동해 바다 부둣가에 놓인 어선 세 척이 있는 그림도 받아 시원함을 즐겼다. 그 후 그는 우리와 인연을 갖게 되어 장미꽃 그림도 그려 주었다.

또 내 제자인 조용성 박사가 나에게 감사의 뜻으로, 그의 부인 장용주 씨가 서울 미대 출신이므로 나에게 포도송이가 그려진 동양화 한 점을 주었다. 장용주 화가는 그 후에 추상화로 발전하여 여러 번 전시회도 열어 그의 발전상을 잘 보여 주었다.

그림 감상을 하려고 전시회를 다니다가 아내의 친구 이혜자 씨의 남편인 박학배(朴鶴培) 씨가 서울대 미대 출신으로 전시회를 한다고 하여 가 보았더니 마음에 드는 아담한 그림 한 점이 있어, 생각이 있다는 의사를 전했더니 이미 팔린 것이라고 하여 낙담하여 집에 돌아왔는데, 몇 달 후 그 화가 부부가 그림 한 점을 들고 우리 집을 찾아왔다. 하는 수 없이 작은 인사를 하고 받았으나 내 마음에는 썩 들지는 않았다. 숲속에 판잣집 모양의 허술한 집 두 채가 숨어 있는 그림으로 '집'에 콤플렉스가 많던 나에게는 기분이 좋지 않은 그림이나 숲의 아름다움만 보면서 간직하고 있다.

처가가 이사한다고 하여 이삿짐 정리를 도와 드리다가 구겨진 명주 조각을 발견하고 장인께 "이것 어떻게 할까요?"라고 여쭈었더니 버리라고 하셔서 내가 뭉쳐 가지고 있다가 집에 와서 펼쳐 보니 아무래도 동양화 같아서 표구점에 가서 표구를 해서 보았더니 평양 출신 풍속화가인 일제(一齊) 김윤보(金允輔)의 산수화였다. 마루에 걸어 놓고 보니 바위 산 속의 한적한 마을을 그린 산수화로 마음이 편안해지는 좋은 그림이었다.

내가 재직 중에 전남 광주에 사는 여학생의 부모가 찾아와서 진품이라면서 남농(南農)의 그림 한 점을 주어 표구를 하니 아름다운 가을 풍경의 산수화여서 식탁 앞에 걸어 놓고 잘 감상하고 있다. 또 그 표구 집에서 8호가량의 조그마한 산수화를 발견하고 팔 것이냐고 물었더니 그렇다고 하여 사가지고 왔다. 도화가 만발한 춘산 옆 강에서 유유히 배를 젓고 있는 노인의 모습이 보기 좋았다. 그런데 며칠 후 표구 집에서 연락이 왔다. 그 그림을 자기에게 되팔 수 없느냐고. 안 판다고 했더니 내가 산 값의 두 배를 준다고 했지만 점잖게 거절했다. 누군지는 모르지만 동암(東菴)이란 낙관이 찍힌 아름다운 그림인데 아직도 우리 거실 한쪽에 걸려 있다.

또 전북대학을 졸업한 김학용(金學用) 군이 서울대 대학원에 진학하여 내 연구실에서 공부하고 박사학위를 받고 전북대학 교수로 임용되면서 전북대학의 그의 선배 교수인 이종문(李鐘文) 박사가 그 고장 화가인 소호(素湖)의 묵죽도를 보내 주어 현관 옆에 걸어 놓고 있다.

내 고등학교 동문인 중앙일보 연재 만화가 왈순 아줌마 정운경(鄭雲耕) 군에게도 부탁하여 그의 희화적인 그림 한 점을 내 서재에 걸어 놓고 있다.

구소련 과학아카데미가 서울대학 교수 3명을 모스크바로 초청하여 공동세미나를 개최한 적이 있는데, 마침 그때 혁명이 일어나 소련이 붕괴되었다. 그런데도 학술행사를 무사히 치르고 이고르 오이스트라흐(Igor Oistrakh)의 아름답고 힘찬 바이올린 연주회도 참석하고 그림도 두어 점 사들고 왔다. 김포공항에 도착하자마자 아내에게 혼났다. 소련 혁명이 신문, 방송에 크게 나서 한국에서는 전화하려고 해도 불통이라 아우성을 치고 했는데, 그림 두 장을 들고 유유히 들어오는 내 모습에 기가 막혔던 것 같다. 백양나무 세 그루가 그려져 있는 그 그림은 큰아들이 미국에서 사무실을 옮긴다고 하여 기념으로 주어 버렸다.

둘째 아들이 프랑스 유학할 때 우리 부부가 방문한 적이 있는데, 그때 아들의 중국 친구가 중국의 유명화가 아들인데 학비를 그의 아버지의 그림을 팔아서 감당한다고 하여 한 점 구하여 집에 놓고 보다가 그와 더 인연이 깊은 작은아들에게 주었다.

내가 미국에서 박사학위를 받고 귀국하니까 한국섬유공학회에서 여초(如初)의 '학부지어락불가위지락(學不之於樂不可謂之樂)'이란 휘호를 주어 간직하고 있으며, 또 정년퇴직할 때 제자들이 정도준(鄭道準)의 '지락무락(至樂無樂)'이란 휘호를 주어 잘 간직하고 있다. 즐기는 것이 즐겁다는 말일게다.

장인이 서도를 하셔서 그 인연으로 오봉(五峯)이란 분의 '강심수정(江深水靜)'이란 좋은 뜻의 굵은 붓으로 쓴 글씨도 침실에 잘 보관하고 있다. 보면 마음이 고요해진다. 또 아내 친구인 우계(又桂) 윤민로 씨가 아름답게 작은 붓글씨로 쓴 한문체의 주기도문(主祈禱文)도 침실 한쪽 벽에서 우리를 지켜 주고 있다.

이럭저럭 집 안에 서화가 가득 차 있어 내 콤플렉스가 다 풀려서 기분 좋게 지내고 있지만, 어떤 아름다움을 모르는 인간은 우리 집에 와서 그림이 덕지덕지 붙어 있다고 내 사정도 모르고 무식한 소리를 하는 것을 듣기도 한다. 또 어떤 이는 집에 좋은(?) 그림 한 점만 걸어 놓는 것이 요새 유행이라고도 한다. 그러나 나는 유행을 모르는 인간으로 항상 여러 아름다운 그림 속에 파묻혀서 지내니 스스로 행복하다. 대가(大家)의 고가(高價) 작품 한 점을 걸어 놓고 그림 값만 자랑하는 것보다는 내가 더 품격이 있다고 옹색하게 자신한다.

넥타이도 어느새 많이 모아졌다. 1960년부터 2000년까지 대학 교수로 재직 중에는 강의를 할 때나 회의에 참석할 때 반드시 정장을 하였다. 그때는 미국 동북부와 남부에서는 교수들이 여름에도 넥타이를 맸다. 물론 서부에서는 교수들이 노타이에 편한 옷을 입었던 것으로 기억된다. 지금은 우리나라에서도 교수들의 복장이 노타이에 자유분방한 모습이다. 그러나 내 재임 시절에는 꼭 넥타이를 맸었기 때문에 내가 가지고 있는 것이 100여 개가 된다. 그중 줄넥타이(string tie, bolo tie)가 열대여섯 개가 된다.

내가 재직 중 해외에 나갈 적에는 출입국 때 제일 먼저 면세점에 들러 넥타이 한두 개는 반드시 샀다. 또 국내에서도 길을 가다가 눈에 확 띄는 것이 있으면 사고, 친지나 제자가 여행 갔다 오다가 선물하기도 하여 많이 모였다. 볼로 타이(bolo tie)는 내가 정년퇴직 후 외출할 때 넥타이 매기가 귀찮아서 간단히 줄을 걸치는 것이 좋을 듯하여 사 모았다. 이것을 파는 곳이 흔하지 않아 국내에서는 충무로, 퇴계로에 자주 가서 구입했다. 미국에서도 파는 곳이 흔하지 않아 인터넷으로 몇 개 구매했다.

이제는 외출도 잘 안하고 한 달에 한 번 정도밖에 매지 않아서 쓸모가 없게 되었다. 그런데 미국에서 변호사 노릇을 하는 큰아들은 매일 넥타이를 매는 것 같아, 새 것 또는 거의 새 것 중에서 골라 가라고 하여 10여 개는 그리로 갔고, 또 외손자가 금년에 대학에 입학했다고 해서 좋은 것을 골라 가져가라고 해 5, 6개는 그리로 갔다. 나머지는 장롱 속 넥타이 걸이에 걸려 있어 외출하기만 기다리고 있는 신세가 되었다.

내가 대학 재직 중에 대학 2년 선배 되는 국민대학의 민길자(閔吉子) 교수와 공동연구를 한 적이 있다. 그때 그는 대학의 생활관장을 하느라 우리나라의 다도(茶道)를 가르치고 있었다. 그때 그에게서 우전차(雨前茶)를 얻어 마시면서 녹차(綠茶)에 관해 여러 가지를 듣고 나 스스로도 공부하기 위하여 차에 관한 책을 여러 권 사서 읽고 발효차, 반발효차, 녹차 등을 공부하고 또 여러 가지 다기(茶器)

도 구비하고 녹차를 즐겨 마셨다. 차통도 인사동에서 나무를 깎아 만든 것, 일본에서 벚나무 껍질을 벗겨 붙여서 만든 차통, 옥으로 만든 것 등을 모으고 4, 5년 동안 다향을 즐기면서 마시고 사는 동안에 심장에 부정맥이 왔다. 서울대학병원에 가서 진단을 받아 보니 그 원인이 아마 차에 들어 있는 카페인 때문일 것이라고 의사가 판정을 내리는 바람에 나의 다(茶) 취미는 사라졌다. 그래도 아직 다기도 그대로 있고 가끔 외국에 갈 때면 좋은 차를 구해 왔다. 아직도 조금은 즐기려고.

내가 대학을 정년퇴직할 즈음에 우리나라에 외국 와인이 쏟아져 들어오기 시작했다. 그때까지 나는 술이라고 하면 소주, 맥주, 위스키, 코냑 등을 주로 마셨고 와인은 좀 서툴렀다. 그래서 매해 미국 갈 때마다 와인에 관한 책을 사 모았다. 처음에 산 책이 미국 버클리 시의 헌 책방에서 구한 《프렌치 패러독스(French Paradox)》였다. 부지런히 두 번을 읽어 보고 나서야 와인이 이렇게 건강에 좋은 줄을 알았다. 특히 심장에 좋다고 하여 열심히 공부하며 잘 마셨다. 그래서 로버트 몬다비(Robert Mondavy)의 자서전을 읽고 와인의 세계, 포도주 양조장(winery)에 관한 일들을 좀 알게 되었다. 또 와인 용어집, 와인의 역사, 와인 사전 등을 구입하여 한때 미친 듯이 파고들었다.

또 미국 캘리포니아 팔로 알토(California Palo Alto)에 살고 있는 딸네 집에 가면 꼭 그 부근에 있는 나파밸리 양조장(Napa Valley winery)에 가서 호텔에 묵으며 와인을 즐겼다. 그러나 와인 공부는 너무 어려웠다. 와인이 전 세계에서 수천 가지가 생산되니 그 이름

외우기, 라벨 보기, 포도 종류 가리기, 맛 감별하기 등이 쉽지 않았다. 그리고 또 내가 와인 맛을 가름하려 할 때 뇌졸중과 심근경색으로 두 번 쓰러져서 의사가 과음을 하지 말라고 권고하니 와인 마시기도 거의 잊어버리게 되었다. 심장에 좋다는 와인을 심장 때문에 못 마시다니, 이상한 팔자가 아닐 수 없다. 그래도 조금은 마신다. 조금은 괜찮다니까.

내가 술을 즐기다 보니 끔찍이 많은 정성을 들여서 오랫동안 수집한 것이 있는데, 그것은 바로 동서고금의 술잔이다. 우리나라의 약주 잔, 소주 잔, 옥돌 술잔, 일제시대의 작은 정종 술잔, 체코의 정통 문양을 한 크리스털 위스키 잔, 와인 글라스, 체코 현대 문양의 크리스털 맥주 글라스, 일본에서 구입한 청색 조각의 크리스털 글라스, 우리나라의 금잔, 독일의 아름다운 조각을 한 맥주 글라스 등 술잔만 2백여 개는 되는 것 같다. 술을 좋아하고 와인 마실 때 즐겨 모은 것들이다.

또 진기한 크리스털 술병도 모으고 편병(扁瓶)도 몇 개 갖고 있다. 그중에 볼 때마다 기분 좋은 것은 앞면에는 죽사(竹史)가 쓴 '취운숙하(醉雲宿霞)'란 글씨가 있고 뒷면에는 난(蘭) 그림이 있는 청화백자 편병이다. '구름 속에서 취하고 노을 안에서 잠자다'니 정말 멋지다. 멕시코에서 산 그 나라 독특한 문양의 편병도 볼수록 정이 든다.

또 내가 와인 공부를 할 때 와인 글라스의 종류와 와인 액세서리 등을 알게 되어 수집 범위가 늘어났다. 여러 가지 와인 액세서리, 즉 병따개, 진공 마개, 와인 병을 진공으로 하는 장치, 디켄터,

휠터, 수십 개 아름다운 디자인의 와인 병마개 등이 위의 술잔과 같이 내 키가 넘는 장식장에 빼곡히 들어서 있다. 젊어서 한창 좋을 때는 잘 마시면서 즐겼는데, 지금은 옛날의 화려했던 때를 생각하면서 가끔 저녁때 장식장에 조명등을 켜고 서글프고 아쉬운 마음으로 들여다볼 뿐이다.

그다음에는 필통을 모으기 시작했다. 우리나라 필통도 도자기, 유리, 나무를 조각한 것, 옥돌을 깎아서 만든 것 등 굉장히 많다. 그중에서 정교하게 내 마음에 들게 만든 것들을 찾아서 모았다. 인사동에 가 보니 골동품도 많이 있었으나 내 마음에 들지 않고 좋은 것은 내 주머니 사정이 그에 따르지 못해 현대 작품(?)들만 수집했다. 내 눈에 내 마음에 들면 되었지, 또 보면서 아름다움을 감상하면 되었지, 골동은 내 머리에 두지 않았다. 아니 못했다는 것이 맞을 것이다.

강원도 어느 관광지에서 좋은 옥돌 필통을 발견했는데 아내가 화장실에 간 사이에 몰래 급히 사느라 힘이 든 적도 있었다. 중국에 가서도 나무에 한시를 조각한 것, 나무를 파서 만든 것, 일본에서는 벚나무 껍질을 얇게 저며서 덧붙여 만든 것, 우리나라의 투공포도 문양을 조각한 청화백자 필통, 예술원 회원이 그림을 그려서 만든 필통 등은 볼수록 마음이 환해져서 좋다.

평생 좋아하는 것 한 가지만 모아야 그것에 도가 터서 진품을 모으게 되어 나중에는 보물에 휩싸여 앉게 되는데, 나는 끈기도 없고 재력도 없어서 그랬는지 한 가지만 꾸준히 안목을 높여 가면서 수집하지 못했다. 이것 모으다가 눈이 높아져서 고급품을 구입하려면 주머니 사정이 안 좋아 주춤하고 지내다가 잊을 만하면 다시 다른 것에 눈길을 둔다. 그래서 한창 열나서 모으다 보면 또 높은 벽에 부딪혀 중단하고 쉬다가 다른 것에 눈독을 들인다. 이것을 되풀이하다가 이도 저도 아닌, 모으다 말고, 하다 말고 하는 꼴이 되었다.

여기까지 글을 쓰다 보니 이와 같이 나의 모으기 부업(副業)은 볼품없이 되었지만, 내 인생의 주업(主業)은 나름대로 열심히 한 분야를 꾸준히 공부하고 연구한 것으로 38년간 교수직만을 지탱해 왔으니 그것으로 만족하면서 마무리지어야겠다.

소동파(蘇東坡, 1037~1101)의 문집 「보회당기(寶繪堂記)」에 내 마음에 꼭 드는 글이 있어 소개한다.

君子可以寓意於物
而不可以留意於物
寓意於物
雖微物足以爲樂
雖尤物不足以爲病
留意於物
雖微物足以爲病
雖尤物不足以爲樂

군자는 어떤 물건에도 잠깐 마음을 둘 수는 있으나 그 물건에 집착해서는 안 된다. 물건에 마음을 잠시 두면 비록 하찮은 것이라도 즐거움이 될 수 있으며, 또 귀한 물건일지라도 병통이 되지는 않는다.

그러나 물건에 집착하면 비록 하찮은 것이라도 병통이 될 수 있으며, 진귀한 물건일지라도 만족스런 즐거움이 되지 못한다.

내가 모으다 말고 모으다 말고 하는 것이 옛날 중국에서 이미 소동파가 생각했던 일이니 내 글도 마음놓고 즐겁게 마무리가 되겠다.

커닝의 말로(末路)

커닝(cunning)이란 용어는 일제강점기 학교에서 시험 볼 때 하는 정직하지 못한 행위를 일본인들이 '칸닝구'란 일본식 영어로 나타낸 것이 그 근원이 된다. 이것이 그대로 수십 년간 우리나라 학교 사회에서 사용되어 왔는데 올바른 영어 번역은 cheating으로 알고 있다. 우리말로는 '부정행위'라고 하면 된다. 그러나 '부정행위' 하면 그 범죄의 정도가 좀 심한 것 같고 '커닝' 하면 덜 심한 것으로 느껴지게 되었다. 그래서 그랬는지 해방과 6·25전쟁의 혼란기에는 각 학교에서 죄의식 없이 커닝이 만연했던 것으로 알고 있다. 그것이 요새도 여전한지 공정사회를 부르짖는 세상이니 없어졌을 것으로 알고 있으나 근황은 모르고 있다.

내가 평생 처음으로 커닝을 딱 한 번 시도한 것은 6·25전쟁 때문이라고 핑계를 삼는다. 1950년 겨울 우리 식구가 모두 중공군의 침략으로 1·4후퇴 피란을 충남 홍성군으로 가서 무료하게 지내다가 전쟁이 좀 뜸해져서 1952년 초 나만이라도 공부하기 위해 내 동생들은 모두 여자니까 피란지에 부모님과 같이 남겨두고 미수복지인 서울로 쌀을 싣고 가는 트럭을 타고 가서 도강증을 구해 한강을 건너 입경하였다.

폐허가 된 서울에 들어와 1·4후퇴 때 연로한 외할머니가 계셔서 피란을 가지 않은 외가에서 지내면서 같은 학급 친구를 찾아보던 중 마침 초등학교 동창 박군을 만났다. 그가 서부훈육소에 다닌다고 하면서 같이 다니자고 했다. 그때 정부가 환도하지 않은 서울에는 정식 학교가 없고 각 지역별로 동쪽에는 동부훈육소, 서쪽에는 서부훈육소 등으로 서울 시내에 미피란(未避亂) 또는 조기수복(早期收復) 등 여러 사정으로 서울에 남아 있는 중고등학생들을 지역별로 나누어 가르치고 있었다. 물론 각 학생들의 사변 전에 다니던 소속 학교와는 관계없이 지역별로 모아서 교육시키고 있었다.

그래서 나는 친구 따라 덕수궁 뒤 옆에 있는 구 경기여고 교사를 사용하고 있는 서부훈육소에 가서 4학년으로 등록하였다. 고등학교 제도는 1950년 6월부터 실시되었는데, 하자마자 6월 25일 북한군이 쳐들어 왔으니 6년제 중학교 제도와 3+3년제 중고등학교가 병행해 있었다.

나는 1952년 1월에 4학년(고1)반에 들어갔는데 한 달도 안 되어 2월에 학기말 시험이 있다고 했다. 피란지에서 학교에 안 다녀 중학교 3학년과 4학년 2년 동안 거의 안 배우고 서부훈육소에서 4학년 학기말 시험을 치러야 했다. 그때는 지금과 같은 복사기가 없어서 다른 학생들이 1년 동안 배운 여러 과목 노트를 친구 박군에게 빌려서 연필로 베끼기 시작했다. 한 달 내내 노트 필사를 끝내니 바로 학기말 시험이었다.

영어나 수학은 그래도 내 기초가 튼튼해서 괜찮았다. 영어는 중학교 1학년 때 유경상(劉敬相) 선생님이라고 별명이 '무턱'이신 선생님에게서 배웠는데 자기가 지은 중학교 1학년 교과서로 무섭게 잘 가르치셨다. 그 책을 거의 외우도록 가르치셨는데 주비책(主祕策)은 회초리였다. 숙제 안 해 온 학생, 지각한 학생, 떠드는 학생, 시험 성적이 나쁜 학생들은 그 행위의 경중에 따라 바지를 걷어올리고 종아리를 회초리로 서너 대씩, 선생님이 화가 나시면 십여 대씩 맞았다. 이렇게 터득한 영어 실력이었으니 그래도 자신이 있었다. 이 회초리는 학생들이 벌로 다섯 개 또는 열 개씩 학교 뒷산에서 꺾어 오게 하셨다. 그래서 회초리를 꺾다가 옻이 옮은 학생도 있고, 너무 때린다고 다른 학교로 전학 간 학생도 있을 정도였다. 그런데 사실 나는 한 대도 안 맞고 1학년을 넘겼다. 다만 한 번 크게 야단맞은 것은 시험 답안지에 내 이름을 안 쓰고 제출하여 교단 앞으로 불려나가 "입학시험에 이름 안 쓰면 불합격이야, 이놈아" 하면서 내 가슴을 떠밀며 야단만 치신 적은 있다. 우리 반에서 나만 안 맞은 것은 나의 자랑이었다.

피란 가서는 일본말로 된 영어 참고서를 열심히 들여다보았으니 좀 실력이 붙었는지도 모르겠다. 아무튼 모든 과목은 괜찮았는데 '독일어'는 하나도 모르겠다. 독일어는 4학년부터 처음으로 교과목에 있는데, 나는 4학년을 마지막 한 달밖에 안 배웠으니 독일어 알파벳도 모르고 단어는 한 자도 모르니 그 시험을 어떻게 치나, 공연히

4학년에 등록했다. 3학년부터 다시 배울 걸 하고 후회도 했다. 그러나 어찌하랴. 벌써 이만큼 왔으니.

마침 내 자리는 내가 그 학년에 마지막으로 등록한 학생이라서 맨 뒤가 되어 사전을 찾아가면서 시험을 보려고 하였다. 독일어 선생님은 덕수궁 뒤에 있던 가정법원 장 판사님이 시간강사로 나오셨는데 시험 중에 내가 부정행위를 하려는 것을 알아차리시고 내 옆에 와서 아무 말씀 안 하시고 한참씩 서 계시다가 가곤 하여, 커닝을 하려고 하다가 하지 못하고 시험을 쳤는데도 겨우 낙제는 면하였다. 장 판사님이 부정행위 시도를 방지하셔서 5학년으로 올라가게 되었다. 학기 내내 출석이 없다가 학기말 시험 때 처음 나타난 사정을 아셨는지 그분이 왜 지적하지 않으시고 놓아 두셨는지 모르겠다.

판사는 범죄인을 벌하는 직업인데 내가 하려던 커닝은 범죄 축에 들지 않나? 정식 학교가 아닌 훈육소에서 일어난 일이니 죄가 좀 덜한가? "전쟁을 치르면서 살아남은 불쌍한 어린애를 떨어뜨리면 무엇 하나" 하신 것은 아닌지. 그분의 인류애 덕분에 살아남았다. 그렇게 벼락치기로 공부하고 시험 친 결과가 나한테 노트를 빌려 주었던 친구 박군보다 나았으니 내 잠재 실력(?)이 괜찮았던 것 같다.

그러나 그 후 학생으로 살면서 남이 부정행위 하는 것은 여러 번 보았다. 고등학교 2학년 때 그때는 보성, 중앙, 동성 3개 고등학교가 연합하여 '동북훈육소'란 이름으로 명동성당 안에 있는 기도원에서 공부하고 있었다. 시험을 치는데 내 옆 앞자리에 공부를 잘하는 것으로 알려진 학생 C가 문제지를 받자마자 종잇조각을 꺼내어 빠르게 무엇을 베끼는 것을 보았다. 그때는 책상이 없어 교실 마룻바닥에 엎드려서 시험을 칠 때니 주위 학생의 일이 훤하게 잘 보였다. 공부를 잘하는 학생도 성적을 더 올리기 위하여 부정행위를 하는구나 생각하면서 지내왔다. 그 후 한 번도 그에게 "너 왜 그때 커닝했니?" 하고 묻지 않았다. 같이 늙어 가면서 가끔 만나면서도 한 번도 그에게 묻지 않았다.

동북훈육소 때 나의 또 다른 초등학교 동창 D군도 같이 다녔는데, 고2 일 년 동안 시험 칠 때 그는 늘 내 옆에서 치렀다. 그는 자기에게 답안지를 잘 보이도록 놓고 쓰라고 마음이 약한 나에게 부탁하면서 나를 범죄 공여자로 만들었다. 그렇게 시험을 치고는 미안한지 방과 후에 자기 삼촌이 근무하고 있는 중앙극장에 데리고 갔다. 훈육소가 있던 명동성당에서 중앙극장은 바로 지척이어서 아주 편리했다. 더구나 그 당시 우리는 고교생이라도 머리를 깎지 않고 기르고 다녔으니 극장에서 고교생 단속에도 걸리지 않았다. 그래서 그의 덕택에 당시 공연된 외국 영화를 무료로 관람한 셈이다. 그러니 이번에는 부정행위 방조에 걸리게 된 것이다. 그것이 끝이었다. 정식 학교가 아닌 훈육소에서 일어난 일이니 죄가 좀 덜한지 모르겠다. 그러나 어디서든 속이는 일은 잘못이다.

그 후 고등학교 3학년, 대학, 대학원, 미국 가서 박사학위 과정을 하는 동안 나는 부정행위를 전혀 하지 않았다. 양심을 속이는 일이니 어찌 할 수 있겠는가. 전쟁 중에 철모르고 정식 학교가 아닌 훈육소에서 살아남으려고 저질렀지, 철 들고 나서 사람으로서 남을 속이는 일은 큰 죄악임을 알게 된 것이다. 죄를 저지르면 벌을 받게 되는데, 어떻게 죄를 저지를 수 있겠는가? 그러나 6·25사변 때문에 전쟁 중에 할 수 없이 얼떨결에 총성이 들리는 미수복지 서울에서 한 번 시도하고 또 몇 번 보여 주는 실수(?)를 하게 된 거다. 그래도 그때 그 짓을 하지 말아야 했었는데. 서울 시내 대부분의 건물은 포격과 폭격으로 불타서 붕괴되고 여기저기서 사람이 죽어가는 참혹한 전쟁 중이어서 살아남으려고 얼떨결에 그랬다고 핑계를 댄다.

그 후 내가 공과대학에 재직하고 있을 때 4학년 전공과목 시험 감독을 하는데 한 학생의 태도가 조금 수상했다. 그래서 가까이 가 보니 시험지 아래 있는 책받침 가운데 부분이 조금 도톰했다. 그래서 한 바퀴 휘 돌아서 다시 가 보아도 마찬가지라서 내가 책받침을 들어 보았더니 깨알같이 쓴 종잇조각이 나왔다. 그는 그것을 채 보지도 못했을 터인데, 그것을 거둬 가지고 와서는 아무 말도 안 하고 그 시험시간을 끝냈다. 그 학생도 그 후 나에게 찾아오지 않고 나도 그를 부르지 않고 지냈다. (훈육소 4학년 때 독일어 시간강사인 장 판사님 은혜를 내리 갚으려고 그랬나 보다.) 몇 년 후 내가 학회 업무 관계로 E인더스리란 회사를 방문하게 되었을 때 그곳에 부장으로 있는 그와 마주치게 되었다. 그는 나에게 뛰어와서 반갑게 인사를 했다. 그리고 서로 아무 말 없이 지냈다.

어느 해 졸업한 제자들과의 모임에서 제자 F가 한 말이다. 그가 취업 면접시험을 보는데 면접관이 "자네 전공과목 학점이 왜 이렇게 나쁜가?"라고 물었을 때 F가 "저는 시험 칠 때 커닝을 전혀 하지 않아서 그렇게 되었습니다"라고 답변하여 합격했다고 해서 한바탕 웃은 일이 있었다. 커닝을 안 해도 좋은 성적을 받을 수 있다는 사실을 간과한 얘기이다. 그는 그때 부장으로 근무하고 있었다.

또 나의 고교 동창인 G군은 공대 토목공학과에 입학하여 필수과목인 '공업역학' 과목 1학기 기말시험을 보는데 담당 교수는 깐깐한 젊은 교수였다. 시험 문제를 네 문제 출제하고 다 맞히면 A, 세 문제 맞히면 C, 두 문제만 맞히면 F를 주었다. 그런데 내 친구 G는 두 문제를 맞게 썼는데 나머지 문제의 해결 방법이 생각이 안 났다. 책상 바로 옆에 놓인 가방에 있는 노트만 살짝 보면 되는데 "지금까지 내 평생 한 번도 커닝을 하지 않은 지조를 꺾고 커닝을 할 것인가, 아니면 말 것인가?" "커닝을 안 해서 F를 맞으면 재수강하느라 졸업이 늦게 되면 아버지가 6·25 때 북한으로 납치되어 어머니가 꾸려 가시는 가난한 살림살이를 빨리 취업하여 해결하려고 했는데 큰일인데" 하면서 이 두 가지 생각, 즉 커닝할 것인가 말 것인가를 고민하다가 시간이 다 지나가서 결국 F를 받았다는 얘기를 했다. 그러나 그는 재수강하고 졸업 후 처음에는 외국과 합자한 큰 제약회사의 건설 관계로 모집하는 신입사원에 입사하여 충실하고 확실하게 근무하여 후에 토목기술자가 제약회사 사장으로 취임하는 기현상을 만들었다. 그러다가 다른 미국 회사의 임원으로 발탁되어 나중에는 또 그 회사 사장을 역임한 후 지금은 미국 캘리포니아 주의 경치 좋은 부촌에서 편안한 삶을 즐기고 있다.

우리나라 학교에서의 부정행위는 가벼운 것 같았지만 미국에 유학 가서는 사정이 달랐다. 미국의 대학에서는 대학생을 완전한 인격체인 신사로 여겨 다 신뢰하는 것이다. 그래서 시험은 'honor system'이라고 시험 감독 없이 보기도 하고, 3시간짜리 학기말 시험 때는 시험을 보다가 중간에 화장실도 갔다 오게 하였다. 대부분의 학생들은 물론 무얼 꺼내 보지 않고, 친구에게 물어보지도 않았지만 외국 학생은 다른 듯했다.

그 당시 미국에 온 외국 유학생은 홍콩, 대만, 한국, 인도 등으로 아시아 학생들이 많았다. 3시간짜리 수학 학기말 시험을 치다가 소변 보러 화장실에 갔더니 외국 학생 두세 명이 서로 시험에 관해 얘기하는 것을 옆에서 들었다. 그래서 '저들은 부정행위를 미국에 와서도 하는구나' 하고 생각했었다. 미국에 유학 가서 공부하여 대학교수가 된 동양 사람이 있는데 그는 실험도 안하고 데이터를 위조해서 논문을 발표한 일도 있다 한다. 그는 분명히 커닝을 하여 성적을 올려 대학교수가 되었으리라고 추측한다.

세간에는 학교에서 하는 커닝은 가볍게 애교로 보고 어른이 되어서는 가끔 동창회나 동기 모임 등에서 학창시절에 커닝 모험담을 자랑스럽게 또는 재미로 떠들면서 얘기하는 모습을 여러 곳에서 목격한 적이 있다. 정말 학교에서의 커닝이 자그마한 애교 있는 일인가? 아니다. 나는 '바늘 도둑이 소도둑 된다'는 속담대로 남을 조금이라도 속여 본 사람이 커서도 속이게 된다고 생각한다. 그래서 최근에 일어난 여러 가지 사회의 부정행위도 그들이 학교에서 죄의식 없이 커닝하던 버릇이 커져서 그렇게 되지 않았나 하고 생각해 보기도 한다.

커닝에 관하여 이런 추상(推想)을 해 본다. 순전히 상상(想像)이다. 머리가 좋게 보이도록 잘생겨서 사기성이 있는 외모의 재(才)가 덕(德)보다 훨씬 승(勝)한 학생이 한국에서 석사논문을 100군데나 남의 것을 밝히지 않고 인용하여 만들었는데 들키지 않고 성공하면 미국 유학 가서는 그곳이 학생을 의심 없이 믿는 사회이니 시험 볼 때나 논문 쓸 때 한국에서보다 훨씬 쉽게 요령껏 잘 속여서 뜻을 이룩했다. 노력하면 충분히 자기 능력으로 할 수 있는 일을 노력 안 하고 손쉽게 하려고 했나 보다. 힘 들이지 않고 쉽고 편안하게 성과는 더 높게 하려고 한 짓이다. 노력의 참 즐거움은 모르고 그 결과만 아는 것이다. 힘들게 노력해서 만든 결과가 훨씬 더 가치 있고 귀중한 것인데, 이것을 모르고 한 짓이다.

한국에 돌아와서는 거짓된 결과를 빌미로 일류 대학교 교수가 되고 적당히 속여 가면서 치부도 하고 권력에 아부하여 청와대로 들어갔다. 남의 조그만 잘못을 들쑤셔서 공개 비난하고 자기 잘못은 함구한다. 계속 권력이 저지른 잘못을 정의(正義)라고 거짓 판단하여 권력이 하는 커닝을 '정의'라고 표현하면서 고급관리가 되어 더 큰 권력으로 함부로 저지른 잘못을 또 '정의'라고 발악하다가 물러나서도 반성하지 않는 인간상을 보면서 이것도 커닝의 피해가 아닐까 하고 상상해 본다.

풍몽룡(馮夢龍)의 《열국지(列國志)》를 보니까 잘못된 권력을 정의라고 주장한 제후나 왕들은 거의 모두 말년에는 목이 잘려 성문 위에 걸리는 비참한 일생을 마감했다. 근세에도 독일의 독재자 히틀러가 거짓을 참인 것으로 선동하다가 결국 자살하는 말로가 큰 본보기이다.

거짓은 언제나 들통나기 마련이다. 그러니 동서고금을 통하여 세상이 아무리 혼탁하다고 하더라도 언제나 정말 바른 길인 '참정의(true Justice)'의 길로 가야 한다고 나는 믿는다.

(2020년 9월 11일)

결혼식 주례

금년도 벌써 4월이 다 가니 며칠 후 5월부터는 녹음방초의 계절이다. 예년 같으면 결혼식 시즌이다. 그러나 작년부터 전 세계적으로 휘몰아친 코로나 바이러스 전염병 때문에 온 국민이 집에 들어박혀 있어야 하니 결혼식도 마음대로 할 수 있을지 모르겠다.

그럭저럭 살다 보니 벌써 내 나이 80도 중반이 훨씬 넘어 아흔 줄에 가까워 오니 살아오는 사이에 결혼식 주례도 꽤 섰다고 생각되는데, 그 중 아직까지 기억나는 몇 번의 주례에 얽힌 일들을 되짚어 본다.

먼저 우리나라 결혼식에서 주례가 언제부터 생겼는지 궁금해서 알아보니 우리의 전통혼례에는 주례가 없고 집례(執禮, 사회자)가 혼인식을 처음부터 끝까지 진행하였었다. (나도 6·25사변 전에 양주군에 있던 외가 쪽에서 전통 결혼식을 하는 것을 본 적이 있다.) 그러다가 개화기인 1908년 정동교회에서 아펜젤러가 감리교 신자의 '예배당 결혼'

집전을 맡아 혼례를 이끈 후 이것이 유행이 되어 1920년대에는 예배당 혼인이 비신자에게까지 이르렀으며, 대개 그 교회 목사가 주례를 맡았었다(김태환 외, 《조선의 풍경, 근대를 만나다》 채륜서, 2014). 그러다가 혼인 전용 결혼식장이 생겨 예배당에서 목사가 하던 주례를 신랑 신부와 가까운 선배, 스승 등이나 사회 저명인사가 서게 되었다고 한다.

내가 첫 주례를 선 것은 내 나이 30대 말로, 교수들이 주례를 많이 설 때이다. 대학 학부 졸업생 한 명이 찾아와서 자기 결혼식 주례를 서 달란다. 나는 아직 주례를 설 때가 안 되었다고 사양해도 또 와서 계속 조르고 꼭 해 달라고 간청했다. 제자의 간청이니 하는 수 없이 허락하고 나니 걱정이 태산이었다. 어떤 양복에 어떤 넥타이를 매야 하는지, 그러나 그중에도 주례사를 어떻게 해야 하는지 머릿속이 복잡해졌다. 주례사를 외워 가도 되나, 첫 주례인데 주례사를 잊어버리면 어떻게 하나 걱정이 되어 원고지에 정성스럽게 써서 가져갔다.

결혼식에 가서 단 아래에 머물러 참석한 제자들과 담소하다가 예식 시간이 되어 사회자가 올라가라고 해서 주례석에 천천히 올라가 청중을 바라보고 섰다. 떠들썩하던 식장이 조용해지면서 자리가 정돈되고 모두 식장 정면을 바라봤다. 그 순간 왼쪽 맨 앞줄에 앉아 있던 중년 부인 몇 사람이 자기네들끼리 "주례가 너무 젊다, 너무 젊어" 하면서 떠들어 그 소리가 내 귀에까지 들어왔다. 속으로는 "그래, 일찍 주례를 섰다. 젊은 주례도 있는 거지" 하면서도 신경에 거슬렸지만 준비한 대로 주례 노릇을 마쳤다. 젊건 늙건 주례를 섰으면 되었지, 하객이 무슨 참견.

그러나 그 이후로는 제자들이 주례를 서 달라고 하면 나는 아직 주례 설 때가 안 되었다면서 거절했다. 그 여인네들의 목소리가 귀에 맴돌고 있기 때문이다. 그렇게 4,5년 지나도록 주례를 안 서다가 하도 해 달라니 우리 과 원로 교수에게 여쭈어 보았다. 저는 언제쯤 주례를 서도 되느냐고. 그랬더니 주례는 설 만할 때 서는 거지 지금 서면 어떠냐고 했다. 그래서 그새 나이가 되었나 하고 용기를 내어 주례업을 시작했다. 다시 시작해 보니 간단한 일이 아니었다. 멀리 제주도와 경상남도 함안까지 가야 하고 대구는 가까운 곳이었다. 주말에 내 시간이 없어졌다.

처음에는 주례사를 신랑에 맞게 일일이 썼다. 즉 신랑 신부의 학력과 직업 등 개인사정에 맞게 쓰고 결혼 생활을 하면서 꼭 해야 할 일, 주의해야 할 일, 하지 말아야 할 일 등 잔소리를 하다가 행복하게 잘 살라는 당부로 마감했다. 그러나 이것도 주례 설 때마다 신랑 신부에 맞추어 써야 하니 번거로웠다. 그래서 내 나름대로 결혼의 철학이 무엇인가 생각하고, 결혼의 철학은 정해져 있으니 결혼 당사자들의 인적 사항만 달리 하고 계속 같은 주례사를 되풀이했다. 동서고금 인류의 결혼 철학은 같은 것이니 결혼식마다 주례사를 달리할 필요는 없었다. 그렇다고 내가 대학에서 하는 강의를 매 학기 앵무새처럼 똑같은 것을 되풀이하지 않는다는 것을 잘 아는 제자들이니 안심하고 같은 주례사를 되풀이했다.

내가 생각해 낸 결혼 철학은 $1+1=\infty$란 공식이다. 이것은 신랑 신부가 결합하여 무한히 발전하는 조직체, 즉 부부가 되라는 뜻이다. 여기에 결혼 당사자들의 인적사항에 맞추어 서너 가지를 추가했다. 그래도 언제나 나의 주례사의 중점은 위의 공식에 있었다. 어떤 부부는 1+1=3이 될 수도 있고 1+1=8이 될 수도 있으나 이 부부는 1+1=∞가 되는 공식에 만족하도록 크게 융성하고 발전하는 부부가 되라는 것이 그 요점이었다.

그래서 정년 때까지 거의 100여 번 주례를 섰지만 주례사의 골자를 매번 달리하는 어려움 없이 해 왔다. 그래서 내가 주례를 서는 결혼식에 몇 번 참석한 제자는 자기도 내 주례사를 거의 외웠다고 했다. 어쩌거나 내빈들은 잘 듣지도 않고 신랑 신부는 정신이 없어서 귀담아 듣지 못할 것이니 4~5분 얘기하다 내려오면 되지 하는 것이 내 생각이었다. 실은 내가 주례사를 대개 5분 이내로 짧게 하니까 자기 지도교수를 제쳐놓고 나에게 주례를 부탁한 졸업생도 있었다. 자기 지도교수는 결혼식마다 주례사를 30분이 넘도록 길게 한다는 것이다.

그렇게 지내다가 몇 번의 실수와 사고가 있었다. 1988년 12월 초에 제자가 주례를 부탁하여 그 당시에는 토요일도 근무하던 때라 오전에 학교에 갔다가 집에 와서 옷을 갈아입고 주례 서러 갈 참이었다. 어머니가 8년째 누워 계셔서 뵙고 가느라 방에 들어가 뵈었더니 아무래도 안색이 심상치 않고 곧 운명하실 것 같은 느낌이 들었다. 결혼식장에 연락하여 빨리 주례를 식장에서 찾아 다른 분을 모시라고 했다. 마침 같은 대학 원로 교수가 하객으로 참석하셨는데 선선히 주례를 서 주셔서 일이 쉽게 마무리되었다. 어머니는 그날 오후 내 무릎에 머리를 두고 조용히 돌아가셨다. 하마터면 결혼식과 임종, 두 가지 일을 다 그르칠 뻔했다.

내가 사는 동네 바로 윗집에는 딸, 아들 둘을 둔 부부가 살았는데 첫 따님 결혼식 주례를 서 달란다. 교수의 사회봉사의 일환으로 생각하여 서 주었다. 그런데 결혼식 후 일주일쯤 있다가 내가 학교에서 퇴근하니 아내가 손가락을 내보였다. "왠 금가락지?" 하고 물으니 윗집 신부 모친이 결혼 주례의 사례로 아내의 금가락지를 해 왔다고 한다. "재주는 곰이 부리고 돈은 되놈이 받는다더니" 하고 말았다. 신부 어머니가 몇 년 동안 아내를 보아왔는데 아내의 손가락이 늘 비어 있었다고 한다. 그래서 생긴 일이다.

몇 년 후에 그 집 아들 결혼식 주례도 서 달란다. 일요일 오후로 듣고 모시러 온다기에 번거롭게 차를 보내지 말고 내 스스로 가겠다고 약속했다. 바쁜 날 혼가에 도움을 주려고 했었다. 결혼식 날로 알고 있던 일요일 바로 전날 토요일 오후에 전화가 왔다. 왜 주례를 서러 안 왔느냐고. 아차! 토요일을 일요일로 착각한 것이다. 너무너무 미안했다. 이런 착각을 하다니, 나도 늙었구나. 절대로, 절대로 아내에게 금반지를 해 주고 나에게는 입 딱 씻었다고 그런 것은 아니다. 무얼 바라고 주례를 서는 것은 아니다. 그 후 결혼식 주례를 맡으면 혼자 초라하게 줄래줄래 가지 않게 승용차로 꼭 나를 모시러 오라고 했다.

대개 결혼식이 끝나면 며칠 후 신혼부부가 신혼여행을 마치고 인사하러 온다. 여행지에서 산 넥타이나 티셔츠 등 간단한 것을 가져온다. 그러면 고맙게 받고 담소하다가 간다. 그런데 선물로 양복 티켓을 가져온 경우도 있었다. 몇 번 사양하다가 받았다. 어느 해에는 주례를 설 때마다 티켓이 몰려와서 거절했더니 은수저 세트로 바꾸어 온 제자도 있었다. 가져와도 그만, 안 가져와도 그만이지만 주례에 대한 고마운 인사로 가져오니 받아들였다. 그러나 어느 신랑의 부모가 내 양복 티켓과 아내의 한복 티켓을 보내 왔을 때는 의도를 의심하면서도 받은 적이 있다. 할 만하니까 했겠지 하고.

기분 나쁜 때도 있었다. 대구에 가서 주례를 서고 점심을 먹으러 가는데 어떤 젊은이가 다가오더니 신랑 측 사람이라고 하면서 흰 봉투를 하나 내밀었다. 내가 사양하는 제스처를 했더니 좀 불쾌한 행동으로 당연히 받는 건데 왜 그러냐는 시늉을 하면서 못마땅한 태도로 여러 하객들이 보는 앞에서 억지로 주머니에 넣어 주었다. 내가 돈 받고 다니는 직업 주례도 아닌데, 심히 불쾌했다. 주례 선물을 현금으로 주다니 못마땅했다. 선물을 돈으로 받아보지는 않았다. 제자에 대한 스승의 정성을 이렇게 현금으로 마무리하는 것이 불쾌했다. 나중에 신혼부부가 간단하게 선물을 가져와도 되는 일을 유치하게 내가 주말에 돈 벌려고 다니는 것처럼 망신을 준다. 정말 돈 받으러 다니는 것은 아니다. 스승으로서의 봉사활동으로 제자가 잘 되게 하는 데 동참하는 즐거움도 있는 것이다.

대학 동창의 자제 결혼식 주례를 맡았는데 나중에 자기 회사 근처에서 만나자서 만났더니 삼성동 인터콘티넨탈호텔 지하 양복점으로 끌고 가더니 하나 맞추란다. 아니라고 사양했더니 자기가 할 만해서 하는 것이니 받으라고 해서 고맙게 받았다. 고등학교 동창의 아들도 주례를 서 주었는데 결혼식 후 아무런 소식이 없었다. 아무려면 어떤가. 원래 주례는 봉사활동에 해당하는 것이니 사례를 생각하지 않고 하는 것이다.

　주례는 주례를 부탁한 측에 축의금을 내야 하는가, 의문이 들어 이 또한 과 원로 교수에게 여쭈어 보았다. 주례는 결혼식에서 몸으로 때우는 부조를 하는 것이므로 축의금은 낼 필요가 없다고 하신다. 그래서 나도 주례를 담당한 결혼식마다 접수대를 못 본 척 지났었다. 그렇게 한참 지내다가 혹시나 하고 과 동료 교수에게 주례 때 어떻게 하느냐고 물어보았다. 그랬더니 부처님같이 착한 그는 주례를 서도 축의금을 낸다고 했다. 아이고, 내도 되는구나 하고 나도 그 후에는 축의금을 냈다. 주례도 계속 배우면서 해야 하는구나.

　내가 주례 서 준 제자 중에서 벌써 세상을 떠난 이들이 몇 명 된다. 대구에 있는 대학의 교수로 재직하던 제자는 60도 되기 전에 부인이 먼저 병으로 세상을 떠나니까 술로 한탄하다가 그도 아들 둘을 두고 갔다. 그들이 간 지 10여 년 후에 그들의 자녀 생각이 나서 아들 둘을 만났는데 큰아들은 늠름한 대학생으로, 작은아들은 귀여운 초등학생으로 잘 자라서 고마웠다. 제자의 스승으로서 할 일을 하고 싶었다. 또 한 제자는 큰 회사 연구소장까지 지냈는데 60 전후해서 먼저 갔다. 스트레스가 많으면 수명에도 영향을 주는 것 같아 쓸쓸했다. 우리 집에 와서 술을 마시면 주사를 좀 부렸지만, 마음에 있는 한을 삭이려는 그의 노력을 가련하게 생각했었는데 안됐다.

　또 내가 주례 서 준 제자 중에 이혼한 경우도 있다. 나한테 주례를 서 달라고 그렇게 졸랐던 주례 첫 제자가 어느 날 와서 이혼했다고 하니 내가 무어라고 말해야 할지 난감했다. 왜 나에게 보고를 하는지 주례를 잘못 서서 자기 이혼이 내게 책임이 있다는 뜻인지, 그래서 책임을 물으러 왔는지 모르겠다. 주례가 신혼부부의 부부 생활까지 돌보아 주어야 한다는 말인가. 그렇다면 주례자의 책임이 너무 커서 어떻게 주례를 설 수 있나. 또 어떤 제자는 결혼 후 불화가 계속되었는데 몇 년 동안 나에게 하소연만 하다가 결국 이혼하고 그 후 주례도 또 서 달라고 했다. 그때 마침 해외 학술발표회에 참석하게 되어 있어서 간청하는 것을 못 들어 주어 미안했다.

내 결혼식 주례는 누가 섰는가. 대학 전임강사 시절에 결혼을 했기 때문에 같은 대학에 계신 지도교수를 모실까 하다가 아무래도 대학은 정교수부터 전임강사까지 같은 교직원이기도 하고 원로 교수 간의 야릇한 분위기도 있고 해서 바로 몇 해 전까지 내가 근무하던 연구소 소장님을 주례로 모셨었다.

내 아들딸은 모두 같은 성당에서 같은 신부님을 주례로 모셨다. 내가 40대 때 천주교에 입교하도록 압력을 넣으셔서 결국 내가 천주교인이 되게 만드신 김수창 신부님이시다. 큰아들 결혼식 때 사돈이 성당의 성가대 말고 다른 성악가 몇 사람에게 축가를 더 부르게 하자는 의견이 있었다. 성당 결혼식은 그렇지 않아도 시간이 오래 걸리는데 축가 시간을 내자면 하객들에게 너무 미안하게 되어 안 된다고 서로 의견이 엇갈리다가 결국 성당 사무장의 뜻대로 성당 성가대만 하기로 결정하여 고급 취향의 사돈의 뜻에 맞추지 못했다. 이런 의견 차이는 결혼 후에도 계속 생기기도 하였다. 사람의 수준은 여러 가지 면으로 천층만층 구만층이라더니 그 말이 맞다. 불행한 일이 생길 전조이었다.

내가 결혼하고 40~50년 동안 형식은 전혀 변화가 없더니 사회가 변하니까 많이 달라지는 모양이다. 요새 결혼식에서는 예전 전통 혼례처럼 주례 없이 사회자가 결혼식을 전부 총괄하는 경우도 있고, 사회자도 없이 신랑 신부 측 대표가 인사하는 것으로 마감하는 경우, 또는 양측 모친 또는 한쪽의 어머니가 나와서 클래식이나 트로트 한 곡씩 뽑고 마무리하는 경우도 있는 것을 보았다.

어느 은행원이 결혼을 하는데 청첩을 그 은행 고객에게도 보내는 것을 보고 이제는 청첩장을 일가친척이나 꼭 보내야 하는 가까운 친지에게만 보내야 하는 때도 되지 않았는가 생각한다. 그래서 주례 없이 조촐하게 혼인을 할 때가 된 듯하다. 오붓하게 정말 축하하는 사람들만 모여서 즐기는 잔치가 되어야 한다. 아무려나 어떤 식이면 어떠하랴, 신혼부부가 행복하게 해로하면 되는 것이다. 또 우리나라 장래를 위하여 후손을 많이 산출하기를 바랄 뿐이다.

(2021년 4월 28일)

시간강사

나는 서울대 대학원에서 석사학위를 받고 일 년 후인 1962년 봄에 서울공대 시간강사로 발령받아 대학에서의 강의를 시작했다. 나는 대학에서 강의를 할 수 있다는 것만으로도 영광스런 일이고 부모님이 그동안 학비를 내주시고 길러 주신 것에 대한 효도의 한 방법으로 생각하고 스스로도 자랑스럽게 생각했었다.

그러나 거기에 맞춰 주어야 할 경제적인 대우가 부끄러운 상태이었다. 빛 좋은 개살구였다. 그래도 한 학기 후인 같은 해 가을에는 운 좋게 전임강사로 발령받아 대학교수진 대열에 끼게 되어 다행이었다. 내가 대학교수의 대열에 들어서게 되다니, 그러나 역시 대우는 좋지 않아 그때 월급이 5~6만 원이었던 것으로 기억한다. 내 용돈도 안 되었다.

우리 대학교 선배 교수들은 어떻게 생활을 하나 보았더니 공장을 직접 운영하는 분, 큰 회사 고문으로 활동하는 분, 다른 대학에 시간강사로 나가는 분, 버스 몇 대를 운영하는 분, 약국과 의원(醫院)을 차린 분 등 여러 분야의 경제 활동으로 생활을 유지하는 것이었다.

1960년대에는 서울대 교수가 다른 직업을 겸직해도 무방했던 것으로 기억한다. 대우가 워낙 나빠서 방관하지 않았나 생각한다. 나도 전임 발령 후 약 1년 동안은 강의 준비를 하고 여러 가지 업무를 파악하느라 시간이 없었지만, 그 후에는 타 대학에 강사로 나가기 시작했다. 그 당시 대학교수의 주 업무는 강의였다. 간혹 학술 연구를 하는 교수도 있었으나, 대부분 교수의 주 업무는 대학에서 학부 학생을 상대로 강의만 하면 되었다. 연구비 주는 기관이 별로 없었으니 연구도 할 수 없고, 그러니 대학원 학생은 거의 없었을 때이다. 그래서 사람들이 교수 친구를 만나면 "오늘 연구 많이 했냐?" 하고 묻지 않고 "오늘 몇 시간 가르쳤냐?" 하고 묻는 때이었다.

일주일에 9시간 강의만 하면 되었다. 나머지 시간은 알아서 쓰는 것이다. 강의 준비를 하든, 연구를 하든, 나가서 돈벌이를 하든. 그래서 대부분의 교수들이 맡은 강의만 하면 교수실을 비우고 강의 노트를 가방이나 보자기에 넣고 돌아다녔다. 어떤 교수는 본교 강의를 금, 토요일에 몰아넣고 월, 화, 수, 목은 타 대학과 회사 등으로 돌아다닌다는 말도 들은 적이 있다.

그래서 시간강사를 보따리 장사라고도 불렀다. 그 당시 유명하게 소문난 보따리 장사는 국문학의 양모 교수였다. 그는 A대학에서 강의를 하면 끝나는 시간 10분 전에 강의를 마치고 B대학으로 달려갔다. 승용차도 없고 지하철도 없을 때니 버스를 타고 아무리 빨리 타 대학에 가도 10분 늦게 도착한다. 그는 자기 강의가 국보급 명강의라서 10분 덜해도 다른 강사가 시간을 채워서 강의를 한 것보다 월등하다고 자화자찬하고 다녔다고 한다. 이렇게 하루에도 몇 개 대학을 보자기에 싼 노트를 들고 순례하니 보따리 장사가 맞는 말이었다.

내가 시간강사로 나간 첫 번째 대학은 S여자사범대학이다. 가정과에서 일주일에 두 시간 '직물원료'를 가르치는 것이었다. 그 당시 S사대는 왕십리 지나서 화양동 벌판에 있었는데, 신공덕에 있던 서울공대에서 그곳까지 가려면 전철도 없고 자가용도 없던 시절이니 버스를 몇 번 갈아타야 했다. 간신히 시간에 맞추어 도착해 급히 화장실에 들렀다가 그 학기 첫 시간에 여학생만 있는 강의실에 들어갔다. 학생들은 20대 말인 젊은 강사에게 호기심이 있었을지 모르나, 나는 착실히 준비한 것을 가지고 두 시간 강의를 열심히 하고 나와 백묵가루로 더러워진 손을 씻기 위해 또 화장실에 들렀다.

그런데 아뿔싸, 이게 웬일! 어찌 이런 일이! 내 바지 앞 단추가 열려 있었다. 아까 화장실에서 일을 보고 단추를 끼우지 않고 두 시간을 여학생들 앞에서 강의를 하다니! 그것도 첫 학기 첫 강의 시간에. 남학생들이라면 귀띔을 해 주었을 텐데. 그때는 바지 앞섶을 지퍼로 여닫지 않고 단추로 하던 때이다. 그 한 학기를 어떻게 보냈는지 기억에 없다. 미친놈인가, 모자란 놈인가, 일부러 그렇게 한 놈인가, 여학생들은 별 가지가지 생각과 말들을 했을 것이다.

나는 얼굴이 붉어지고 가슴이 두근두근해지면서 정신을 차릴 수가 없어 한참 진정하다가 집으로 향했다.

그 사건 이후 강의 시간이든 특강 시간이든 남의 앞에 설 때든 어디 외출을 할 때는 평생 바지 앞자락을 살피는 것이 버릇이 되었다. 그 대학에서는 그 학기 이후 다시 부르지 않았다. 불러도 안 갔겠지만 늘 침착하고 완벽하다고 믿었던 내 자신이 첫 번째 타 대학 시간강사로서 그것도 여학생 반에서 이런 꼴을 보이다니, 60여 년 전 일인데도 생생히 기억나는 부끄럽고 창피한 일이었다.

그래도 생활은 해야겠기에 다음 학기에는 H대학에 시간강사로 나갔다. 한 학년 120명을 큰 강당에 모아 놓고 오전 3시간, 오후 3시간 하루 두 과목 6시간을 가르쳤다. 그러고 나면 목에서 소리가 안 나오고 다리는 힘이 쭉 빠져서 후들후들했다.

그러나 문제는 다른 데 있었다. 오전 3시간 마치고 나서 점심 먹고 나면 시간이 남아서 마침 금속과 동창이 그 대학 전임강사로 근무하고 있어서 그의 방으로 놀러갔다. 그는 실험실을 교수실로 겸용하고 있었다. 한참 얘기하다가 화장실이 어디 있느냐고 물으니 5층인 그 건물에는 없고 옆 건물에 있어서 그곳에서 일을 보아야 한다고 한다. 그날은 급하니 자기 실험실 싱크에서 일을 보라고 안내했다. 이 큰 5층 건물에 화장실이 없다니, 강의실을 늘려 학생을 더 많이 모집하기 위해서란다.

그랬던 이 대학이 2019년 학술원 회원인 그 대학 E명예교수의 초기 컴퓨터 실험제작 작품 전시회가 있어서 60여 년 만에 다시 방문했다. 그런데 전혀 딴 대학이 되어 있어 또 놀랐다. 웅대한 현대식 건물이 여기저기 빽빽이 들어서 있어서 어디가 어디인지 분간할 수가 없어, 상전벽해(桑田碧海)란 이럴 때 쓰라는 말인 것을 알았다. 택시를 타고 갔는데 빙빙 큰 원을 그리며 돌다가 또 직선으로 왔다 가다 하더니 겨우 목적지에 도착했다. 옛날에는 중앙에 자리 잡은 본관 건물 외에는 몇 개 안 되었었는데 말이다.

초대 총장이 수많은 시골 학생들의 집, 소 판 돈을 등록금으로 받아 우골탑(牛骨塔)이 선다고 하더니, 그것이 지금은 정말 최신 건물들로 되어 보기 좋았다. 화장실도 두지 않고 교실만 지어서 학생을 모집하여 돈을 모으더니 그 돈이 이러한 현대식 대학이 되다니, 그때 그를 학원 모리배라고 비난했던 것도 잘못이었던가? 머리가 착잡해진다.

요새는 모든 대학들이 시설도 완비하고 교수진도 다 갖추어서 시간강사제도가 각 학과 전공학과에서는 특별한 경우를 제외하고는 거의 없어졌다. 기초 교양과목은 학생이 많으니까 시간강사가 아직 약간은 존재하는 것으로 알려져 있다. 대학이란 원래 시설과 교수진이 다 구비된 다음에 학생을 모집해야 하는 것이 원칙이다. 그런데 해방 직후 우리나라 대학은 교실만 있으면 문교부 인가가 난 듯하다.

그래서 사립대학의 각 전공학과에서는 교수 2~3명만 있으면 학생을 학년 당 100명 이상 모집하여 시간강사를 써서 남은 돈으로 대학 시설을 만들었으니 순서가 많이 뒤바뀐 것이다. 그래도 그 돈을 다 대학에 들여서 우수대학을 만들었다면 가상할 만한 일이다. 그래서 지금은 시설이 많이 좋아지고 우수한 교수진도 갖춰 대학의 우열의 차이가 아주 적어졌다. 세상은 오래 살아보아야 알게 되는 것인가 보다.

요새는 시간강사의 명칭이 많이 달라졌다. 좀 더 우대하는 점잖고 우아한 명사가 되었다. 초빙교수, 겸임교수, 특임교수, 외래교수, 대우교수, 객원교수 등 교수란 명칭을 넣고 강사 두 글자를 떼어 버렸다. 강사의 역할과 재원, 대상들에 따라서 이름을 기특하게도 달리 갖다 붙였다.

내가 처음 대학 강사가 되었을 때 그렇게 자랑스러웠었는데도 요새 시간강사는 별 볼 일 없는 존재인 것같이 되어 버렸다. 해외에서 특히 미국과 유럽에서 박사학위를 받고 온 유능한 젊은 학자들이 많아 그들은 처음부터 전임강사나 조교수로 임명되기 때문이다. 그래서 시간강사 수요가 줄어들었다.

60~70년 전에 비교하면 세상이 좋아지고, 대학도 연구 중심 대학으로 발전하고 시간강사의 자리는 점차 사라져 간다. 아니, 시간강사가 거의 없어졌다. 나에게는 추억이 없어져서 아쉽지만 앞으로도 계속 우리 사회, 우리 대학이 크게 발전하여 우리나라가 세계에서 손꼽히는 우수 대학의 나라가 되었으면 좋겠다.

(2021년 7월 20일)

부조(扶助)

원래 부조(扶助)는 옛날부터 돌, 생일, 혼인, 환갑 등의 잔칫집이나 상사(喪事), 제사(祭祀)를 모시는 집에 물건이나 돈을 보태서 도와주거나 일을 거들어 주는 것을 말했다. 그러나 현대에 와서는 사용하기 편리한 돈으로 바뀌어 돌, 혼인, 회갑 등의 축의금과 장례식에서의 조의금으로 단순 변화되었다.

예전에는 어느 집이나 부모님을 모시고 자식들을 기르면서 사는 대식구 집이 많아서 늘 경조사가 많고 이웃집에도 축의금, 조의금을 낼 때가 많았다. 이러한 부조는 수백 년 동안 우리나라 민초들이 부역, 착취에 시달려 살아왔으니 살기가 빠듯하여 지출이 생기는 경조사에 서로 도우며 사는 지혜로 시작된 듯하다. 남이 어려울 때 내가 도와야 남도 나를 도와 주는 상부상조의 원리를 터득한 것이다. 아주 지혜로운 풍속으로 수백 년을 이어 온 우리의 전통문화이다. 물론 옛날부터 이 기회를 이용한 상류사회의 뇌물수수

버릇의 나쁜 전통도 동반되기는 하였다.

　나는 사회생활을 하면서 남의 잔치 때나 부모상을 당하면 빠지지 않고 다녔다. 내가 부득의한 사정으로 직접 참가 못할 때는 아내를 대신 보내거나 친구에 의뢰하여 부조를 했다. 언젠가 부득이 빠졌을 때도 있었다. 고교 동문이 모친상을 당했는데 내가 미국 학술발표회에 참석하느라고 인사를 결했다. 출장 후 돌아와서 연세대 앞 그의 집을 직접 찾아가서 조문한 적이 있다.

　나는 직접 부모님을 모시고 아들 둘과 딸 하나를 기르면서 살았다. 2년 차로 부모님 장례를 모시고 3년 터울로 아들 딸 혼인을 시키는데 모두 부조를 받았다. 내가 냈으니 상부상조의 원리로 당당히 알렸다. 그러나 맨 끝으로 아들 장가보낼 때는 조금 염치가 없다는 생각도 들었다. 끝까지 챙긴다는 소리를 듣는 것 같았다. 그러나 나의 처 막내고모는 딸 넷에 마지막으로 아들, 딸 쌍둥이까지 모두 여섯을 두었는데 혼인 때마다 전부 알리고 부모님 부의까지 받은 것에 비하면 덜 미안하다. 고모부가 은행가라 금전 출납에는 철저했던가 보다.

　어떤 염치를 차리는 이는 주위에 다 알리지 않고 조용히 지냈음을 후문으로 알게 되기도 했다. 또 대학 후배 한 사람은 본인에게는 자녀가 하나도 없는데 남의 집 결혼식에 부지런히 다니면서 자기는 늘 밑지는 장사한다고 웃으면서 말하기도 했다.

　늙으니까 축의금 낼 경우는 점점 줄어들고 부의금 낼 때만 자주 생긴다. 백수가 되신 친구 부모님이 돌아가시거나 친구 본인이 타계한다. 작년까지 아주 친하면 부의로 10만 원, 보통 사이면 5만

원을 부조했다.

이 아파트에 이사 오면서 많은 도서류와 보고서, 장부, 일기 나 부랭이들을 다 버렸는데 요새 코로나 전염병으로 2년째 집에 갇혀 있으면서 책장들을 다시 정리하다 보니 1999년에 우리 집에서 마지막으로 결혼시킨 둘째 아들의 축의금 장부가 남아 있어 살펴보게 되었다. 2만 원 부조한 사람들에게는 너무 고마웠다. 학과, 학회 사무실에 근무하는 이들로 와서 잔치 음식만 먹고 가도 되는 것을. 미안하고 고마운 사람들이다. 과분하게 부조한 이들은 회사 사장이나 중역급 이상이지만, 내가 같은 수준으로는 갚을 도리가 없는 것을 이해하기를 바랄 뿐이었다.

누구나 서로 터놓기가 힘든 것이 부조금 내역인데 옛 장부를 살펴보고 끄적거린 것 자체가 좀스럽고 부끄럽다. 허나 누구나 관심은 많고 궁금하면서도 서로 터놓고 말할 수 없는 것이 부조금 내역이다. 그런데 20년 전 내 둘째 아들 혼인시킬 때 축의금 장부에서 보니 제일 적게 낸 것은 2만 원, 제일 많이 낸 것은 100만 원이었다. 전체 축의금 중 5만 원이 50%, 3만 원이 30%, 10만 원이 15%로 그 당시 벌써 5만 원이 일반화되어 있었는데, 20년 후인 요새 5만 원을 낸다는 것은 너무 적은 것이 아닌가? 늙은이가 세월 가는 줄 모르고 퇴직 당시로 머리가 그대로 남아 있어서 그러지 않았나 하고 생각을 다시 해 본다. 퇴직 당시부터 지금까지 수입이 고정되어 있으니 지출도 고정시킨 것이 아닌가 하고 미련하게 생각한다.

부조를 할 때와 안 할 때를 가리기 힘들 때가 많았다. 오랫동안 서로 잘 알면서 지내다가 큰일을 당하면 서로 도와 주는 것이 부조이니 우선 오랫동안(적어도 10년 이상?) 친숙하게 지내야 한다. 내가 겪은 일 중에 아직도 머리에 남아 있는 일이 있다. 내가 50대 말일 때 우리 대학교 경제학부에서 몇 개 공업 분야와 관련된 경제 발전 과정을 연구하는 데 참여한 적이 있다. 나와 그 과 교수 한 분이 짝이 되어 우리나라 합성섬유 발전과정을 연구하였는데, 그는 참 성실하고 열심인 분으로 뉴욕에 있는 대학에서 박사학위를 받았는데 같은 도시에 있는 엠파이어스테이트 빌딩도 올라가 보지 않고 매일 하숙집에서 학교만 다니다가 공부 끝나고 곧바로 귀국했다고 한다.

2년의 연구 기간 동안 우리는 대구와 구미에 있는 합성섬유 공장을 방문하면서 현장의 실정도 살피고 여러 가지 자료를 얻어서 연구 보고서를 작성한 적이 있다. 그 후 몇 년 안 되어 그가 자제 결혼식 청첩장을 보냈다. 어떻게 할까 망설이다가 2년은 오래 같이 지낸 것이 아닌 것으로 생각하여 인사를 결했었다. 그리고 얼마 후에 그를 만나게 되었는데 서로 너무 어색해서 분위기가 묘했었다. 그 결혼식에 갔어야 했는데 하고 후회막심이었으나 이미 늦은 일이었다. 2년 사귀어도 서로 깊이 사귀면 오래 같이 지낸 것이나 다름없는 것이다. 그런데 몇 년 후에 그가 작고해서 더욱 머릿속에 그의 성실한 모습이 간절하게 남아 있다.

내 아들 결혼식에 청첩을 보냈는데 분명히 올 수 있는 분으로 알았는데 안 왔었다. 그런데 그 사실을 모르고 그냥 지내왔는데 교수식당에서 동료들과 식사를 하고 있는데 그가 굳이 내게 가까이 와서 결혼을 축하한다고, 그것도 빈손으로 말만 하는 것은 좀 이해하기 힘들었다. 아무 말 없었으면 그의 불참을 몰랐었는데. 그에게는 내가 축의금까지 주어야 할 존재는 아닌 것이었다. 그런데 눈치도 없이 청첩을 보냈다니, 나의 미련함을 탓할 뿐이다. 나도 청첩장 받은 남의 결혼식에는 다 못 가면서 내 집안 결혼식에는 안 온다고 탓하고 있으니 나도 미련퉁이이다. 모든 사람이 다 나를 인정하면서 살 수는 없지 않은가? 나도 남을 다 인정하지 않으면서.

그리고 보니 부조는 주고받는 것인데 준 만큼 받으려는 것도 인지상정이지만 주고는 받는 것을 잊는 것이 현자(賢者)의 도리이다. 주기만 하고 편하게 지내야 한다. 그러면서 나는 받은 만큼 충실하게 이행하였는지 뒤돌아보아야 한다.

수백 년 동안 내려온 아름다운 우리의 전통 풍속인 '부조'는 내 형편대로 남의 길흉 행사에 돕고 또 나의 행사에 도움을 받는 것이다. 다소를 불문하고 서로 고마운 마음으로 느끼고 기쁜 마음으로 주고받아 무사히 행사를 잘 치르는 것이 바람직한 일이다. 그러나 21세기 현재에는 50년 100년 전에 비하면 모두 밥은 먹게 되어 웬만큼 살게 되었으니 이제는 신경을 써가면서 정성 없이 건네야 하는 부조는 필요 없게 된 것이 아닌가 생각해 본다. 결혼이나 회갑 등의 행사는 이제 친척이나 가까운 친지들만 초대하는 작고 조촐하고 맘껏 즐기는 충실하고 재미있는 모임이 되어야 한다. 정말 가까운 사람끼리 모여서 일을 치르면서 즐겨야 하는 때가 된 듯하다. 그러니 할까 말까 고민하면서 성의 없게 지출하는 부조는 이제는 사라지는 우리의 아름다운 생활 문화 유산이 된 것 같다.

(2021년 5월 14일)

지양탕

1961년 내가 국립중앙공업연구소에 촉탁직 연구원으로 근무하고 있을 때 5·16 군사혁명이 일어났다. 혁명 주체는 곧 '군사혁명위원회'를 조직하여 일부 공무원들을 소환하여 업무 사항을 조사한 적이 있다. 그때 웬일인지 내가 소속된 과의 장 과장이 출두 명령을 받았는데, 장 과장은 우리 과에 경력이 있는 기좌 육 선생도 있고 김 기사도 있는데 군이 촉탁인 나를 데리고 가겠다고 했다.

약속된 날 오후 나는 마지못해 따라 나서서 서울시청에 자리하고 있는 군사혁명위원회를 찾아갔다. 차례를 기다려 우리의 내왕 사유를 말했더니 젊은 육군 장교가 우리를 옆방으로 데려가더니 우리가 하는 업무에 관하여 꼬치꼬치 문초를 했다. 짐작건대 그 당시 대량 납품되는 물품의 납품 검사 시험을 우리 과에서 하고 있었기 때문에 거기에 무슨 부정이 있지 않나 해서 조사를 한 것인 모양이다. 그 검사관 장교가 물을 때마다 검사 시험을 담당했던 내가 정확하고 성실하게 답변을 하여 그 고비를 무사히 넘겨 귀가하게 되었다.

시청 문을 나서서 헤어지려는데 장 과장이 저녁을 먹고 가자고 했다. 걱정했던 일이 문제 없이 잘 끝났다고 기분이 좋아 사 주는 것 같아 따라갔다. 무교동 어느 음식점으로 가서 소주 몇 잔을 맛있는 고기를 안주로 하여 잘 먹었다. 장 과장이 이 고기가 무슨 고기인지 아느냐고 물어서 모른다고 답했더니, 이것이 바로 '개고기'라고 한다. 연하고 부드럽고 맛있는 고기를 처음 맛보는 순간이었다. 그 음식점이 '개장국집'이요 내가 생전 처음 개고기를 먹은 것이다. 어머니가 절에 다니시면서 개고기는 절대로 먹지 말라고 말씀하셨는데 그만 깜박 나도 모르는 사이에 먹은 것이다. 어떻든 개고기는 그때부터 나에게 순하고 맛있고 아무 탈 없는 연한 고기로 각인되었다.

그 후 나는 서울공대로 전직을 하고 미국 가서 학위 공부를 마치고 오니 마침 그때가 서울대학교 공대에 대학원 열풍이 불기 시작되는 시기이었다. 우리 학과는 각 교수마다 대학원 학생을 5~6명에서 9~10명씩을 지도하게 되었다.

대학원 학생 지도는 학과목 지도와 연구 논문 작성 지도를 하느라 서로 긴밀히 만나는데, 공부와 연구가 끝나는 학기말에는 마무리하는 셈으로 교수가 지도학생들을 음식점에 데려가서 술과 음식을 먹으면서 대화를 하는 파티를 하게 되어 있다. 그때는 공대가 관악산으로 이전하기 전이라 우리 실험실에서는 태릉 배밭에 가서 배를 먹고 그 근처 음식점에서 파티를 갖기도 하고, 또는 공대 1호관 앞 공릉동 버스정류장 종점 부근에 요리를 맛있게 하는 '개장국집'이 있어 나는 용감히 그 집으로 대학원 학생들을 데려가서 저녁을 먹은 적도 있다. 물론 처음으로 개장국을 먹는다는 학생이 대부분이었으나 맛있게들 먹은 것으로 기억하고 있다. 연중 두 군데를 왔다 갔다 하다가 공대도 관악산으로 이전한 다음에는 '개장국'은 잊어 버렸다.

내가 나이 50대에 접어드니 고등학교 동창들이 자리가 안정되어 시간 여유가 있게 되자 슬슬 모이기 시작했다. 유유상종하는 모임 중 나는 '와룡회'에 가입했는데, 그 모임은 마산에서 크게 실크공장을 하는 김 사장과 섬유기계 무역회사를 크게 하는 심 사장, 플라스틱 공장을 하는 이 사장 등 CEO들과 월급쟁이들인 KAL의 한 상무, 외환은행의 윤 지점장, 또 어느 작은 회사의 김 고문, 나 등으로 구성되었다. 마음이 통하는 친구 모임이었다.

우리는 한 달에 한 번 돌아가면서 저녁을 내며 모이는데, 그것도 모자라는지 가끔 주머니가 넉넉한 마산의 김 사장과 섬유기계 무역회사의 심 사장이 자기들 차례가 아닌데도 불러서 한턱을 낸다. 김 사장은 자기 집 근처 사당동 부근의 단골인 장어구이집으로 데려간다. 맛있게 잘 먹고 나서 잊을 만하면 심 사장이 연락을 한다. 서교동 자기 집 부근의 보신탕집으로 데려가서 맛있는 시간을 갖게 한다. 심 사장의 오랜 단골집이니 그 음식점 여주인이 얼마나 곰살궂게 맛있는 부위를 잘 가져다주는지 잘들 먹었다. 10여 년을 그러다가 김 사장과 심 사장이 모두 60 전후해서 앞서거니 뒤서거니 타계하고 나니 그 두 곳은 가지 못하게 되었다.

대학 동창인 '유신회' 모임도 있는데, 회원이 공대 같은 과 동기 동창 중 강남에 모일 수 있는 사람만 모였다. 같은 과의 강북 모임은 또 따로 있지만 연말에는 같이 모여 합동송년회를 가졌다. 강남 모임에는 처음 회원 수가 9명으로 매월 둘째 화요일 점심때 삼성동 근처 일식집에서 모였다. 동창 성 사장의 단골집인데 몇 년 모이다가 심심한지 여름 7, 8월에는 다른 데서 만나기로 했다. 그곳이 3호선 남부터미널 근처 '남부터미널 보신탕집'이다. 그곳도 성 사장이 추천한 곳인데 자기네가 사육한 육용견만 요리한다고 하여 늘 손님이 들끓었다.

거의 10여 년 다니다가 회원인 김 사장이 신장병으로 몇 년째 투석하면서도 잘 참석했는데 그가 먼저 가고 서 사장은 별안간 귀가 안 들린다고 안 나오고, 장 사장은 허리 수술을 한 후 다리를 쓸 수 없어 걸을 수가 없다고 안 나오고, 나도 허리 수술 후 잘 걸을 수가 없어서 못 나가니 모임이 확 반으로 줄었다. 그러다가 성 사장이 그 남부터미널 음식점을 다른 친구들과 가서 잘 먹고 나오면서 문 밖 댓돌을 헛밟아 넘어져서 뇌진탕으로 며칠 후 타계하고 난 후 '유신회'는 3, 4명이 만난다고 하더니 작년, 금년은 코로나 사태로 모임을 못 갖고 있는 것 같다.

고등학교 동창 다른 모임인 '보락회'는 교육을 업으로 하는 동창을 중심으로 만든 모임인데, 회원인 김 사장이 가끔 자기 차로 미사리 근처의 단골 '보신탕집'을 두어 번 데려가서 잘 얻어 먹은 것이 내 기억으로는 나의 개고기집 순례의 전부이다.

내가 위에서 쓴 내용을 보면 처음에는 '개장국집'으로 했다가 뒤로 오면서 '보신탕집'으로 바뀌었다. 영국 등 유럽 여러 선진국 국민들이 우리나라를 방문하고는 한국에서는 개도 먹는다고 한국인을 야만인 취급을 하며 언론에 드러내니 '개'자는 빼고 '보신탕'으로 바꾸어 썼다.

동양에서는 수천 년 전부터 중국, 만주, 조선 등에서 개고기를 먹은 듯하다. 그래서 중국에서는 매해 12월 사냥철에 구록상(狗鹿賞)이라고 하여 개고기와 사슴고기를 나누어 주었다고 하고, 한(漢) 고조 유방이 항우를 물리치고 천하를 통일한 후 열린 잔치에 개고기 요리가 등장했었고, 만주족도 개고기를 먹은 역사가 있으며, 우리나라도 정약용의 형 정약전이 흑산도에 유배되었을 때 산(山)개가 그 섬의 산에 천 마리 백 마리가 있을 터이니 잡아먹으라고 한 편지가 있는 것으로 보아 먹은 듯하다. 정조의 모친인 혜경궁 홍씨 회갑연에 개고기찜(狗蒸)이 오른 적이 있고, 퇴계의 보양식으로 무술주(戊戌酒)가 있었는데, 찹쌀 서 말과 개 한 마리를 푹 찐 다음 반죽하고 누룩에 띄워 담근 술이라고 한다(《명문가의 장수비결》, 정지천, ㈜북새통, 2011).

우리는 조선조 500년과 식민지 시대 30여 년을 보리와 산나물로 배를 채우고 지냈다. 보릿고개에 밭에서 일하다가 점심때 집에 와서 먹을 것이 없어 우물에서 냉수 한 바가지 퍼서 거기에 간장 한 숟갈 넣고 휘휘 저어서 배를 채우며 지낸 이도 있었다고 한다. 그 당시 고기는 개를 제외하면 집에서 기르는 소, 돼지, 닭과 오리가 있는데 어느 것이나 다 잡아 먹을 수 있었지만 그것도 좀 있는 집이나 잡아먹을 수 있지 대다수 백성들은 어림도 없는 일이었다.

그렇게 수백 년 동안 배를 굶주리고 산 백성들이 일 년에 한두 번 단백질을 섭취하려고 하는데 집에서 기르는 값싸고 흔한 개를 잡아먹었겠다. 소는 농사일 시키고 돼지는 큰돈을 만들려고 못 잡아먹고 닭은 알을 낳으니 못 잡아먹고, 그래도 가축의 하나인 개가 제일 만만한 동물성 단백질 제공물이었다.

우리를 야만인이라고 얕본 영국은 1829년 영국 군함 한 수병의 기록에 의하면 미국으로 향하던 영국 상선 속에 화물로 505명의 흑인 남녀 노예를 쇠창살에 가두어 17일 동안 항해 중 55명이 죽어 바다에 던져 버렸다고 한다. 이런 노예가 16세기 이후 960만 명에 이르렀다고 한다(김성환, 《고바우의 유식한 잡학 왜?》, 도서출판 아라, 2013). 19세기 초에도 영국은 식민지 인도에서 생산한 면화 솜은 전부 영국으로 수출해야지 자국 인도에서 면직물 짜는 행위를 금지하고 위반한 경우에는 남녀를 가리지 않고 오른손을 절단하는 처벌을 가했다고 한다(자크 앙크틸, 《목화의 역사》 최내경 옮김, 2007). 동물학대를 한 것이 아니라 인간을 학대했으니 그들이 우리보다 몇 배 더한 야만인이다.

중국의 《삼국지》나 《열국지》를 보면 자기 상사가 집에 왔을 때 집에 식거리가 없으면 어린 자식이나 아내를 죽여 요리로 내오기도 한 것이 여기저기서 보인다. 먹을 것이 없을 때의 모습이다. 굶주리고 먹을 것이 전혀 없을 때 우리 조상은 산에 가서 쑥, 고사리, 취 등 온갖 산나물을 채취하여 먹었다. 배가 고플 때의 사정은 그 당시로 가서 살아보아야 정확히 인지한다. 그렇게 허기가 졌는데 사람도 안 잡아먹고 도둑질도 안 하고 집에서 사육하는 동물을 잡아먹는 것은 편안하게 사는 사람을 잡아다 노예로 부리면서 동물처럼 학대하는 것보다는 도덕적·윤리적으로 몇십 배 상위이다.

덩달아 19세기 말, 1894년에 조선을 방문한 어떤 영국 여인은 조선은 거리에 똥이 널려 있어 더럽고 야만인처럼 산다고 비하한 책을 써서 만방에 알린 적이 있다. 이런 것이 머리에 들어 있는 영국인들의 한국에 대한 인식이 개고기 비난으로까지 이른 것이다. 조선의 기계문명 발전이 영국보다 좀 늦는다고 그렇게 방자하게 말할 수 있을까. 유럽의 루이 15세 시대 베르사이유는 복도, 회랑, 뜰 모두 똥으로 가득하다고 했고, 하이힐은 그전에 똥을 덜 밟으려고 만든 여인의 신발이라고 한다.

또 1858년 영국 템스 강의 똥냄새가 강가에 있는 국회의사당에 가득 차 창문에 탈취성이 있는 염화물로 처리한 커튼을 달고 의원들은 손수건으로 코를 막아 악취를 피하면서 회의를 했다고 한다 (로즈 조지, 《똥에 대해 이야기해 봅시다, 진지하게》, 하인해 옮김, 2019). 우리보다 몇 년 앞선 것인가? 40~50년 앞섰다. 남을 탓할 때 자기 자신을 돌아보고 해야 하는 것이 아닌가. 수천 년 긴 인류 역사에서 50년은 별것도 아니다. 도토리 키 재기이다.

우리나라도 현재는 세계 10대 경제 대국에 들어가서 많은 사람들이 애완동물을 사랑하는 문화국가가 되었다. 반려동물 기르는 인구가 1,000만 명에 이른다고 하고, 개 병원, 개 미용실, 애견 까페, 개 호텔, 개 묘지도 있고, 개 사료는 종류가 얼마나 많은가. 지방마다 동물보호센터가 있고 동물보호단체도 많아 버려진 개를 '유기견'이란 유식한 말을 쓰면서 돌보고 있고, 반려동물 입양하기 등

부끄럽지 않은 일들을 많이 하고 있다. 이처럼 우리도 이제는 개, 고양이들을 애완동물, 반려동물이라고 마치 자식처럼 위하면서 살고 있다. 요새는 닭도 애완용으로 기른다고 한다. 그러니 반려닭이니 애완닭이니 하면서 닭 기저귀도 잘 팔린다고 한다. 우리나라에는 3만7천 가구가 애완용 닭을 기르고, 영국에는 50여 만 마리의 반려닭(2017년 통계)을 기른다고 하는데(조선일보, 아무튼 주말, B3, 2021.5.27), 그러면 영국인들은 닭고기를 안 먹을 것인가?

 옛날에 우리나라에선 개장국을 구탕(狗湯)이라고도 하고 지양탕(地羊湯)이라고도 했다. 이를 보면 견탕(犬湯)이라고 하지 않은 것이 식용견을 따로 구(狗)라고 부르지 않았나 하는 생각이 들며, 산에서 자라는 산양(山羊)이 아니라 땅에서 자라는 양(羊)이 바로 개이니 개장국을 지양탕(地羊湯)이라 한 것을 보면 우리 선조들의 지혜가 만만치 않았다는 생각이 든다.

 어쩌다가 개장국이니 보신탕이니 하는 속어(俗語)만 쓰다 보니 개장국을 먹는 사람들은 어쩐지 나쁜 짓이나 하는 것처럼 떳떳치 못하거나, 특히 외국 사람들로부터 멸시까지 당하는 사태에 이르렀다.

 우리도 지금은 보신탕집이 거의 없어져 가고 있다. 계속 없어질 것이다. 조금 앞섰다고 뒤에 오는 사람들을 그렇게 멸시하면 안 되지 않는가. 조금만 참고 같이 가야지 무엇이 그리 앞섰다고 그러는 것인지 안타깝다. 우리도 지금은 먹을 것이 지천인데 굳이 개를 먹으랴?

(2021년 6월 1일)

박사(博士)

　요즘 우리나라에도 박사가 많아졌다. 커피점에서 보면 여기저기서 크게 '김 박사', '이 박사' 하고 부르는 소리가 들린다. 박사하고 대화를 하면 동료들도 모두 유식한 신분이 된다고 생각하는 모양이다. 그래서 그런지 어떤 한 가지 놀이를 잘하면, 예를 들어 바둑을 잘 둔다든지 당구를 잘 치면 '바둑 박사', '당구 박사'라고 부르기도 한다. 그래서 진짜 박사 외에도 경칭(敬稱) 박사, 가짜 박사, 엉터리 박사가 횡행한다.

　박사(博士) 제도는 우리나라에서도 옛날부터 있었던 모양이다. 삼국시대에도 있었고 고려시대에도 '박사'라는 연구 직급이 있었다고 한다. 그 후 조선조에는 성균관, 홍문관, 승문원, 교서관(校書館) 등에 박사가 있었는데 왕의 측근에서 문한(文翰)과 사관(史官), 경연청(經筵廳)의 사경(司經)의 직무를 담당했던 것 같다. 그리 높지 않은 정7품의 관직이었다.

근대에 들어와서는 서양제도를 따라 '박사'는 대학에서 정규적인 박사학위 과정을 마치고 논문(dissertation)이 통과되어야 비로소 갖게 된다. 그러면 박사학위는 어떤 사람에게 필요한가? 어떤 사람이 가져야 하는가? 박사학위를 받으려면 우선 대학원 박사 과정에 입학하여 자기 연구에 필요한 학과목을 10과목 내외 이수한 다음 논문자격시험에 합격하고 지도교수의 지도로 논문을 작성하여 대개 5인 이상으로 구성된 논문 심사위원회의 심사를 통과해야만 하는 것이다. 적어도 3~5년이 걸린다. 그래야만 비로소 혼자 힘으로 학술논문을 작성할 수 있는 능력을 갖게 되는 것이다. 따라서 혼자 논문을 쓰거나 자기가 주도하여 논문을 쓸 필요가 있는 사람만이 박사학위가 필요하다. 즉, 전문 학술지에 논문을 써야 하는 사람만이 박사학위가 필요한 것이다. 논문 쓸 자격을 얻었기 때문이다. 그렇지 않으면 굳이 시간과 경제를 다 받쳐 어렵게 공부해서 박사학위를 가질 필요가 없다.

물론 박사 과정을 시작할 때는 연구직을 하여 논문을 쓰려고 하다가 인생관이 바뀌어 정치가나 사업가, 연예인 등이 된 경우는 할 수 없다. 그런데 논문은 쓰지도 않으면서 이 칭호를 명품(?) 핸드백이나 명품(?) 시계처럼 갖고 싶어 하는 사람이 상당수 있는 모양이다. 사치, 고가품인 명품(?)을 갖추어야 제대로 된 사람인 것처럼 행세하는 일부 허영 계층 사람들이 재산도 있고 권력도 있는데 박사학위가 무슨 명예(?)가 되는지 박사학위까지 갖고 싶은 모양이다. 적어도 3~5년간 전력(全力)을 다하여 공부할 염두는 없고 쉽게 갖는 방법을 찾다 보니 엉터리 가짜들이 생기는 모양이다.

옛날에 들은 말로는 개업한 전문직 사람들이 유명 대학의 대학원 연구생 또는 대학원 학생들에게 연구비를 주고 연구를 시켜 자기 논문으로 하는 방법이 있었다고 한다. 사회활동에 '박사' 칭호가 필요한데 사회활동은 계속해야 하니 시간은 없고 경제활동을 하고 있으니 쉽게 대학원생들에게 연구비를 지불하고 논문을 받는 것이다. 대학원생들은 아르바이트를 하는 셈치고 별로 죄의식을 느끼지 않고 뚝딱 논문을 만들어 준다고 한다. 또 다 된 논문을 돈으로 사는 쉬운 경우도 있었던 모양이다. 그래서 자기가 종사하고 있는 분야와 관련이 없는 제목의 학위 논문을 가지고 있는 이도 있다. 박사라고 부르기만 하면 되었지 박사학위 논문 제목까지 따지는 경우는 거의 없기 때문이다.

박사학위 논문을 직접 쓰기는 하는데 쉬운 방법을 택하기도 한다. 즉, 남의 논문을 저자의 허락도 없이 부분적으로 또는 그대로 베끼기도 하고, 또 내용은 같은데 어구만 약간 고쳐서 자기 것인 양하는 경우도 있는 모양이다. 외국 논문을 저자의 표시 없이 일부분 번역하여 자기 것인 양하기도 하는 모양이다. 학문에는 거짓이 없어야 하는데 양심이 없는 인간들이나 하는 짓거리다.

논문의 영문 초록도 번역기를 돌려서 내용과 맞지 않게 표현되었는데도 저자가 검토도 하지 않고 적어도 서너 번 하는 논문 심사에 어떻게 통과되었는지, 심사위원들은 왜 있는지 무얼 하였는지 한심한 경우도 있다고 한다. 심사는 잘 안 하고 향연을 받고 도장만 찍어서 통과시킨 경우도 있다고 들었다. 이 사회의 부패된 후진적인 악습이 일부 학문의 세계에까지 침투하여 세상을 흐트려

놓으려 한다.

　이런 일들이 왜 생겼는지 따지면 그 당시에는 '그런 것이 관행이었다'라고 주장하는 인간들도 있다고 한다. 언제 어느 시대, 어떤 나라, 어떤 분야에서 그런 관행이 있었던가? 학문에서 거짓이 있다면 그 사회는 제대로 가지 않고 거꾸로 가는 것이다. 즉 후퇴한다는 말이다.

　학문의 세계에서는 어느 시대, 어느 나라에서도 거짓은 통하지 않았다. 그런 관행은 있을 수 없다. 어떻게 드러내 놓고 관행이라고 뻔뻔스럽게 말할 수 있는가. 있을 수 없는 것이 있다면 그게 벌써 제대로 된 사회, 바른 사회, 옳은 사회가 아닌 것이다. 사기꾼들만 있는 썩은 사회이다. 그런데 그런 관행이 있었다면 이 세상은 부패한 곳도 있었다는 것을 의미하니, 우리 사회 중 일부가 이렇게 늦게 발전하는 것을 보면 그런 때도 있었나 하고 의심하게 된다.

　나는 미국의 주립대학에서 박사학위(Ph.D)를 받았는데 미국 대학에서는 박사학위 수여 원칙, 즉 학과목 이수하기, 외국어(영어 이외) 두 가지 시험 치기, 논문작성자격시험, 논문 작성 후 논문에 관한 구두시험은 같고 시행 방법은 대학마다 조금씩 다른 것 같다. 나는 그 대학에서 내가 전공하는 분야의 박사 과정 프로그램이 처음 생겼을 때 들어갔는데, 첫 박사라고 허술하게 하면 안 된다고 엄격하게 실시하여 힘이 들었다.

　미국의 어떤 대학에서는 박사 과정 과목 중 한 과목만 낙제점(F학점)을 받으면 그 대학에서는 더 이상 박사 과정을 이수할 수 없다. 석사학위만 주고 내보낸다. 그래서 박사학위를 하려면 미국 내

다른 대학이나 외국의 타 대학으로 가야 한다. 내가 공부하는 중에 논문작성시험에 두 번 이상 실패하여 그 대학을 떠나는 학생을 서너 명 보았다. 박사 과정을 지원하는 사람은 그의 인생 과정에서 모든 정성을 다하여 이룩하려는 인생의 크고 중요한 한 부분을 이행하는 것이다. 이렇게 중요한 일을 남의 것을 베끼고 훔치고 하면서 해도 되는가.

우리나라에서 해방 후 대학이 설치된 때에는 교수진 중에 박사 학위를 가진 사람은 거의 없었다. 일본이나 서구에서 받은 학자 몇 명이 있었을 뿐이다. 그런데도 교수진을 충분히 양성하지 않고 대학을 먼저 세운 것이다. 이렇게 하고 대학을 운영하려니 부실하기 이루 말할 수 없는 지경이었다. 그래서 구제 박사학위라고 하여 논문만 써서 박사학위를 수여하여 학위 없는 학자들을 구제(救濟)하는 구제(舊制) 박사 과정도 있었다. 그 후에는 젊은 학자들이 구미에서 제대로 된 박사 과정을 밟고 귀국하여 대학을 채우게 되어 그제야 비로소 대학다운 대학, 미국과 유럽 대학에 맞서는 대학이 된 것이다. 국내 박사 과정도 비로소 체계가 갖추어져서 선진국과 대비되는 우수한 박사 과정이 되었다. 이제야 비로소 국내 대학도 박사 과정이 선진국과 대등한 교육을 실시하고 있다고 본다. 처음 부실하게 시작하였으니 늦어도 한참 늦어진 것이다.

박사란 이와 같이 꼭 필요한 사람이 취득해서 일생을 연구에 매진하는 사람에게 필요한 것이다. 박사모(博士帽)는 논문을 쓸 자격을 말하는 모자이지 장식품 명품 모자는 아니다. 정치가, 사업가, 연예인, 방송인 등이 머리에 써서 자기를 더욱 빛내려고 하는 장식품은 더욱 아니라고 생각한다. 잘못하면 돈 들이고 흉잡히고 욕보이는 짓이다. 각 분야에서 오랫동안 훌륭한 활약을 하신 분에게는 명예박사란 좋은 제도가 있다. 그런 분들에게는 오히려 이 명예박사가 돋보이고 더 명예스러운 학위가 아닌가 생각한다.

(2021년 10월 24일)

실버타운

 나이가 여든을 넘으니 화살같이 시간이 흐른다. 엊그제 망구(望九)가 된 것 같았는데 벌써 미수(米壽)가 되다니, 내가 생각해도 내 나이가 무섭다. 어느새 7년이 가 버렸는지 나도 모르겠다. 아내는 나보다 네 살 아래인데 여든이 되고 나서부터 살림살이가 조금씩 힘들다고 하더니 이제는 못 버티는 것 같다. 나와 아내의 건강 상태가 점점 더 나빠져서 둘 다 보행기 없이는 걷지 못하는 신세이니 먹고, 자고, 사는 생활상의 무슨 큰 조처를 취해야만 할 것 같다.

 우리가 사는 아파트는 건설한 지 40년 이상 된 헌 건물이라서 자주 물이 샌다. 툭하면 아래층에서 관리실을 통하여 물이 부엌 쪽에서 새느니 화장실 쪽에서 새느니 하고 연락이 온다. 그러면 우리는 지체 없이 누수 전문가를 찾고 인테리어 하는 곳을 찾아 아래층 집도 고쳐 주고 우리 집도 수리하느라 제정신이 아니다. 주기적으로 이러니 살기가 힘들고 사는 것 자체가 아슬아슬하다.

황반변성을 앓고 있어 잘 보지 못하는 아내는 밥 지을 때 물 맞추기, 찌개 간 맞추기, 무채 쓸기 등이 힘들어 음식 만들기가 어렵다. 그러니 끼니 준비하는 방법을 개선하려고 머리를 짜내어 생각해 내어 '마켓컬리'나 '쿠팡이츠' 등 먹거리 파는 곳을 알아보고 시켜 보고 먹어 보고 한 결과는 마땅한 것을 잘 찾지 못하는 듯했다. 너무나 눈이 높은 아내의 유기농 식품과 자연산 선호에 맞는 것을 잘 발견하지 못해 아내에게 도움이 되는 길을 못 찾았다.

이와 같이 살기도 힘들고 먹기도 힘든 이 아파트를 팔거나 수리해서 전세를 놓고 물 새는 걱정도 없고 밥 안 해도 되는 실버타운에 들어가면 어떤가 생각하고 우리에게 맞는 몇 곳을 찾아보기로 했다. 그래서 전화로 여러 곳에 상담을 하니 우리 나이가 너무 높아서 '입소 불가'라는 곳이 대부분이고, 또 입소비나 생활비가 너무 높은 곳이 더러 있고 그렇지 않은 곳은 서울에서 너무 멀리 떨어져 있어 불편할 것 같아 보였다. 세상사에 재빠르지 못하니 이것도 다 놓치는 듯하다.

그래도 골라 골라 아내의 친구가 살고 있다는 '스프링 카운티 자이'라는 곳을 탐방하게 되었다. 용인 동백 근처에 있는 곳이었다. 우리 내외가 아들 며느리와 같이 한 시간가량 드라이브한 곳에 웅장하고 깨끗한 모습의 높은 건물이 여러 채 나타났다. 아내 친구가 사는 곳을 찾아가니 깨끗한 고층 아파트를 방문한 느낌이었다. 35평짜리라는데 거실, 부엌, 식당과 방 셋, 화장실 둘의 살기 알맞은 넓이었다. 주인이 매수하여 리모델링을 교양 있고 고상하게 잘하여 우리 마음에도 꼭 들게 만든 아파트였다. 이런 곳으로 옮기고 싶은 마음이 굴뚝같이 솟아난다. 매매도 되고 전세도 된다는 것이다. 우리가 지금 살고 있는 도곡동 아파트를 전세만 놓아도 이 실버타운 아파트를 전세로 들 수도 있고 매입할 수도 있단다.

구경하고 살피는 동안에 점심시간이 되어 식당으로 안내한다. 보행기를 밀고 가는데도 척추관 협착증의 말기 증세로 허리가 너무 아파서 세 번이나 쉬면서 걸어가 승강기를 타고 6층에 올라가니 운동장같이 넓은 식당이 나타났다. 사람들이 식판을 들고 음식 배분하는 곳에 줄을 서서 기다리거나 옹기종기 테이블에 앉아서 점심을 먹고 있다. 약 1만 원짜리 점심을 맛있게 먹고 건물 밖으로 나와 밖을 조금 거닐면서 주위를 살펴보고 서성거리다가 돌아왔다. 널찍하고 깨끗하고 조용한 그곳에 가고 싶어졌다.

그런데 집에 와서 아내와 같이 곰곰이 다시 생각해 보니 하루 세 끼를 모두 식당에서 먹는다면 나는 실버타운 아파트 거실에서 식당을 세 번 왕복하는 것이다. 가고 오는데 세 번씩 하루 18번을 쉬면서 삶에서 제일 중요한 먹이를 해결해야 한다. 또 오늘은 아들 며느리가 식판을 들어다가 내가 앉은 테이블까지 가져다 주고 숭늉까지 가져다 주니 편하게 먹었지만, 우리가 입주하여 살게 되면 이 일을 우리 자신이 다 해야 한다. 밥 먹은 후 식판을 설거지통으로 나르는 일까지. 먹는 것을 장만하는 게 힘들어서 실버타운 아파트에 들어가는데 먹으러 가고 식판에 먹을 음식을 담아서 들고 빈 테이블을 찾아가서 먹어야 한다. 나나 아내나 보행기를 밀고 다니는데 식판에 담고 들고 다닐 수가 있겠는가? 또 식당에 가는 것도 준외출에 해당되니 집에서 속옷차림으로 뒹굴고 있다가 그 옷을 그대로 입고 갈 수 있는가? 여자들은 또 조금이나마 머리와 얼굴도 매만지려고 할 것이다.

집에서 해먹는 일과 실버타운 식당에서 들고 다니면서 먹는 일 중 어느 것이 덜 고생이 되는가? 아내와 한참 논의하다가 다시 원점으로 돌아가서 생각하기로 했다.

우리가 생애 가장 오래 살아온 이 집에서 살면서 음식을 아주 간단히 아주아주 간단히 준비하여 먹는 방법은 없는가? 이제는 김치도 안 담그고 곰국도 안 끓이고 나물도 안 무치고 거의 다 조리된 유기농 아내의 마음에 꼭 드는 음식을 파는 곳을 찾아보자. 더 세밀하게 찾아보니 몇 군데가 나타났고, 마켓컬리와 쿠팡이츠도 꼼꼼히 검색하니 아내의 마음에 드는 게 좀 보이는 것 같다.

그래서 우선은 20여 년을 살아온 이 집에서 버텨 보는 게 어떤가 하는 생각에 도달했다. 그러면 집 안에 쌓여 있는 내 손때 묻어서 아끼는 잡동사니들을 급하게 버리려고 하지 않아도 되고, 또 산처럼 쌓여 있는 책들을 보기만 해도 마음이 뿌듯했는데 이것들을 정리할 것을 생각하면 한숨부터 났는데 우선은 안심이다. 또 이삿짐을 싸고 옮기는 것은 얼마나 힘든가. 생각만 해도 골치가 아팠는데 한 가닥 숨을 돌리게 되었다. 운신을 할 수 있는 나이 때나 이사를 하지 우리 나이에 병든 환자들이 이사를 계획하고 실행하는 것은 너무 힘들다.

거의 완전히 조리된 음식을 사서 데워 먹거나 식혀 먹도록 하자. 그러면서 아랫집 천장에서 물이 새면 그때마다 수리하자. 이삿짐 옮기는 것보다 힘이 덜 들겠지. 그러면서 살면 이사 한 번에 옮길 때 드는 큰 힘을 들이지 않고 살 수 있을 것 같다. 이렇게 생각하니 마음과 몸이 조금 느긋해졌다. 모든 것은 생각하기 마련, 이 나이에 짐을 싸고 이사하는 것은 생각만 해도 아찔해진다. 늙으면 이렇게 생각이 왔다 갔다 하면서 곤두박질하기도 하나 보다.

살던 집에 그대로 정착하려니 이제 곧 겨울이 되면 문 닫고 가스레인지를 써야 하니 몇 년 동안 계획했던 일을 하자. 매연가스가 안 나는 인덕션 레인지로 바꾸자. 그래도 좀 편안하고 건강하게 살다 가고 싶다.

살림살이도 줄이고 집안 행사를 간소화하여 우리의 노동을 줄이려고 내가 40여 년 동안 수집한 크리스털 술잔, 와인 잔, 위스키 잔, 소주잔, 맥주잔 등 200여 점을 아들에게 장식장 채 물려주었다. 또 생일과 명절 등을 간단히 인터넷 시대에 걸맞게 지내기로 결정하였다. 화면으로 생일을 축하하고 화면으로 서로 연락하면서 제사와 차례를 천주교식 기도로 지내기로 하니 서운개운하나 우리의 살 길을 찾은 것 같아 마음이 안정되는 느낌이다.

오늘이 추석날인데 조용히 앉아서 큰 결정을 하였으니 우리의 실버타운에의 꿈은 당장은 뒷전의 일이 되고 말았다.

(2022년 9월 10일)

후회막급(後悔莫及)

나이가 여든다섯이 넘어 집에만 들어앉아서 골똘히 머리에 떠오르는 것은 앞으로 살아가야 할 일보다는 그동안 살아온 과거지사(過去之事) 생각이 훨씬 더 많이 난다. 여러 가지 생각 중에도 후회되는 일이 더욱더 많으나 수십 년 전 일이라 돌이킬 수 없으니 이를 어찌하랴. 그래도 이를 글로 나타내 놓으면 참회하는 뜻도 되니 상(傷)한 마음이 조금 덜어질 듯하여 몇 가지 읊어 본다. 생각나는 대로, 가르치던 학생에게 한 일과 식구들에게 한 일을 늘어놓는다.

내가 미국 유학하고 와서 몇 달 안 되었을 때 겉으로는 안 그러려고 했지만 좀 건방지고 오만방자하게 굴었던 모양이다. 그때 3학년 강의실에서 일어난 일이다. 강의 중에 조금 소란스러운 느낌이 들어 그 학생에게 간단한 질문을 했는데 우물쭈물 대답을 못한다. 그래서 내가 지체 없이 "자네는 사무 착오로 서울대학에 들어왔나? 그것도 모르니" 하고 야단을 쳤다. 40여 명의 학생이 쥐 죽은 듯이 조용해졌다. 그때 그 학생이 받은 모멸감이나 부끄러움이 얼마나 컸을까. 지금은 그가 누구였는지도 기억이 안 난다. 나면 지금이라도 한마디해 줄 텐데. 요새 같으면 인격 차별 등의 혐의로 내가 처벌 대상이 되지 않았을까 부끄럽다. 교양도 없고 덕이 없던 팔팔한 젊은 시절이었다.

어느 해에는 4학년 학생 한 명이 노크를 하고 내 방에 들어선다. 사정을 들어보니 오늘이 학기 등록 마감날인데 나보고 등록금을 빌려 달란다. 오죽 급했으면 교수한테 돈을 꾸어 달라고 할까 하고 선선히 기다리라고 하면서 같은 건물 안에 있는 은행에서 인출하여 빌려 주었다. 거기까지는 좋았는데 잠시 생각도 하지 않고 차용증을 쓰게 하였다. 그는 선선히 쓰고 가져갔다. 그리고 정확히 약속한 날에 나에게 가져왔다. 그때는 미처 생각 못했던 것이 새록새록 떠오른다. 왜 차용증을 쓰게 했을까? 교수가 보통 일반 장사꾼처럼 말이다. 교수가 자기가 가르치는 학생을 믿지 못하고 한 행동이 너무 천박했다고 생각된다. 나는 아직도 애덕(愛德)이 부족하구나 하고 후회했다. 그는 평생 내 제자인데 그 돈을 떼어 먹을까. 또 떼어 먹은들 어찌하랴. 그 돈이 내게 그렇게 대단히 큰 돈인가. 군자의 도리를 또 못했다. 부끄럽다.

제자 가운데 대학 재학 중 내가 아주 좋은 외부 장학금을 알선해 준 학생이 졸업 후 염료 관련 회사에 근무한 후 경제 상태가 좋아져서 불우한 학생들이 방송통신대학에 다니는 것을 보고 그들을 도와 주려고 오피스텔을 구하여 공부하게 하고 경제적 지원을 하고 있을 때, 그들이 졸업하여 결혼할 때 내가 주례를 서 주기도 하여 나를 할아버지 교수라고 부르기도 하였다. 그 후 그 제자가 음식 솜씨가 좋아서 만두가게를 열었는데 어느 양력 설날, 그때 우리는 양력설을 지내고 설날 차례를 지내는 중에 그가 찾아와서 차례를 지내는 중이라 만두주머니만 받고 그를 들이지 못했다. 그 후 그는 섭섭했던지 연락을 끊었다. 세배를 하러 온 모양인데 들이지도 않고 보내서 무척 섭섭했던 모양이다. 내가 왜 그랬는지 후회막급이다.

다음은 내 식구에게 한 일이다. 나는 2남1녀의 자식을 두었다. 자식을 기를 때는 내 기준으로 따져서 잘못한 일이 있으면 즉시 야단을 쳤다. 이러이러한 일인데 네가 잘못하지 않았느냐 하면서 꾸짖었다. 어떤 때는 매를 들기도 했다. 내가 자랄 때는 "회초리를 아끼면 자식 버릇 못 고친다"라는 동서양의 속담도 있었다. 잘못을 저질렀을 때 야단치는 것은 누구나 하는 당연한 일로 알고 있었다. 초등학교, 중학교에서도 교사들이 매를 들면서 가르쳤다. 나의 중학교 1학년 때 영어 담당 유경상 선생님은 매로 영어를 확실하게 가르치신 분으로 우리 동기 모두 70년이 지나도 동창 모임에서 그분에게서 종아리 맞은 얘기로 꽃을 피우기도 한다. 이렇게 부모나 선생님으로부터 매를 맞으면서 자랐다.

그런데 요새는 부모에게 야단 한 번 안 맞고 자란 사람들도 꽤 많은 것 같다. 물론 본인들이 착하고 성인군자 같으면 누가 야단을 치랴. 가만 놔두어도 혼자서 잘하는데 무엇 하러 야단을 칠까. 그러나 이 세상에 흠 없는 사람은 없고 성인군자가 아닌데도 야단을 안 치고 자식을 기른다는 것은 부모의 평가 수준이 낮아서 그에 만족하고 놓아 기르는 것 같다. 나는 사위와 며느리를 들이고 나서도 이들이 내 자식이 되었으니까 내 자식처럼 잘못한 일이 있으면 즉시 나무라고 야단을 쳤다. 예를 들면 어디 가려고 시간 약속을 했는데 30분을 늦게 와서도 미안한 마음도 없이 아무 말 안할 때, 대학원을 졸업했다면서 '소파'를 '쇼파'라고 말했을 때, 나는 "야, 그게 뭐냐?" 하는 투로 내 자식들에게처럼 허심탄회하게 말했다. 내 잘못이지 "口不言人之過(남의 과실을 말하지 마라)"를 사위와 며느리들에게도 적용했어야 했는데, 내가 군자가 못 되어 잘못을 저질렀구나.

큰며느리는 결혼 초 미국에서 큰아들과 같이 유학 중에 있었는데 내가 여름휴가에 그들이 공부하는 곳을 가 보았다. 공부들은 잘하고 있는지 모르지만 집안 꼴이 말이 아니었다. 부엌 냉장고에 김치라고 시어 꼬부라지고 군내가 나는 것이 플라스틱통에 조금 담긴 것을 먹으라고 한다. 양말은 세탁하고 짝을 맞추어 정리하지 않은 것이 침실에 산더미같이 쌓여 있다. 또 반 년치 생활비를 보냈더니 한 달 만에 다 써버렸다. 그런데 저들은 살이 돼지처럼 쪄서 뒹굴거리고 있다. 그런 꼴을 가만 두고 보지 못하는 내 성격에 되게 야단을 친 것 같다. 그것이 사단이 되어서 그랬는지 큰아들 내외는 그 후 서로 맞지 않는다고 이혼을 했다. 내외는 맞춰서 사는 건데 참을성이 모자라서 그랬겠지. 나도 듬직하게 보고도 못 본 척, 듣고도 못 들은 척했으면 이런 지경까지는 오지 않았을 텐데 하고 후회하기도 한다. '공부하는 데 얼마나 힘들었으면 그렇겠나' 하고 눈감고 잘들 지내거라 하고 못 본 척하고 말았어야 하는데 군자가 못 되어 또 입을 열었었다. 그러나 백 년을 살아야 하는데 그만한 것도 못 참으면 할 수 없지, 하고 스스로 위안하고 있다.

사위도 딸과 사이가 좋지는 않은 것 같다. 딸은 미국에서 박사학위를 하고 사위는 서울대 석사학위만 하여서 그런지 모르겠다. 미국에서 공부를 계속 더 하라고 해도 안 하고 그런다. 사위는 어려서 야단을 한 번도 안 맞고 자랐는데 장인한테서 야단을 맞은 것이 억울한지 점점 멀어지더니 부부 사이가 냉골 같은 모양이다. 이것도 내 탓으로 생각해야 하는가 보다. 남의 귀한 자식들을 참지 않고 내 잣대로 야단치다니, 내 잘못이지 누구를 탓하랴.

나는 거의 40년을 학생들과 같이 지냈으니 내 괴팍한 성격으로 잘못한 것을 못 보니 야단치는 것이 버릇이 되었다. 어떤 때는 아내에게도 잘못된 일이 있으면 큰 소리를 치니 아내는 자기가 학생이냐고 반발하기도 했다. 그러니 아들, 딸, 사위, 며느리는 말할 것도 없었다. 아들 딸들은 어려서부터 잘못했으면 야단을 맞아왔으니까 면역이 되어서인지 괜찮지만 사위와 며느리는 달랐다. 자기네 집에서는 귀하게 자라 내가 말하는 흠은 흠도 아닌 모양이었다. 이래저래 까다로운 내가 문제가 된 것이다.

나는 모든 것을 나를 기준으로 생각했다. 서울대학 교수면 다 비슷하려니, 또 교육자면 서울에서 살든지 강원도에 살고 있든지 거의 다 비슷한 생각으로 살고 있는 줄 알았다. 이러한 내 생각이 잘못이다. 서울대 교수도 양심 없고 비도덕적인 자도 있으니 나머지는 말을 해서 무엇 하랴. 내 생각이 모자라고 짧았다. 같은 직장에 근무하더라도 모두 성격과 인생관이 다르다는 것을 왜 나는 관감(觀感)하지 못하고 자식들을 불편하게 만들었을까. 그 직장이 서울대학이라고 다르고 교육자라고 다르랴.

지금 와서 생각하니 내 자식들에게 몹쓸 일을 했다. 보고도 못 본 척, 알고도 모르는 척하면서 살아야 하는데. 그러나 그렇게 살았더라면 내가 속이 터져서 벌써 저세상으로 갔을 것이다. 그래도 내 자식들에게는 내가 속 터지는 일이 낫지 않았을까 하고 머리를 썩이고 있다.

지금 와서 후회하면 무엇 하나. 벌써 기회를 다 놓치고 말았는데. 이제는 이 상황으로 살아야지. 인생이란 내가 뜻한 대로 되는 것도 아니고 나의 철학으로 나의 마음으로 살아왔는데 지금 후회하면 무엇 하겠는가. 내 삶의 합리성을 따져서 나도 제대로 살려고 노력했다는 자부심을 갖도록 해야겠다.

(2020년 11월27일)

끝으로 친구가 카톡으로 보내 온 재미있는 수학(수학도 아니고 산수이지만) 문제를 복기한다.

인생 + 사랑 = 행복　(1)
인생 – 사랑 = 슬픔　(2)
(1) + (2) 는
2 인생 = 행복 + 슬픔
그러므로
인생 = 1/2 행복 + 1/2 슬픔
이것이 참 인생이다.

명품(名品)

    KBS TV에서 일요일 오전 11시에 방송하는 '진품명품'을 수십 년간 진행하는 아나운서가 여러 번 바뀌었음에도 계속 시청해 왔다. 그 아나운서가 점잖게 설명하면서 진행하든, 가볍고 요란하게 웃기면서 진행하든 상관 않고 시청해 왔다. 또 그동안에 해설자도 여러 번 바뀌어 지금은 사투리를 다 벗어나지 못한 해설자도 출연하여 듣기 불편한 때도 있으나 계속 시청하고 있다.

    그런데 요새는 정말 오래된 진귀한 물건들이 잘 안 나오고 근대소설이나 시집 또는 레코드판 등 근대물이 많이 출현하고 있다. 그래서 백 년 이상 된 고미술품에 관심이 많은 나의 흥미가 좀 뜸해져서 꼭 보게 되지 않는다.

    그러면서 진품, 명품이란 무엇인가 한 번 곰곰이 생각해 보았다. 명품(名品)은 뛰어난 물품을 말하고, 진품(珍品)은 진귀한 것이고, 또 진품(眞品)은 가짜가 아니라 진짜 물품을 말하는 것으로 사전은 말하고 있다. 그러면 진품(珍品)과 명품이 다른 점은 무엇인가? 뛰어나다는 것과 진귀하다는 것이 어떻게 다른가? 뛰어나서 진귀한 것이 아닌가? 내 멋대로 생각해 보니 아리송하다. 그런데 요즘 내 생각에는 진품은 글자 그대로 진귀한 물품으로 돈으로 따지지 않는 것이지만, 명품은 뛰어나고 아주 비싼 것이라고 여겨지다가 점점 아주 비싸기만 한 물품을 뜻하게 된 듯하다. 그 이유를 내 나름대로 해석해 보려고 한다.

우리나라 사람들이 좋아하는 명품이라는 것이 있다고 한다. 몸에 부착하거나 두르거나 들고 다니는 것들인데, 어떤 부류의 사람들은 명품이라면 사족을 못 쓰고 아우성들이다. 명품 파는 백화점에 새벽부터 줄을 서서 기다렸다가 사 가는 남녀 군상들의 신문 기사를 사진과 함께 본 적이 있다. 그것은 대개 몇백만 원짜리 이상의 고가품이란다. 작년에만 우리나라 명품 구입액이 총 약 22조 원(168억 달러)으로 1인당 구입액이 세계 1위란다(조선일보 2023. 3. 28. A37). 그래서 내 생각으로는 비싼 게 명품인가 생각하게 되었다. 그것이 일부 사람들에게는 진귀하고 반드시 비싼 물품이어야 되는 것이다.

그런데 그것들이 우리나라에서는 다른 나라보다 훨씬 높은 가격으로 수입된 물품들이라서 더 비싸다고 한다. 비싼 것이 아니라 비싸게 사서 명품이 된 것이다. 같은 물품을 다른 나라 사람보다 비싸게 사서 사용하는 것이 명품인가? 그것도 새벽부터 줄을 서야 산다니, 바보 아니면 정신이 제대로 안 된 사람들인가. 그렇다면 머리 좋기로 유명한 우리나라 사람들이 왜 바보짓을 할까? 내가 이

사실을 알지 못하는 바보인가? 그들이 그 비싼 값으로 사는 이유가 있을 터이니 그것을 이해하려고 며칠 동안 심사숙고하여 알아낸 것이 있다.

사람은 대개 자기 머리와 몸을 스스로 갈고 닦아 자기 자신이 뛰어난 사람이 되도록 노력하려고 한다고 생각된다. 한 가지를 갈고 닦아서 명품 인물이 되는 것이다. 그래야 그 사람 자체가 명품, 즉 명인(名人)이 되는 것이다. 갈고 닦아서 된 유명한 체육인, 요리사, 음악인, 화가, 배우, 학자들이 그들이다. 그러니 머리나 몸이 명품이 아닌 어느 부류의 사람들은 명품 물건을 몸에 둘러서 몸 전체가 명품인 것처럼 보이게 위장(僞裝)하여, 즉 비명품(非名品)인 몸을 비싼 명품으로 가려 그 사람이 명품인 것처럼 보이도록 하는 것이 아닌가 생각한다.

명품 인간이 명품을 지니거나 두르고 다니는 것은 오히려 부러움과 공경(恭敬)(?)의 대상이 될 수 있을망정, 비판의 대상은 될 수 없다. 그들은 무엇을 두르건 명품 인물, 즉 명인(名人)이다. 그렇지 못한 보통사람이 명품을 휘두르는 게 문제이다. 그래 보아야 비명품(非名品)인 것이다. 요약하면 아래 공식이 된다.

명인 + 명품(물체) = 명인 --------(1)
명인 + 비명품(물체) = 명인 -------(2)
보통사람 + 명품(물체) = 비(非)명인 ----------(3)
보통사람 + 비명품(물체) = 보통사람 ----------(4)

위 공식에서 (1)과 (2)는 같이 진명품, 즉 명인이 되고 (4)가 위장하려고 하는 (3)보다는 좋게 생각이 된다. 즉 (1)=(2) 〉 (4) 〉 (3)의 나의 선호도(選好度) 부등식이 성립하게 된다. 명인은 무엇을 두르거나 명인이고, 보통사람은 명품을 들어봤자 어울리지 않아 비명품을 든 보통사람보다도 품격이 떨어진다.

내가 볼 때는 선진국, 특히 구미 여러 나라 사람들은 시민 각자가 자기 수준, 위치, 생활에 맞추어 개인적으로 독립적인 주견으로 살고 있는 것 같다. 즉 삶에 철학이 있는 것이다. 내 삶은 내 것이고 남의 삶은 남의 것인데 피곤하게 남의 것과 비교하여 얻는 게 무엇인지 모르겠다. 비교하여 겉으로만 명품이 되려는 것이 문제이다. 비명품 인물이면 명인이 되려고 노력하면서 살거나, 또 명품 인간이 안 되면 어떤가. 모든 인간이 다 명인이 될 수는 없는 것이다. 덮어놓고 겉으로만 따라가려고 하니 문제가 된다.

내 딸이 미국 캘리포니아 주 어느 대학에 유학할 때 우리 부부가 방문한 적이 있다. 마침 빨래 칸에서 빨래를 한다기에 내가 쫓아가 보았다. 여러 나라 사람이 와서 빨래를 하는데 한국 여자도 몇 명 있었다. 슬쩍 보니 그들은 모두 긴 드레스를 잘 입고 있었다. 다른 나라 여성들은 짧은 바지에 편하게 와서 빨래를 하는데 저렇게 긴 드레스를 입고 오다니 왜들 그럴까? 무얼 보여 주려고 그럴까? 한국에서 하던 버릇대로 그대로 살고 있다. 물론 그들이 공부하는 학생들의 배우자로 가정생활만 하고 있기 때문일 수도 있다. 그래도 분위기가 있는 것이 아닌가.

서울의 큰길에 나서면 남이 가지면 나도 가지려고 하는 생각

때문에 그런지 비슷한 양상들을 여기저기서 볼 수 있다. 개인이 가진 독특한 개성을 살린 모습을 보여야 한다. 집에서 떠서 만든 털목도리면 어떤가? 자투리 옥스퍼드 천으로 만든 핸드백이면 어떤가? 개성 있는 것이 더 돋보이지 않는가? 우리나라에서 2022년 한 해 세관에서 적발된 가짜 명품 짝퉁이 5,639억 원이라고 한다(조선일보, 2023. 2. 13, B2면). 한심한 일이다. 명품을 가질 수 없으면 비슷한 짝퉁이라도 입거나 들고 다니려는 심정은 또 무엇인가? 몸이 명품이 안 되니까 명품으로 둘러야 하는데, 그것도 사정이 안 되니 가짜로라도 휘감아 보자는 마음은 또 무엇인가?

보통사람 + 가짜 명품 = 가명인(假名人) -----(5)

멀쩡한 사람이 가짜 인물, 즉 헛개비가 되는 것이다.

선호도는 (4) 〉(3) 〉(5)가 되어 (5)가 (4)보다도 훨씬 하위급이 된다. 멀쩡한 사람이 가짜 노릇을 하면서 살아야 한다. 우리가 갖지 말아야 할, 가져서는 안 될 부끄럽고 창피한 정신이다. 그런데 명인이 가짜 명품을 가질 수는 있는가? 거의 없다고 본다. 즉

명인 + 가짜명품 〈 0 -----(6)

이다. 그럴 경우는 없을 것 같다. 생각할 필요가 없어 생각 안 하련다.

이런 명품 의식을 탈피해야 선진국 국민이 되는 것이다. 돈이 많아서 겉모습만 들었다고 선진국이 되는 것이 아니라, 정신이 바로

서야 되는 것이다. 있는 대로 보이는 것이 얼마나 떳떳하고 자신 있는 모습인가? 언제나 그런 떳떳한 모습을 보게 되려나. 그때가 정말 선진국이 되는 것이다.

아직 인간의 가치를 어디에 두고 있는지 가르치고 배운 것이 적어서인가? 교양 교육이 덜된 탓이리라. 배우고 배워서 몸에 교양이 가득 차야만 보기 흉한 모습이 사라지리라. 우리 모두가 진정한 삶의 철학을 지니게 되어 명품이나 그 짝퉁을 찾아서 헤매는 군상이 없는, 화려하지 않으면서 고상하고 점잖게 품위 있는 사람들의 세상이 되었으면 좋겠다.

(2023년 3월 28일)

제2부
안병옥

독립운동가 외삼촌

나는 자라면서 어머니로부터 내 외삼촌, 즉 어머니의 오빠가 독립운동을 하다가 돌아가셨다고 말씀하시는 것을 자주 들었다. 그런데 정부에서 독립운동가로 추서되지 못했다고 안타까워하다가 돌아가셨다. 외삼촌의 아들, 즉 내 외사촌들은 독립운동을 한 아버지 때문에 교육도 제대로 받지 못하여 이것을 해결하지 못하고 지내다가 세상을 떠나고 말았다.

그런데 2016년 드디어 국가보훈처가 발굴하여 건국포장을 드리게 되니, 외삼촌과 어머니, 또 외사촌들은 저세상에서 한을 풀었다고 기뻐하실 것이나, 때가 너무 늦어서 그 후손으로 미안하기 그지없다. 너무 늦게 추서되셨지만 그래도 다행이라고 생각한다.

훈격 내용을 본다.

성명 : 한영수(韓永洙)

독립운동계열 : 3·1운동

출생 : 1891년 1월 16일

출생지 : 경기도 진위

사망 : 1935년 5월 10일

사망 장소

훈격 : 건국포장

훈격연도 : 2006년

공적 내용 : 경기도 진위군(振威郡) 평택읍(平澤邑)에서 독립만세운동에 참여하였고, 이로 인해 옥고를 치렀다. 한영수는 1919년 3월 11일 오후 5시경 평택읍에서 독립만세를 외치면서 시위를 전개하였다. 시위 후 체포된 한영수는 1919년 4월 11일 경성지방법원에서 소위 보안법 위반으로 징역 1년을 받았으나 동년 5월 5일 경성복심법원에서 징역 8월로 감형되었고, 고등법원에서 상고가 기각되었다. 서대문형무소에서 옥고를 치르고 1920년 1월 31일 출옥하였다. 한영수는 재판과정에서 "조선 민족으로 정의 인도에 기초하여 만세 의사를 발동한 것은 범죄가 아니다"라고 만세운동의 정당성을 상고 이유로 당당히 밝혔다. 정부는 고인의 공훈을 기려 2006년에 건국포장을 추서하였다.

註

判決文(京城地方法院 1919년 4월 11일)

判決文(京城地方法院 1919년 5월 5일)

判決文(高等法院 1919년 5월 31일)

身分帳指紋源紙(警察廳)

독립운동사자료집(독립운동사편찬위원회) 제5집 405~406면

독립운동사(독립운동사편찬위원회) 제2권 170면

출처 : 국가보훈처

2016년 6월 7일/3·1운동/1891년 1월 16일 1939년 5월 10일

3·1운동, 韓永洙, 건국포장, 경기 진위 한영수

독립만세 100주년을 기해 '시사평택'에 실린 글을 아래에 보인다.

병남면 (현 평택역 주변)

3월 11일 아침에 만세를 부르자는 격문이 평택 정거장 앞에서부터 경찰이 비상경계를 하던 중 오후 5시경 평택역 사거리에서 수천 명이 만세를 부르며 군문리 다리로 행진했다. 이 운동은 비전리에서 미곡상을 하던 이도상(李道相)이 주도했다. 그는 동창생인 안충수(安忠洙)에게 서울을 비롯한 전국 각지에서 조선독립만세를 외치며 만세운동을 벌이고 있다는 소식을 듣고 목준상(睦俊相, 29세), 심헌섭(沈憲燮, 32세, 농업), 한영수(韓永洙, 농업), 민응환, 안봉수 등과 3월 10일 안충수의 집에서 모여 태극기를 만들고 독립선언서를 등사해

만세운동을 준비했다. 이도상은 3월 10일 밤, 친동생 이덕상(李德相)에게 가사를 맡기면서 "내일이 평택 장날이므로 그곳에 가서 동지들과 조선독립을 외칠 작정이다. 곧바로 체포될 것이므로 다시 집에 오지 못할 것이니 늙은 어머니를 잘 봉양하라"는 말을 남기고 이튿날 역전에서 장날에 모인 군중들을 선도하며 독립만세를 외쳤다.

3월 31일 조선 상점 2개소에 대해 우체국 소인이 찍힌 우편으로 협박장이 전달됐다. 읍내의 각 상점들은 4월 1일을 기해 폐점해 독립운동에 동참했다. 일제는 상인 10여 명을 군청에 불러 군수와 경찰이 함께 개점을 강요했으나 모두 후환이 두렵다는 이유로 완강히 거부하고 상점 문을 열지 않았다.

"4월 1일 밤 평택에서 대규모 만세운동이 일어났다. 밤 10시 반경 평택 일대에 무수한 봉화를 올리고 시작된 이날의 만세운동은 3,000명의 군중이 평택에 쇄도해 새벽 2시까지 만세운동을 벌였다. 이때 경기도 장관(현재 도지사)의 보고는 다음과 같다.

"4월 1일 오후 10시 반부터 평택 시가를 중심으로 하여 10리 내외의 곳인 서남 부용리에 걸쳐 무수한 봉화를 올리며 독립만세를 연호하였고, 10여 개 집단 인원 약 3,000여 명이 쇄도해 정세가 불온하므로 해산을 명하였던 바 저항하고 쉽게 해산하지 않으므로 발포해 오전 2시경 일단 진정됐다. 폭도들은 사망자 1명, 부상자 4명 외에 경상자가 있는 모양임."

이날 밤 10시경 평택역으로부터 약 10보 되는 곳에서 소요를 시작했고, 산봉우리마다 횃불 시위로써 호응했다. 일경이 발포해 사망자 1명, 중상자 4명, 경상자 10여 명이 발생했다.

4월 7일 평택에서는 이도상의 지도로 장꾼들을 선동해 대규모 만세운동이 있었고, 4월 11일 오후에는 평택역 앞 사거리에서 수십 명이 모여 만세를 불렀다. 이에 경찰이 출동해 주모자 7명을 체포했다. 평택역은 평택 3·1운동의 상징성을 가진다. 철도를 통해 신속한 정보 전달과 이동이 가능해지고 만세운동 역량이 집중됐다.

주모자 7명 중 한 사람이었던 외삼촌 한영수는 그날 체포되어 고깃간에서 고기를 매달아 두는 쇠갈고리에 뒷목을 찔려 파출소로 끌려가셨다. 나중에 돌아가신 후 입관하려는데 두개골이 딱 갈라지더라는 말씀을 엄마에게서 들었다.

내 외삼촌은 위에서 본 것과 같이 9개월 간의 옥고를 치르셨는데, 그전에 일본 군경에 의하여 갖은 고문과 구타를 당하여 그 후 유증으로 50세에 세상을 떠나셨으니 안타깝기 그지없다.

그러시면서도 유언에 "우리나라는 반드시 독립될 것이다. 그때 내가 운동한 것을 내세우거나 그 빌미로 어느 곳에서도 아무것도 요구하는 일이 없도록 하라" 하셨다니, 그 정신을 우리는 받들고 기려야 한다.

이러한 거룩하고 깨끗한 정신을 가진 분을 외삼촌으로 가졌다는 것이 나는 자랑스럽고, 어머니도 같은 한씨 핏줄이라서 공정하고 올바르고 꿋꿋하게 사신 것을 가끔 되짚으면서, 나에게도 그 핏줄이 이어져 나는 곧바르게 살아왔고 앞으로 남은 세월도 그렇게 살아갈 것을 다짐한다.

* 이 자료들을 찾아서 외할머니 한(恨)을 엄마를 위해 풀어준 큰아들 해원(海杬)이 무척 고맙다.

1·4후퇴

옆집에 사시는 김성수 선생님과 숙명의 이 교감 선생님 댁이 서울역에서 남쪽으로 떠나기로 한 화물차 한 칸을 마련하신다고 해서 엄마는 우리도 삼등분해서 같이 타게 해 달라고 돈을 드렸으나, 시일이 지나면서 기차가 이미 떠나 버렸을 수도 있기에 우리는 증조할아버지를 할머니에게 맡기고, 할아버지와 고모들은 용인 고향으로 보내 드리고서야 급히 서울역으로 갔다.

다행히 기차는 떠나지 않아 부지런히 올라탄 것이 1950년 12월 24일이었다. 그런 와중에도 피란민들은 꾸역꾸역 모였으나 탈 수 있는 게 없어 열차 선로 양옆에 가득 모여 있었는데, 며칠 후 드디어 우리가 탄 열차가 슬슬 움직이는 듯하니, 별안간 한 무리의 퇴진하는 국군들이 우리 칸으로 가득 들어왔을 뿐 아니라, 모여 있던 사람들이 기차 지붕 위로 떼를 지어 올라탔다.

그런가 하면, 바로 옆 선로에 세워져 있던 장갑차들이 움직이기 시작하니 화물차에 오르지 못했던 사람들이 정신없이 장갑차로 올라타는가 싶더니, 누군가 대포를 잘못 건드렸는지 탕탕 하며 총알이 나가면서 반대편 사람들이 그대로 피를 쏟으며 쓰러졌다. 아비규환이었다.

울부짖는 소리와 대포 소리 사이로 기차가 가는 소리에 살아 있는 사람들은 안도의 한숨을 쉬며 '이제는 이 전쟁통에서 벗어나리라'는 희망을 갖고 한숨 돌리는데, 우리가 탄 화물차칸 위에 사람들이 너무 많이 올라탔는지 뿌지직뿌지직하며 천장이 무너지기라도 할 듯 소리가 나며 나무 천장이 버그러지기 시작하는 것이었다.

겁쟁이 우리 아버지의 초달이 시작되었다. 안 그래도 할아버지께서 대구로 가시자는 며느리 말을 듣지 않고, 중공군이 내려온다 한들 얼마나 오겠느냐며 고모들을 데리고 고향으로 가신 것이 못내 걱정되던 아버지는 "아무래도 지붕이 무너질 것 같다"면서 아무 연고도 없는 대구까지 가지 말고 중간에 내리자고 엄마를 설득하기 시작한 것이다.

"아니, 이 차가 대구까지 간다는데, 짐을 열 보따리나 실어 놓고 어떻게 내리는가?" 하고 엄마가 버티는 사이에 이튿날 기차가 평택에 도착하자 무조건 아버지가 사람들 사이를 헤집고 내려 버렸다.

그런데 웬일인지 부지하세월로 천천히 가고 서던 기차가 곧 떠나는 것 같았다. 우리 남매는 울며불며 아버지를 부르고 하는 수 없이 엄마는 등에 짐 하나를 메고 작은 보따리 하나만 들고 우리 남매를 끌고 내릴 수밖에 없었다.

황량한 평택역에 내린 사람은 우리밖에 없었다. 아버지는 "여기서 당신 고향도 가깝고 하니 전쟁 끝날 때까지 견뎌 봅시다" 하며 좋아했으나 엄마는 아랫입술만 자근자근 씹으며 말이 없었다.

그러나 사태는 하루하루가 달랐다. 대포 소리가 점점 가까워지더니 드디어 평택의 곡식 창고에 군인들이 불을 붙여 쌀 타는 냄새가 진동하면서 그 동네 사람들도 피란을 서둘렀다.

마지막이라는 기차가 왔지만 기차칸은 꽉꽉 차서 감히 송곳 하나 들이밀 자리가 없으니, 엄마는 아버지더러 "당신 하나라도 기차 위에 비집고 타고 가라"며 밀었다. 염치없는 아버지는 할 말을 잊고 마지막 기차 위로 기어 올라가고 우리만 남았다.

며칠 동안 신세를 지고 있던 엄마의 당숙 댁에 들어가니 그 댁 아주머니께서 엄마에게 "그냥 있다가는 17살짜리 자기 아들은 공산군이 오면 붙들려 가겠으니 부디 좀 데리고 떠나 달라"고 부탁하는 것이었다.

엄마는 아무 말 없이 기차역을 하루 종일 헤매고 다닌 끝에 어디서 짐을 옮길 때 쓰는 밀차 하나를 구했다고 내일 우리도 떠나자고 하셨다.

그 밀차는 평평한 나무판자 밑에 바퀴가 있어 기차 선로로 밀고 다닐 수 있는 것이어서 엄마와 그 댁 아들 평수 아저씨가 번갈아 밀고 우리 남매는 그 위에 타고 길을 떠났으나 미처 천안도 가기 전에 그것도 쓸모없이 되었다. 퇴각하는 유엔군이 강 위의 기찻길을 폭파해서 길이 끊어졌기 때문이었다. 엄마는 거기에서 짐을 다시 정리했다.

평수 아저씨는 자기 짐을 등에 메고 나와 열 살짜리 동생에게는 작은 륙색을 지게 하시고, 엄마는 '싱거 재봉틀'을 등에 지셨다. 재봉틀이 얼마나 무거운지 눈이 쌓인 길을 걸으면 발이 푹푹 빠졌다.

서울에서 떠나기 전에 엄마는 웬일인지 동네 약국을 일일이 다니며 무언가를 사 모았는데, 그것을 엄마는 허리에 차셨다.

밤새 걸어서 도착한 곳이 '천안역'이었는데, 거기엔 기차들이 꽤 많이 서 있어서 우리는 기차마다 돌아다니며 혹시 아버지가 있나 찾아보았으나 없었다. 물론 우리 말고도 서로 헤어진 식구들이 소리소리 지르며 서로 찾느라 고함을 지르니 그 속에서 사람을 찾는다는 게 무리였다.

이튿날부터 우리는 기찻길을 따라 마냥 남쪽으로 남쪽으로 걸었다. 가는 도중에 시골 사람들이 피란민들에게 김칫국과 떡을 팔아서 우리는 그걸 사먹으며 걷고 또 걸었는데, 문제는 내 동생이었다. 동생은 떡을 싫어해서 어려서부터 절대로 떡을 안 먹었는데, 길에서는 밥을 파는 사람이 없는 것이다. 버티다가 너무 배가 고프면 조금 먹는 게 다였다.

기찻길을 따라 걸어가다 보면 길가에 있는 집마다 빼곡히 종이쪽지가 너덜너덜 붙어 있는 게 보였다. '서울 어디 살던 아무개야, 우리는 대구로 간다. 대구역에서 기다릴 테니 거기서 만나자' 같은 식구를 찾는 글들이었다.

그뿐 아니라 기차가 지나가는 굴이 있으면 굴 양옆에는 항상 기차 뚜껑에 앉아 가다가 굴이 오는 걸 미처 몰라서 그만 떨어져 죽은 사람이 있기 마련인데, 엄마는 그때마다 우리를 보고 멀리 있으라 하곤 일일이 그 사람들을 살펴보는 것이었다. 엎어져 죽은 사람은 젖혀 보면서….

나는 그때 어렸지만 속으로 '아버지가 판단을 잘못해서 우리가 이 고생인데, 엄마는 그런 아버지가 밉지도 않나?' 하고 생각했다.

드디어 대전에 도착했다.

대전에서 시내로 들어가려면 큰 강을 건너야 하는데 다리는 이미 폭파되었고, 징검다리 돌을 밟고 수많은 사람들이 밀려 건너려니 아수라장이어서 나는 그만 미끄러져 그 얼음물에 빠져 버렸다.

"여기 아이가 빠졌다!" 하고 사람들이 떠드는 소리에 웬 청년들이 달려와 나를 번쩍 안아 올렸는데, 날씨가 추워서 나는 두꺼운 겉옷과 함께 얼음과자가 되어 버렸다.

강을 건너서 사람들이 모닥불을 피워 놓고 불을 쬐고 있는 곳에 가더니 그 어른들이 이미 뻣뻣해진 나를 양쪽에서 들고 빙빙 돌려 녹여 주었다.

엄마는 "옥아, 얼굴을 손으로 감싸라" 하고 소리를 질렀는데, 그 소리에 나를 건져 주었던 사람들이 엄마를 보고 아는 체를 하는 것이었다. 우리 동네 서북청년단 사람들이었다. 거기서 만나다니! 외롭게 우리끼리 힘들게 쉬다가 아는 사람들을 만나서 그때부터는 그이들을 따라가니 훨씬 의지가 되었다.

그러나 그들은 젊은 사람들이고 우리는 아녀자들이니 미처 따라가지 못하고 자꾸 뒤처졌다. 특히 제때 밥을 먹지 못하고 싫어하는 떡만 먹어야 했던 동생이 자꾸 설사를 하는 바람에 얼마 못 가서 그들을 놓쳐 버리고 말았다.

전동에서의 일이다. 거기서 어떤 집에 하룻밤을 의지하고 자는

데, 엄마가 그 집 주인과 한참을 얘기한 끝에 거기까지 지고 왔던 재봉틀을 그 집에 맡기기로 하셨는데, 엄마는 밤새도록 잠도 안 자고 재봉틀을 가지고 씨름을 하더니 이튿날 그 집에 맡기고 떠났다.

그때까지 길에서 떡도 사 먹고, 밤이 되면 동네를 찾아가 방구석에서라도 눈보라를 피해 잠을 잘 수 있었던 것은 다 엄마의 지혜로운 준비 때문이었다.

많은 사람들이 길가에서 웅크리고 잠을 자다가 얼어 죽기도 하고 밤이면 시골집을 찾아가 사정을 해도 헛간 구석도 얻지 못하는데, 우리는 어떻게 매번 지붕 아래서 잘 수 있었는가 하면, 모두 엄마가 서울을 떠나오기 전 동네 약국을 돌며 사 모아 허리에 차고 온 '페니실린과 마이신' 덕분이었다. 8·15 해방 후 전 세계를 놀라게 한 새로운 항생제인 '페니실린과 마이신'은 얻기 힘든 약이었는데, 엄마는 피란길에 가볍고 귀한 것이 무엇인가? 생각 끝에 그걸 꽤 많이 사셨다는 것이다. 그래서 시골집에 그 약만 내놓으면 두말 없이 우리를 재워 주고 먹여 주었다.

무거운 재봉틀을 맡겨 몸이 가벼워진 엄마는 이제 우리를 데리고 지름길로 '문경새재'를 넘어가기로 하셨다. 산길이 험해서 열 살짜리 남동생이 징징거리면 업기도 하고 달래기도 하면서 걷고 또 걸어 드디어 우리가 왜관에 도착했을 때, 세 식구는 맨발이 되었다.

서울을 떠날 때 두꺼운 솜을 둔 버선에 튼튼한 털신을 신었었으나, 경상도 왜관까지 오는 동안 신발은 물론 버선까지 다 닳아 없어진 것이다.

그러나 이상한 것은 그 후 대구에 이르는 동안 우리가 무엇을 발에 걸치고 갔는지 지금은 생각이 나지 않는다.

대구에 도착한 우리 삼모자는 서울에서 옆집 김 선생님의 누님이 사신다고 한 '조광양복점'을 찾아갔다. 영남일보사 건너편에 있는 그곳을 찾아가니 아버지가 초조하게 우리를 기다리고 있었다.

두 눈이 퀭하고 비쩍 마른 아버지 몰골을 보니 원망도 어디론가 사라지고 반가웠다. 엄마는 그냥 눈만 흘기시고 마는 걸 보니 역시 시원한 성격이다.

조광양복점 2층에서의 피란 생활 동안 우리는 온전히 엄마의 삯바느질 덕에 살았다. 그 집 뒤에는 전쟁 중에도 기생집이 있었는데, 한 번 엄마의 솜씨를 본 그 집 기생들이 계속해서 바느질감을 맡기는 덕에 우리는 그럭저럭 살 수 있었다. 엄마는 매일같이 모시로 깨끼저고리와 날아갈 듯 예쁜 한복 치마를 만드느라 햇빛 볼 새도 없었다.

하루는 엄마가 아버지더러 "손바느질만 가지고는 옷을 많이 만들 수 없으니, 당신이 전동에 가서 내가 맡겨 놓은 재봉틀을 좀 찾아다 주시오" 하였다.

아버지는 코웃음을 치며 "아니, 그 사람이 벌써 팔아먹었지 그걸 두었을 리 있겠나?" 하시는데, 엄마는 "글쎄 가 보고 그때 말씀하시구려" 하며 자신만만하니, 하는 수 없이 아버지는 충청도 전동으로 가셨다.

재봉틀은 잘 있어서 주인에게 사례를 하고 받아오시는데, 그분이 말하더란다. "당신은 평생 아내 말만 들으면 잘 살 것이니 그리 하시오"라고. 아버지가 재봉틀을 가지고 오셔서 그 까닭을 물으니 엄마가 대답했다. 재봉틀을 맡기기 전날 옷핀과 작은 쇠못으로 중요한 부속을 모두 뽑아서 내가 가지고 왔으니, 그 사람이 쓰지도 못하고 팔지도 못했을 거라고. 엄마는 다시 재봉틀의 부속을 끼우고 다음 날부터 신나게 바느질을 하셨다.

그즈음 나는 근처 미공군 부대에서 아침 일찍 부는 나팔 소리에 잠을 깼다. 나중에 생각하니 영화 '지상에서 영원으로'라는 미국 영화에서 주인공 '몽고메리 클리프트'가 불던 나팔 소리였던 것 같으나 확실하지는 않다. 알고 보니 그 노래는 미국 남북전쟁 때 북군의 중대장 '엘리콤'의 전쟁터에서 죽은 남군 아들의 주머니에서 찾은 곡으로 나중에 널리 유행한 '진혼곡'이라는데, 지금은 알 수 없다.

하여튼 나는 새벽에 들려오는 그 나팔 소리를 듣고 세수하고 계산동성당에 가서 매일 새벽 미사를 드렸는데, 어느 날은 내 옆에서 앳된 외국인 병사가 울며 미사를 드리고 있었다. 나는 마음이 쓰렸다.

멀리 외국에서 이 작은 나라의 전쟁터에 온 저 사람의 심정은 어떨까? 미사가 끝나고 내가 일어서는데 그 병사가 나를 툭툭 치더니 자기 주머니에서 구릿빛 동전을 하나 꺼내서 주는 게 아닌가? 서로 말이 안 통하니 우리는 그저 그것으로 헤어졌으나, 나는 그 사람이 제발 전쟁 중에 죽지 말고 무사히 자기 고향집으로 돌아가게 해 달라고 늘 하느님께 빌었다.

일요일에 성당에 가면 늘 유명한 '삼팔이 엄마'를 만난다. 그 여인네는 전쟁이 나자 애기를 등에 업고 허겁지겁 삼팔선을 넘어왔는데, 한밤중에 애기가 전혀 울지 않아서 다행이라 생각하고 아침에 보니 죽어 있더란다. 그래서 그만 정신이 돌아 버렸단다. 그 후론 항상 성당에 와서 빙빙 돌면서 "삼팔아! 삼팔아!" 하며 죽은 애기를 애타게 찾는 것이다.

우리는 피란길에 다른 형제들이나마 살려야 하겠어서 그런지 몰라도 하여튼 갓난 애기를 포대기에 싸서 길에 버리고 간 것을 여러 번 보았다.

울다 지쳐 죽은 애기를 보면서도 어른들도 퍽퍽 죽어가는 마당에 사람들은 혀만 끌끌 찰 뿐이었는데, 삼팔이 엄마는 얼마나 사랑이 많은 사람이어서 그 죽은 애기를 잊지 못하고 정신이 나갈 때까지 찾는 것일까?

성당에는 거처할 곳이 없는 신자들이 하나둘 찾아와서 여기저기 신세를 지다가 살 곳을 마련하면 떠나가곤 해서 성당에는 그들을 도와 줄 자금이 부족했다. 누가 먼저 의견을 냈는지 모르지만, 교우들은 여러 가지 방법으로 돈을 모으기로 했는데, 학생 교리반 사내아이들은 '신문팔이'를 하기로 결정했단다. 내 동생도 물론 기꺼이 신문을 돌리거나 팔기로 했다.

그런데 보좌신부님이 별안간 내 동생을 꼬옥 껴안아 주시며 말했단다. "분도는 신문 팔지 마라. 피란 와서 고생하는 것도 안쓰러운데 신문을 팔게 할 수는 없다. 너는 오늘부터 나를 도와 복사를 하기로 하자."

그날부터 동생 분도(베네딕도)는 복사 수업을 받고 미사 때 복사(신부님을 돕는 어린이)를 했는데, 나중에 그것이 큰 도움이 되었다.

동생이 오스트리아로 유학 가서 살 집을 마련하려고 애쓰는데,

신문에 광고가 났더란다. '성당 미사 때 복사할 사람을 구함'이라는 광고였는데, 성당 안에 있는 집을 준다는 조건이더란다.

유럽에서는 사람들이 일생에 세 번 성당에 간다는 농담이 있는데, '갓 태어나서 세례 받을 때 한 번, 혼인할 때 한 번, 그리고 죽어서 장례 때 한 번'이라고 할 정도로 젊은이들이 성당에 잘 안 다녀서 아마 복사할 사람이 꽤 귀했던지 그런 광고가 난 모양이어서, 동생은 어려서 복사한 경험을 살려 무난히 집을 구했다는 거다.

계산동성당 보좌신부님이 그렇게 고마울 수가 있을까?

이렇게 저렇게 우리는 여러 분의 도움과 엄마의 바느질 솜씨 덕으로 힘든 피란 생활을 견뎌 낼 수 있었다.

감사하기 짝이 없는 일이었다.

빨래터 풍경

　엄마가 처음 집을 산 돈암동은 해방 직전 서울의 신개발 지역이었다.
　서울에는 4대문과 4소문이 있었다. 고만고만한 한옥들이 지금의 삼선교에서 한성여고 일대까지 이어졌는데, 그곳은 옛날로 치면 동소문(동대문, 서대문, 남대문과 북문이 4대문이고 그 사이에 동소문, 서소문, 시구문[남소문], 자하문[북소문]) 밖에 해당하는 변두리로서, 조선시대 주로 백정들이나 내시들이 살던 곳이었다.
　그래선지 그때도 그곳에 오래 살던 원주민은 그 후손들이 있어서 엄마는 우리에게 나가 놀지 못하게 했다. 백정의 후손 중에는 불법으로 이발하는 사람이 있었고, 내시들의 후손은 해방 후에 주로 체신부에서 일하게 되었다고 한다.
　지금은 부촌이라는 성북동은 그야말로 판잣집이 다닥다닥한 빈촌이었다. 오죽하면 김광섭 시인의 '성북동 비둘기'라는 시가 나왔겠는가?

　성북동 산에 번지가 새로 생기면서
　본래 살던 성북동 비둘기만이 번지가 없어졌다
　새벽부터 돌 깨는 산울림에 떨다가
　가슴에 금이 갔다

이렇게 시작하는 그 시는 나중에 읽고 옛날의 회상에 젖게 해 주었다.

하여튼 동소문 밖 정릉 골짜기와 북소문 밖 자하문 골짜기가 여인네들의 빨래터로 아주 좋았다.

우리는 주로 정릉에 갔는데, 일가 여인네들이 손수레 한둘을 빌려 빨랫감과 솥이며 땔감을 싣고 가는 봄가을의 큰 행사였다. 정릉 골짜기에 도착하면 우선 자리를 잡고 어른들이 빨래를 할 동안 나와 쪼꼬만 아줌마(내 막내 고모)는 맑은 물에 발을 참방대며 뛰어놀고, 겁이 많고 뚱보인 내 동생은 일하는 엄마 치마꼬리를 잡고 놓지 못하곤 했다.

증조할아버지께서 할아버지를 양자로 들이신 후 할아버지는 따님은 넷이나 두셨지만 아드님은 우리 아버지 한 분밖에 못 두셨으니, 당연히 내 동생은 삼대 독자가 되어서인지 온 집안에서 동생을 무던히 위했다. 그러니 빨래터에서도 우리 할머니는 일보다는 손자 챙기기 바쁘셨는데 다행히 동생은 몸이 재지 않아서 얌전히 있었지만, 계집아이라 관심 밖에 있던 막내 고모와 나는 신나게 뛰어놀았다.

한바탕 애벌빨래가 끝나면 여인들은 두 패로 나뉘어서, 한편에서 돌무더기 아궁이를 만들어 불을 지펴 빨래를 삶고, 한편에서는 밥을 지어 꿀맛 같은 점심을 먹는 동안 양잿물 냄새를 풍기며 빨래가 설설 끓어올랐다.

빨래가 잘 삶아지면 흐르는 물에 풍덩풍덩 적셔 가며 깨끗이 헹군 다음 커다란 바위에 좍좍 얹는다. 그때쯤은 이미 한낮이 겨운 시간이니 바위들이 햇볕에 달구어져서 빨래도 부쩍부쩍 마르고, 여인네들은 점심 설거지를 말끔히 하고 둘러앉아 얘기꽃을 피우게 마련인데, 엄마는 하루 종일 거의 한마디 말도 안 한 듯 싶게 말이 없는 편이었다. 큰할머니(우리 할머니의 생가 큰동서)께서 "옥이 에미는 그렇게 입을 다물고만 있으면 입에서 냄새 나느니" 하시던 말씀이 생각난다.

내 이름이 병옥이라서 어른들은 엄마를 '옥이 에미'라 불렀다. 여자들의 이름은 대개 세 가지 유형을 가졌는데, 첫째는 친정 동네로 이름을 붙여서 '양성댁'인 우리 할머니는 친정이 경기도 양성인 때문인데, 대개 이 가문에 시집 온 며느리들을 그렇게 불렀다. 둘째는 이 집안에서 시집간 딸들은 시집 간 동네로 이름을 불렀으니, '안성집'이라고 불린 내 둘째 고모님과 '왕구리 할머니'로 불린 내 당고모님들이 그러하다. 어떤 때는 이씨네로 시집갔다고 그냥 '이집'이라고도 불렀으며, 셋째로 젊은 며느리가 애기를 낳으면 어른들이 대개 첫아이 이름을 붙여 '옥이 에미'니 '준이 에미'니 하였다.

우리 엄마는 혼인한 지 3년 만에 내 언니를 낳았으나 백일해로 잃고 그다음에 나를 낳아 내가 첫아이가 되어 '옥이 에미'가 되었다.

바위에 널어 놓은 빨래가 다 마르면 아낙네들은 빨래와 부속물들을 싣고 집에 돌아와 다듬이질을 하였다. 어떤 것은 길고 둥근 나무로 된 홍두깨에 말아서 두들기고, 어떤 건 풀을 먹여 착착 접어서 방망이로 두들기는데, 다듬잇돌을 사이에 두고 두 여인네가 짝을 맞춰 콩닥콩닥 두드리는 소리가 참 듣기 좋았다.

계집아이들은 주로 빨래 밟기를 하였는데, 어른들이 약간 촉촉한 빨래를 무명 보자기에 싸서 주시면 처음에는 제법 점잖게 밟다가 싫증이 나면 두 발을 재재바르게 밟게 된다. 어른들은 그 낌새를 금방 알아차리시고 "그새 싫증이 났군!" 하시면서 빨랫감을 다시 접어 주시곤 했다. 그래도 다림질 잡기보다 그게 훨씬 나았다.

쇠로 된 다림질판에 새빨간 숯불을 담아 한편에서는 옷감의 한 끝을 잡게 되는 계집아이는 숯불 더미가 가까이 오면 차츰 겁이 나서 점점 옷감 맨 끝을 잡았다가, 좀 방정맞은 아이는 그만 옷감을 놓아 버려서 꾸지람을 들었다.

나는 밤새 바느질을 하는 엄마의 무릎을 베고 잠들었던 때와 엄마가 이불을 꿰맬 때 이불 가운데 들어가 지청구를 듣던 그 시절이 가끔 생각나고 그립다. 젊은 엄마는 무척 고왔다.

그러나 항상 입을 다물고 소리 없이 하던 엄마는 어딘지 범접할 수 없는 위엄이랄까, 그런 것이 있었다.

엄마는 쓸데없는 말만 안 할 뿐 아니라, 쓸데없는 일도 안 했다. 우리에게도 "사람이 절대로 하지 말아야 하는 게 세 가지 있는데, 첫째가 노름이고 둘째가 이 집 저 집 놀러 다니며(마실 다니며) 허튼 소리나 하는 것이고, 셋째가 도둑질과 거짓말이다"라고 하셨다.

그 영향을 받아서인지 나도 평생 화투짝을 만져 보지 않았고, 우리 아이들도 그렇게 길렀다.

서울 사람들은 '고모'니 '삼촌'이라고 부르지 않고 그냥 '아줌마', '아주머니'나 '아저씨'라고 불렀는데, 특히 '삼촌'이라는 말은 우스워했다. 사촌형을 사촌이라 하나, 그대로 형이라고 하지 (사람을 어떻게 '촌수'로 부르는가?) 하며 상스럽다고까지 했다.

막내 고모는 항상 내가 쪼꼬만 아줌마라고 불러서 제 키가 안 크고 작달막하다고 불평을 했는데, 거기다 신랑도 자그마한 사람이여서 후에 외환은행 '자금부장' 자리에 있을 때 사람들이 '작은 부장'이냐? '자금 부장'이냐? 하고 웃게 만들었다.

어머님의 경대

우리 시어머님께서는 7남매나 기르셨지만, 젊은 시절 남에게 구질구질하게 보이기 싫어서 애를 업고 다녀보지 않았다고 늘 말씀하셨다.

아마 끄떡하면 연년생 아이들을 들쳐업고 안고 허둥지둥 들락거리는 나를 두고 하시는 말씀이었겠지만, "난 애들을 못 본다" 하고 딱 잘라 버리는 어머님께 맡길 수도 없고, 예전같이 집에 일하는 사람이 있는 것도 아니니 어쩌랴.

언제나 깔끔하시던 어머님은 집 안에서도 곧 외출이라도 하실 듯 말쑥이 옷을 입고 계시어, 일곱 식구 살림이 힘에 겨워 변변한 옷 하나 못해 입는 나와 비교해 동네 여자들이 "아무개네 할머니는 동네 제일 멋쟁이고, 그 집 며느리는 제일 거지다"라고 우스갯말을 할 정도였다.

그러나 무슨 소용이랴.

9년 전 중풍으로 쓰러지시니 몸 반쪽에 마비가 와서, 그 곱던 얼굴이 일그러지고 진지를 드시려면 밥알이 술술 떨어지고 국물이 지르르 흐르니, 문병 오는 친척이나 따님들에게, "내 꼴을 봐라" 하시면서 서러워 많이도 우셨다.

다행히 한방병원에 여러 달 모시고 다니며 침을 맞혀 드렸더니, 일 년 만에 기적처럼 마비가 풀리고 예전 모습을 되찾으셨다.

그 후론 더욱 당신 몸을 깨끗이 가꾸시고 따님들이 옷이나 화장품을 사다 드리는 것을 제일 반기셔서 우리는 "어머님이 재봉춘(再逢春)을 하셨다"고 좋아했다.

그러나 역시 고혈압으로 오래 편찮으시던 아버님 병환이 위중해지고 재작년에 결국 돌아가시자, 어머님도 영 심기가 좋지 않으시더니 지난 2월에 다시 쓰러지시고 말았다.

이번엔 곧바로 대소변도 못 가리는 중증인데도, 이 새로운 상황을 차마 받아들이지 못하고 혼자 화장실에 가려고 애쓰시다가 오히려 방으로 마루로 실수를 하시니, 당신은 당신대로 난감해 어쩔 줄을 모르시고, 나는 나대로 뒤처리에 정신을 차릴 수가 없었다.

"내가 전생에 무슨 죄가 많아서 마지막에 이 꼴이냐?" 하시면서 한탄 끝에 변기에 앉혀 달라시기를 하루에도 수없으시니, 온 식구가 달려들어 일으켰다 뉘었다 하느라고 기운이 다 빠질 쯤에서야 포기를 하시고 누워서 기저귀를 차게 되었다.

나는 어머님의 깔끔한 성격을 아는지라 소변이 조금만 흘러도 홑이불부터 갈아드리며 방안을 깨끗이 닦고 어머님도 열심히 씻겨 드리느라 허리가 휠 지경이건만, 낮에는 별 불평이 없으신데 늘 아침 세수가 문제였다.

남편이 세수를 시켜 드린 날은 종일 기분이 좋으신데, 어느 날이고 내가 씻겨 드리려고만 하면, "아범은 오늘 바쁘다니? 벌써 그 애는 나갔니?" 하시며 영 못마땅해하시는 것이었다.

'뭐가 불만이실까?' 궁리 끝에 나는 어느 일요일 아침 남편에게 투정을 부렸다. "여보, 어머님이 내가 세수시켜 드리는 건 싫대요. 오늘은 당신이 좀 씻겨 드리구려" 하니까, "저 고약한 마누라 좀 보게. 이젠 꾀가 나니까 한 가지 두 가지 나한테 떠맡기려구?" 하면서도 그이는 의미심장하게 빙글빙글 웃었다. "날 따라와 봐. 어머니가 왜 내가 씻겨 드리길 바라시는지 알게 될 테니."

남편이 어머님을 조심조심 일으켜 앉히고 목에 수건을 두르고 얼굴이며 목에 비누칠해 씻겨 드리는 동안 나는 더운 물을 바꿔 드리랴, 양치질 컵을 대령하랴, 시중을 들면서 눈으로만 남편에게 '피이, 뭐가 달라. 나도 이렇게 똑같이 해 드린다구' 하는 눈짓을 하니 그이는 여전히 빙긋이 웃으면서 두고 보라는 시늉이었다.

씻기는 일이 끝나자 방안에 널린 비누며 수건 나부랭이들을 거두어 들고 나오는 나를 보며 남편은 어머님을 다시 뉘어 드리지 않고 "자, 우리 어머니 세수하셨으니 이젠 화장도 하셔야지요" 하며 경대 위의 로션 병을 가져다가 얼굴에 정성껏 발라 드리고 머리까지 꼼꼼히 빗겨 드리는 것이 아닌가.

'바로 이것이었구나.' 나는 속으로 무릎을 쳤다.

머리 빗기가 끝나자 어머님을 안아서 거울이 잘 보이게 옮겨 드리고 남편은 "우리 어머니 예쁘시네. 그렇죠, 어머니?" 하자 어머님 대답이 "얘 말도 마라, 똥싸는 늙은이가 이쁘긴 뭐가 이뻐?"

"무슨 말씀이세요? 어머니 얼굴이 뽀야신 게 달덩이 같으신데 뭘."

"정말 그러니?"

어머님은 얼굴을 기울여 거울을 좀 더 들여다보시더니,

"아이고, 거짓말 마라. 그새 주름살만 늘었는데 너 에밀 놀리는구나" 하시면서도 "흐흐" 연신 웃으시는 것이었다.

그다음부터는 밤새 저질러 놓으신 뒤치다꺼리가 아무리 많은 날이라도, 아침 세수를 시켜 드린 다음에는 로션 바르기와 머리 빗기 코스를 꼭 첨가하지 않을 수 없었다.

가끔 울적해하시면 누우신 채로라도 머리를 빗겨 드리고 향수라도 뿌려 드리면 좋아하시던 어머님!

마지막 날에도 아침 치장을 다 하시고, 마침 토요일이어서 일찍 퇴근한 사랑하는 외아들 품에 안겨 예쁜 모습으로 돌아가신 우리 어머님은 정말 행복한 어른이었던 것 같다.

어머님 돌아가신 지 어언 49일. 산소에 다녀온 후 나는 혼자 어머님 방에 앉아 어스름한 석양볕에 비친 주인 잃은 방을 둘러보았다.

부지런한 어른이 매일같이 윤기나게 닦으시던 장롱이 편찮으신 동안 돌보지 않아서인지 더욱 낡아 보이고, 여든두 해 한평생 중 많은 시간을 그 앞에서 보내셨을 구식 경대가 고즈넉이 놓여 있을 뿐, 한 사람이 살다 간 흔적이라곤 너무나 허전하다.

전등을 켜고 경대 앞에 앉아 물끄러미 내 꼴을 들여다보았다. 나이 오십이 되도록 시집살이와 두 어른 병환 시중에 자신을 돌볼 여유가 없던 나날의 피로가 겹쳐, 어느덧 머리는 희끗희끗하고 눈가엔 주름이 잡혀 있다.

나는 경대 서랍에 남은 어머님의 화장품을 꺼내 하나하나 얼굴에 발라 보았다. 화장수, 로션… 분까지 꼭꼭 눌러 바르고 향수까지 뿌리고 나니 어느덧 피로감이 사라지고, 정신이 밝아지는 느낌이다.

슬그머니 방을 나서는 나를 본 남편이
"어, 당신 웬일이야?" 하며 눈을 크게 뜨고,
"야, 우리 어머니 화장하시니까 아름다우신데요."
아들 녀석들은 장난기 어린 소리를 지른다.
비로소 나는 어머님으로부터 뭔가 큰 것을 배운 느낌이 들었다. 그렇다, 나도 이젠 나 자신을 가꾸자.
남편에게 더 이상 꺼칠한 모습을 보이지 말고, 아이들에게도 우리 엄마는 아름다워야 한다는 인식을 심어 주어야겠다.
아침 이슬도 곱고 한낮의 왕성한 정열도 부러운 것이련마는, 아직 내겐 석양의 아름다움이 남아 있지 않은가.
내일은 동네 미용실에 들러 머리 모양이라도 바꿔 볼까 한다.

(1989년 9월 제 17회 향장 문예작품 우수작 꽁트)

나의 시집살이

　엄마는 외동딸인 나를 맏아들이나 외아들에게 시집보내지 않길 바라셨지만, 어쩐 일인지 중매라고 들어오는 신랑은 둘째 아들이 없을 뿐 아니라, 단 한 번 둘째라는 사람이 알고 보니 쌍둥이 중의 둘째인데다가 마지막에 만난 사윗감이 너무 마음에 든 나머지 결국 남편을 사위로 맞기로 결정하시고도 걱정이 많으셨다.

　몸도 약하고 여러 가지로 미흡한 딸이 대가족의 맏며느리 노릇을 제대로 할지 염려가 많으셨는데, 정작 당사자인 나는 태평이었다. 혼인 결정을 한 후 이웃이나 친구들이 "아니, 어떻게 시누이가 다섯이나 되는 외아들에게 시집갈 생각을 했느냐?"고 놀리면 나는 속으로, '그게 어때서?' 했다. 아니 오히려, 여자 형제가 없어서 늘 허전했던 나는 시누이들이 내게 '언니'라고 할 것을 상상만 해도 좋아서 입이 벌어질 지경이었으니 철이 없어도 이만저만이 아니었다.

　물론 나는 혼인하기 전에 신랑감에게 다짐을 했다.

"나는 학교에 다니다가 곧장 취직을 해서 교사로서 너무 바쁜 나머지 살림을 배우지 못해서 아무것도 할 줄 모른다. 그래도 나와 혼인을 하겠느냐?" 그때 신랑감은 "물론 괜찮다"고 했으니 나는 아무 걱정도 없이 좋아라고 시집을 갔다.

그러나 현실은 전혀 그렇지가 않았다.

1965년 그 시절엔 신혼여행을 다녀온 신부가 친정에서 하루를 보내고 이튿날 시댁에 가서 폐백을 드렸는데, 성북구 안암동 시댁에 도착하니 시어머님께서 노란 저고리에 다홍치마를 내어 놓으시면서 입으라고 하며 "이건 네 넷째 시누이가 지은 한복이다. 약혼식 날 보고 눈대중으로 만들었는데 맞을지 모르겠다"고 말씀하셨다. 나는 속으로 뜨끔했다.

나는 저고리 동정도 제대로 못 다는데 옷을 만들다니! 겨우 대학교 1학년 여학생이? 그 이후의 일은 더 말할 것도 없었다.

학교에서는 단 한 반뿐인 고3의 담임이고 잘 가르치기로 자신 있는 국어 선생인 나는 집에만 오면 만들어 놓은 음식마다 맛이 형편없고 옷은 물론 걸레 빠는 것까지 엉성해서 식구들의 웃음거리가 되었다.

10월 10일에 결혼을 했으니 그때는 고3의 막바지라서 아침 새벽에 학교에 가면, 대학 입시를 위한 면담과 모의고사와 이어서 원서 쓰기 등등 일거리가 산더미같이 쌓여 있지만, 시댁에서는 그런 것은 전혀 상관이 없고 못난 며느리의 흉만 쌓여 갔다. 마당에 나가면 강아지까지 나를 얕보고 캥캥 짖어대니 식구들은 재미있다고 웃었지만 나는 비참했다.

한 주일 내내 고단하던 내가 일요일 아침에는 좀 쉬고 싶은데, 그날은 더 일찍 새벽부터 온 집안 대청소를 하는 게 이 집의 습관이라니….

일요일 아침이라도 좀 실컷 자고 싶지만 어머님께선 우리 방 창문 옆 마당부터 싹싹 비질을 하시니 그럴 수도 없었다.

알고 보니 어머님의 친정 올케가 잠이 많아서 잠결에 첫아이를 눌러서 아이가 숨이 막혀 죽는 일이 있었기에, 어머님은 잠 많은 사람을 지극히 경계하신다는 것이다.

그래서 아침잠 깨우시는 일은 아마 한 십여 년 동안은 계속되었다고 기억된다. 혼인한 지 10년 만에 이사 간 집은 우리 방과 부모님 방이 다락으로 연결된 구조였는데, 새벽 4시면 틀림없이 어머님 방 다락을 총채(먼지털이)로 탁탁 두드리신다. 그 다락문에 무슨 먼지가 그리 많겠는가?

아버님의 기침 소리가 또렷이 들리는 그 방에서 불안한 잠을 자면서 나는 꼬치꼬치 말라 갔으며, 방방이 연탄불을 때느라 연탄가스에 젖어 살았다.

시집와서 나는 그렇게 존경하고 사랑하던 친정 엄마를 원망하게 되었는데, 어쩜 그렇게도 안 가르치시고도 배짱 좋게, '걱정 마라. 살림이란 무식한 여자들도 하고 미련한 여자들도 다 하고 사는 것이다. 너는 남이 못하는 어려운 공부를 한 머리가 있지 않니? 열심히 하다 보면 곧 잘하게 된다. 걱정 마라' 하는 게 엄마의 의견이었으니….

혼인한 지 두 달 만에 애기를 가졌는데, 무척 입덧을 심하게 했지만 거들떠보는 사람도 없으니 그냥 굶고 살았다. 친정은 채식을 주로 하는 식단인데, 시댁은 유난히 육식을 좋아해 나는 기름진 음식 냄새만 맡아도 토하느라 정신이 없으니, 아침부터 빈속으로 학교에 출근해서 종일 시달리다가 퇴근하면 기운이 빠져서 또 토하는 생활이 계속 되었다.

하루는 학교 고용원들의 식사를 하는 아주머니가 교무실에 와서 나를 찾기에 나가 보니, 오늘부터 내 점심을 자기가 해 주기로 했으니 그리 알라는 것이다. 친정 엄마가 밥값을 다 내고 단단히 부탁을 하고 가셨다는 것이다.

엄마는 내가 어려운 시집살이를 하는 것을 눈치 채신 후, 일체 우리 시댁에 발길을 끊으셨었다. 딸이 어깨를 구부정하고 힘들게 사는 게 보기 싫기도 하고, 너는 출가외인이니 어떻게든 거기서 버텨야 한다고 매몰차게 하셨는데, 애기를 가진 후 힘들어한다는 것을 같은 학교에 있는 선배에게 듣고 이런 조치를 취하신 것이었다. 덕분에 나는 하루 한 끼나마 아주머니가 해 주시는 따뜻한 밥을 먹으며 버틸 수 있었다.

첫아들이 비록 2.5킬로그램밖에 안 되는 아이로 태어났으나 그나마 외할머니 덕에 사람 꼴을 갖추고 태어날 수 있었다고 본다.

1966년 9월 27일에 첫애기를 낳고 두 달 휴가가 지나 12월 1일부터 학교에 출근하려는데, 시어머님께서 아기를 봐줄 수 없으니 학교를 그만두라고 딱 잘라 말씀하셨다. 식구가 많으니까 그때 집에는 심부름하는 아이도 있었으나 어머님은 한사코 사표를 쓰라시는 걸 사정을 하며 학교에 나간다는 일이 얼마나 어려운지 알아차리는 데는 며칠이 걸리지 않았다.

학기 중간이니 좀 봐주실 만도 한데, 막 출근하려고 대문을 나가려는 나에게 "얘, 애기 똥쌌다. 치우고 가거라" 하며 부르시는 걸 차마 그냥 나갈 수 없어 뭉기적거리다가 매일 지각을 하다 못해 결국 사표를 내고 말았다.

그런데 애기가 7개월이 되자 남편은 공부를 더 하겠노라고 훌쩍 미국으로 유학을 가버렸다. 그때 내 신세는 판사와 검사만 있고 변호사도 없이 법정에 선 죄수와 같았다.

밤새도록 아이가 보채서 꼬박 잠을 못 잤어도 설명해 줄 사람이 없으니, 새벽부터 동동거리며 집안일에 시달리며 아이를 돌봐야 했다. 엎친 데 겹친 격으로 둘째 아이까지 가졌는데, 이때도 학교도 그만 두었으니 친정 엄마가 따로 배려해 줄 형편도 아니고, 큰애를 기르며 하는 시집살이는 고되기 짝이 없어서 나는 영양 실조로 귀도 안 들리고 눈도 잘 안 보이는 상태에다가 좌골 신경통까지 생겨서 몰골이 말이 아니었다.

오죽하면 동네 약국에서 영양제를 그냥 주면서 먹으라고 할 정도였지만, 시댁에선 눈치 채는 사람도 없었다. 어머님은 혼기가 된 딸들이며 대학생인 딸들 때문에 정신이 없으셨으니, 끄떡하면 나가버리는 심부름하는 아이보다는 찍소리 않고 일하는 바보 같은 며느리에게 신경을 쓰지 않으셨다. 엄마는 비상 수단을 쓰기로 하셨다.

나를 미국에 있는 사위에게 보내기로 하신 것이다. 시댁에는 비밀로 하고 나의 공수 작전이 벌어져서 결국 나는 남편이 미국에 간 지 1년 반 만에 아이 둘을 업고 안고 미국에 가게 된 것이다.

물론 고학생인 남편과 지낸 미국 생활은 쉽지 않았지만, 내 아이 둘에 남의 아이까지 봐주는 일을 했어도 서울에서의 힘든 생활에 비하면 어렵지가 않았다.

3년여의 공부를 마치고 귀국길에 나선 우리에겐 식구가 하나 더 늘어서, 다섯 명이 미국 거지 같은 몰골이 되어 돌아왔다.

남편의 학위 수여식이 5월인데 여기 '서울대학교'의 신학기 개강이 3월이어서 거기 맞춰 오느라 급히 보따리를 싸다 보니 별로 가져올 것이 없었다. 미국에 갈 때 입고 간 옷들은 다 낡았고, 금이 간 안경태는 본드와 테이프로 땜질이 되어 있는데, 비행기표도 친구 신경선에게 돈을 빌려 오는 형편이었으니, 하는 수 없이 나는 아이들 옷은 싸게 파는 자투리 옷감을 사다가 만들어서 입혀 가지고 왔다. 처음 시집왔을 때는 저고리 동정도 못 달아서 망신만 당했던 나는 미국에 가서 바느질 솜씨가 대단해졌던 것이다. 상점 끄트머리에 헐값으로 파는 옷감을 사다가 '옷본'을 보고 혼자서 바느질을 익힌 것이다. 잘못된 것은 버리면 그만이니 무서울 것이 없었다. 시집에서는 무엇을 잘 못하면 그대로 드러나지만, 보는 사람이 없으니 마음대로 망치면서 재주가 늘어난 것이다.

음식도 그렇다. 시댁에서는 음식을 못해 흉만 잡히던 나지만, 거기선 잘못된 것은 슬그머니 버린들 말할 사람이 없으니 기량이 날로 늘어갔다.

아직 미국에 있을 때 일인데, 한 번은 점심시간에 남편이 전화를 했다. 한국에서 온 손님을 모시고 갈 테니 저녁을 준비하라고. 나는 아무 말 없이 저녁을 준비해서 손님을 치렀는데, 그분이 경성방직의 김각중 사장님과 남편 제자인 그 회사 사원이었다. 오랜만에 만난 세 분은 시간 가는 줄 모르고 얘기꽃을 피우는데, 나는 도저히 버틸 기운이 없기에 비상 수단을 쓰기로 했다.

방에 들어가서 태어난 지 마침 일주일 된 막내 애기를 안고 나와서 인사를 시켰다. "아가, 손님들께 인사 드려라" 하며, "오늘이 우리 애기 첫 칠일입니다" 하니 김 사장님 얼굴이 확 변하면서 "죄송합니다, 이런 줄 모르고 실례가 많았습니다" 하며 황급히 자리를 뜨셨다. 그러나 사실 나는 3년 동안 단련된 몸이라서 과히 힘들지는 않았다.

그 후로도 어머님은 항상 친척 혼사에 가셨다가도 끝나면 친척 아주머니들을 다 데리고 우리집으로 오시는 습관이 있으셔서 어머님이 친척 혼사에 가시면 나는 그 순간부터 손님 치를 준비를 하곤 했었다.

뿐만 아니라 언제나 누가 불시에 오더라도 한 상 차려 낼 준비가 늘 되어 있도록 훈련을 받아서 남편 제자 중에 건국대 교수인 서문호 박사가 늘 하는 말이 "서울역에 밤늦게 도착하더라도 김상용 선생님 댁에 가면 밥을 먹을 수 있었다"고 회상하곤 했을 정도이다.

다시 미국에서 귀국하던 때로 돌아가 보면, 김포공항에는 시부모님과 시누이들이 마중을 나오셨다. 멋쟁이 막내 시누이는 우리 딸이 입은 더블 버튼의 노란 코트를 보며 "야, 예쁘구나, 역시 미제는 다르네" 하며 감탄을 했다. 항상 말수가 적은 남편이 웬일인지 "그거 네 올케가 만든 거란다" 하니 모두들 믿을 수 없다는 눈치였다. 옛날의 나라면 불가능한 일이었겠지.

우리나라 사람으로는 최초로 섬유고분자 공학박사가 되어 귀국한 남편은 그러나 집에서는 별로 환영을 받지 못했다. 그 시절 미제가 귀하던 때에, 미국에서 몇 년이나 살다 왔다는 우리 가방 속에는 미제 물건이 없었기 때문에 시누이들이나 시어머님의 실망이 컸다.

미국에서 어려운 중에 남편 뒷바라지한 것은 아무 공로가 되지 않았고, 그렇다고 서울대학교의 월급은 다른 대학과 달리 공무원 월급이어서 한 달 5만 원이었으니, 미국에서 함께 공부하다가 '카이스트'로 온 박사들의 삼분의 일도 안 되었다. 그러니 경제적으로 나는 여전히 당당할 수가 없었다.

더구나 우리가 없는 동안 아버님의 사업이 파탄이 나고, 집안 경제 상황이 어려워져서 살고 있는 집도 은행에 잡혀 있었으니, 오로지 남편의 박봉으로 은행 이자와 대식구 살림을 해 나가야 할 사정이 되어 나는 어머님으로부터 살림 주도권을 물려받게 되었는데, 이것이 문제였다.

넉넉한 살림만 하시던 어머님은 집에 빚이 있든 말든 반찬이 형편없어지는 것을 참기 어려워하셨고, 나는 어떻게 해서라도 이 난관을 극복하기 위해 빠듯한 예산에 맞는 살림을 하느라 어머님의 서운함을 깨닫지 못했다.

언제부턴가 남편이 통근 버스를 타고 집에 오는 시간인 6시 반만 되면, 종일 아무것도 안 하시던 어머님이 걸레를 들고 현관 마루를 닦으신다. 당연히 남편은 퇴근해 집에 들어오는 순간 엎드려서 마루를 닦는 어머님을 뵙게 되니, 둘째가라면 서러워할 효자인 남편은 대뜸 "여보. 당신은 뭘 하고 어머니가 집 안을 치시게 해?" 하고 소리를 지르면, 어머님은 "내버려 두어라. 내가 집 안에서 놀기만 할 수 있니? 걸레질이라도 해야지" 하신다.

그런데 이런 일이 매일 반복되니 나는 참다못해 친정 엄마에게 하소연을 했다. 엄마가 대뜸 "넌 아들에게 얻어먹고 살게 된 노인네의 마음을 알아드리지 못하니? 하다못해 걸레질이라도 하는 척하시는데 그걸 이해 못하다니" 하며 나를 꾸짖으셨다. 나는 머리를 한 대 맞은 것처럼 정신이 났다. 역시 내 생각이 모자랐다.

아버님께서는 당신 때문에 집 안이 힘들어진 것이라 여기고 아무 말씀 없이 적응해 주시는데, 어머님은 똑똑하고 잘난 따님들의 막강한 힘을 믿고 따님들에게 며느리 흉을 보시느라 전화를 하다가 소변이 마려우시면 "얘, 요강 가져와라" 하시고, 다 누면 "요강 내가라" 하시며 매일 일어나는 일을 서울에 사는 네 따님들에게 차례로 불평삼아 말씀하시니, 그걸 겪으며 사는 내 나날은 어떻겠나?

그러나 남편의 반응은 한결같았다. "당신은 공부도 많이 하고 젊으니, 늙은 어머니를 당신이 참고 견뎌야 한다고 생각해! 나중에 부모님들 돌아가시면 그때는 당신만 위해 줄게." 노선을 분명히 하는 남편의 태도는 확고했다.

믿을 데가 없으니 그저 참을 수밖에 없었다. 왜 참느냐고? 이유는 내 아이들이 부모가 이혼한 아이, 혹은 엄마 없는 아이로 만들 수는 없다는 것이었다.

돌이켜 생각하면 남편의 태도 덕에 우리 집은 겉으로나마 평온을 유지하고 있었지만, 죽어나는 사람은 나였다.

한 해 한 해 날이 갈수록 내 건강은 이루 말할 수 없이 나빠져서 아무 데서나 정신을 놓고 쓰러지기까지 했지만, 그때는 다행히 아이들이 좀 커서 위안이 되었고, 남편도 성당엘 다니게 되었다. 그 이유가 웃기는 것이, 한 주일 중에 수요일쯤 되면 내가 지치기 시작하고, 금요일이 되면 신경이 날카로워져서 짜증덩어리가 되었다가, 토요일엔 미치기 일보 직전이 되는데, 일요일에 성당에만 다녀오면 편안한 얼굴로 변해서 사사건건 트집 잡는 어머님과 편찮으신 아버님을 모시는 것을 보면서 "도대체 성당이라는 곳은 어떤 곳이기에 저 사람을 변하게 하는가?" 하는 호기심이 났다는 것이다.

그러나 결국 큰애가 중학교 일학년이 되던 해 나는 위궤양으로 쓰러져 병원에 입원하게 되었다. 모두들 살기 힘들 거라고 생각할 정도였는데, 마침 엄마는 그때 맹장염 수술을 받으시게 되어, 여자 형제가 없는 나는 누구 하나 병원에 와서 간병할 사람이 없으니, 화장실에 가려 해도 링거병을 남편이 들고 여자 화장실에 따라오는 수밖에 없었다. 내가 모시고 받들어야 할 사람은 많은데 정작 내가 아프니까 아무도 와 주지 않았다.

앞집에 사는 윤석이 엄마가 하루는 문병을 와서 하는 말이, 우리 시어머님께 "며느님 병원에 안 가 보세요?" 했더니, 고개를 설레설레 흔드시며 "글쎄요, 걔 아마 살기 힘들 거유" 하시며 딴청을 하더란다. 나는 그 말을 듣고 그날 밤 병원 침대에 머리를 박고, 살아온 십여 년이 너무 억울해서 베개가 다 젖도록 울었다. 그리곤 입술을 깨물었다. 어떻게든 살자고. 마침 아침에 왕진 온 의사 선생님이 의미 있는 말씀을 하셨다. 스트레스가 심할 때 속으로 참지 말고 실컷 욕을 하라고, 상대방에게 직접 할 수 없으면 안 듣는 데서 하라고.

그 말을 듣고 나는 퇴원한 후 그 말씀을 그대로 실천했다. 효과가 있었다. 안 들으시는 데서 한 욕도 미안해서 욕을 한 후에 어머님을 뵈면 어쩐지 민망스럽고 부끄러워서 나도 모르게 공손해졌던 것이다.

집에 오니 시누이 넷이 기다리고 있었다. 문병을 온 것이 아니라 며칠 안 남은 어머님 생신을 어떻게 차리려는지 물으러 온 것이었다. 아무도 내 아픈 것에 관해서는 입도 떼지 않았다.

퇴원 사흘 만에 어머님 생신을 제대로 차려 드리고 형제들과 손님들이 깔깔거리며 웃는 소리를 들으며 나는 까부러져서 방에 누워 눈물을 흘렸다.

아마 이듬해에 남편이 미국에 연구교수로 가게 되었을 때, 죽어라 기를 쓰고 따라가지 않았다면 나는 견디지 못하고 죽었을지도 모른다.

미국에 갈 때, 내 짐은 약 보따리가 전부였다 해도 과언이 아니었을 거다. 위궤양이 심한 상황이지만 나는 기어코 남편을 따라 나섰다. 노스캐롤라이나 주도(洲都)인 '랄리'에 가서 겨우 보름쯤 되었을까? 바빠서 약 먹는 걸 잊어버렸는데 속이 나쁘지 않았다. 이상하지?

다음번에 일부러 약을 안 먹어 보았는데, 멀쩡했다. 한 달 만에 완전히 약을 끊고 나의 새 생활이 시작되었다.

내가 늘 하던 말이 "자유를 달라! 자유가 아니면 죽음!"이였는데,

바로 그 '자유'가 주어졌으니 병이 사라진 거였다. 나는 행복했으나 아이들 삼남매는 죽을 맛이었다.

막내 지원이는 그 시절(1980년) 우리나라에선 전혀 가르치지 않던 영어로만 하는 학교 수업을 받느라 이를 악물어야 했고, 중1, 중2인 두 아들도 고생이 말이 아니었다.

그래도 겨우 일 년 영어를 배운 큰애가 배짱이 있어서 둘째는 알파벳이나 아는 정도지만 중학교에 딸려 보내고, 나는 막내 학교에 가서 교실에 같이 앉아 선생님 말씀을 통역해 주며 일주일을 다닌 끝에 혼자 하게 두기로 하였다. 내 영어도 별 건 아니라 수업 중에 조는 걸 보고 창피하다고 막내가 다시 오지 않아도 된다고 풀어 준 것이다.

앞집에 사는 남편의 제자 박영환의 아내가 하루는 내게 물었다.

"사모님, 힘드시죠? 다섯 식구 뒤치다꺼리에 선생님 도시락까지 싸신다면서요?"

나는 웃으며 말했다.

"아뇨, 조금도 힘들지 않아요, 너무 심심해서요."

낮에는 아이들 책을 한 권씩 더 구해 놓고 일일이 사전을 보며 영어 단어를 번역해 놓아야 하고, 오후에는 숙제를 봐줘야 했지만, 내 살림을 내 마음대로 한다는 즐거움에 힘든 것을 모르겠다는 말은 진심이었다.

일 년도 채 안 되는 사이에 나는 병도 털어 버렸고 살이 뽀얗게 쪄서 다섯 식구가 건강하게 돌아왔으니, 내 결혼 생활 중에 가장 행복한 시기였다.

서울에 오자 얼마 안 돼 부모님께서 차례로 뇌졸중과 중풍, 치매로 장장 8년 넘게 앓으신 간병 시기를 견딜 힘이 아마 그 시절에 길러졌으리라.

나중에 내가 시집살이한 얘기를 하려 들면 남편은 얼른 가로막곤 했다.

"다 당신이 모자라서 일어난 일을 왜 다시 꺼내나? 아무것도 할 줄 모르던 당신을 이만큼 가르쳐 준 게 누군데? 수업료도 안 받고 숙식 제공하면서 젊은 남자까지 옆에 내주신 어머님께 감사할망정 원망하다니?"

웃으면서 하는 말이니 싸울 수도 없다. 하긴, 아주 틀린 말은 아니다.

"나이도 젊고 공부도 많이 했으니 당신이 참아야지, 그럼 늙은 어머니가 숙이셔야 하겠어? 그 대신 부모님 돌아가시면 그때부터 당신만 위해 살 테니 기다려 줘" 하더니 정말 두 분 돌아가시고 나니 약속대로 하긴 한다.

내가 힘들게 산 걸 아는 친구가 하루는 내게 말했.

"넌 참 이해하기 힘든 사람이야. 시집살이할 때 전혀 도움이 안 된 남편과 사이좋게 지내다니! 나 같으면 복수하고 싶을 것 같은데."

내 대답은,

"그러면 나는 젊어서 시집살이할 때는 그래서 힘들고, 이제는 남편에게 복수하느라고 또 악에 받쳐 사는 괴로움을 겪으라고? 그러고 싶지 않아. 다 잊어버리고 그냥 웃으며 살고 싶어. 늙었지만 행복한 때도 있어야지."

　내가 모자란 사람인가? 머리 허연 남편을 들볶아서 무엇이 좋겠는가? 사이좋게 살지.
　젊어서 내가 마음이 약하고 모질지 못해서 시누이들과 한 번도 대놓고 싸워 보지 못했으나, 그것이 잘한 일인지 요즘 우리 형제들은 사이좋게 지낸다.
　시누이들도 나를 대접해 주고 살갑게 구는 걸 보면, 시집 식구들에게 일찌감치 꼬리 내리고 고분고분 산 세월이 말짱 헛일은 아닌 것 같다. 그러나 내 딸에게는 그렇게 살라고 하고 싶지는 않다.

엄마의 지혜

연대를 졸업한 동생은 그때 새로 생긴 서울대학교 행정대학원에 들어갔다. 우리 집 식구들은 천주교 신자인데, 그렇게 된 연유는 나중에 이야기하기로 하고, 나와 엄마는 열심인 편이나 동생은 겨우 주일 미사나 참석할 정도였다. 나는 돈암동성당에서 교리교사로 일하면서, 학교에서는 '가톨릭학생회'에 들어서 '나상조 신부님'이 전국가톨릭학생회 지도신부로 계실 때 열심히 따라 다녔다.

하루는 신부님께서 "너희들 중에 유럽에 유학 갈 생각이 있는 사람은 나중에 내게 말해라" 하시면서, 오스트리아에 있는 신자 부인들이 자선사업의 일환으로 한국 학생의 유학 경비를 대어 주는 '오스트리아 부인장학회'에 관한 설명을 하셨다. 그런데 조건이 두 가지가 있으니 첫째는 선발 시험에 붙을 만큼 실력이 있는 유망한 학생, 둘째는 성당에 열심히 다니고 여러 가지 교회 활동도 적극적으로 하는 학생으로 뽑아 달라고 신부님께 위임을 했다는 것이다.

그 시절에는 유학 가기가 무척 어려웠다. 1960년대 우리나라 경제 사정으로는 이공계 학생이 외국에서 장학금이나 실험 수당을 받는 경우 외에 인문계 학생의 유학은 굉장한 부자가 아닌 이상 더 어려웠다.

나는 꼭 동생을 보내고 싶어서 신부님께 말씀드렸더니 "네가 간다면 적극 추천해 줄 수 있지만 네 동생은 난 모른다. 그 놈이 학생회 활동을 했느냐, 본당(자기 구역의 성당)에서 봉사를 했느냐? 안 되지" 하시며 들은 척도 하지 않으셨다.

집에 가서 엄마에게 그대로 얘기했더니 신부님을 집으로 모시겠다고 말씀 드리고 날을 잡아 오라고 하셨다.

신부님이 우리 집에 오시는 날, 나는 엄마가 음식을 아주 잘 장만하실 줄 알았다. 그런데 그저 된장찌개에 생선 한 마리 굽고 나물 반찬을 소박하게 차리셨다.

"엄마, 좀 잘 차리지" 하고 내가 말했더니, "나중에 그러지" 하시며, "나는 지금 신부님께 뇌물을 쓰려는 게 아니야. 신부님의 생각과 내 생각에 대해 편안한 자리에서 의견을 나누자는 것이지. 만일 내가 떡 벌어지게 잔칫상을 차려 드리면 신부님은 절대로 허락을 안 하실 걸" 하셨다. 과연 엄마 말이 맞았다.

서울 법대를 졸업하고 불란서에 유학 갔다가 신학교로 진로를 바꾸고 신부님이 되신 '나 신부님'은 고집도 있으시고 주관이 뚜렷하신 분이라, 음식 대접이나 그런 것으로 넘어갈 분이 아니었다. 오히려 그랬다가는 역효과가 났을 것이다.

엄마는 '물론 그 부인회에선 성당 활동을 많이 한 학생을 원하겠지만, 신부님께서 판단하시기에 공부를 마치고 와서 교회를 위해 더 많은 봉사를 할 학생을 뽑는다면 조금도 그분들 기대에 어긋나는 선발이 아니지 않겠느냐?'는 뜻으로 신부님과 설전을 벌이셨다.

조금도 부탁하거나 애원하는 태도가 아니라, 신부님의 의견을 바꾸자고 덤벼드니 신부님도 끝내는 웃으시며 생각해 보겠다고 하셨다.

다음에 나를 만난 신부님께서는 "야, 너희 어머니 대단하시더라. 난 아주 두 손 들었다. 네 동생 와서 시험이나 한 번 보라고 해라" 하셨다. 동생은 물론 좋은 성적으로 시험에 붙어서 장학금을 받게 되었다.

그런데 또 다른 난관이 가로막고 있었으니, 그 장학회 조건에 대학원 졸업생에 한한다는 게 있는데 순조롭게 그것도 1등으로 졸업하게 되었던 행정대학원에서 별안간 '졸업 취소' 결정이 난 것이다.

그 시절은 학생들이 가지가지 이유로 데모를 많이 하던 때인데, 무슨 일로 궐기를 하게 된 학생들이 그 명단에 동생의 이름을 넣은 것이 들통나서 학교 당국에서 졸업을 시킬 수 없다고 결정을 한 때문이란다.

당장 오스트리아 부인장학회에 졸업한다는 서류를 보내야 하는 동생이 학교에 가서 아무리 설득을 해도 안 되었다는 얘기를 들은 엄마는, 그 시간이 저녁이 지나 어두운 때인데 행정대학원장 교수님 댁을 가겠다고 나서셨다. 그분은 그 유명한 '김증한 박사님'이셨는데 무섭기로 둘째가라면 화를 내실 분인데 어디 감히 엄마가 가냐고 동생은 펄펄 뛰며 반대했으나, 엄마의 고집을 꺾을 수는 없었다.

엄마는 내 손을 끌고 그 밤중에 세검정 골짜기에 있는 그 댁을 가셨다. 처음엔 안 계시다고 문도 안 열어 주시는데 '오실 때까지 기다리겠다'고 하니 교수님 서재로 들어오라고 하셨다. 그 놀라움이란!

널찍한 방에 가득 꽂혀 있는 책들과 무려 3미터는 됨직한 큰 책상에 압도되어 나는 기가 팍 죽어 버렸고, 엄마도 처음엔 최대한 공손하게 사정을 말씀드리며 애걸을 했다. 그러나 역시 단호한 거절만 돌아왔다. 데모를 했건 안 했건 간에 졸업을 시킬 수 없다고 딱 잘라 말씀하시자, 드디어 엄마가 더 이상 못 참고 결연한 어조로, 법률 서적을 가장 많이 지으시고 명강의로 이름 높으신 대학자에게 겁도 없이 따지기 시작했다.

결국 그래서 "제자의 앞길을 막고 장학금도 못 타고 유학을 못 가게 하는 것이 교수님의 의도인가요?" 하자, 드디어 그분은 엄마에게 두 손을 들었다.

"교수란 모름지기 학생이 잘 되라고 지도하는 분인 줄 아는데, 학생을 주선해서 유학을 가도록 도와 주지는 못할망정 스스로 장학금 시험에 붙어서 다 가게 된 유학을 트집 잡아 못 가게 하다니. 그럴 수가 있느냐?" 하고 따지기에 이르자, 노발대발 화가 나신 교수님은 "누가 데모 하랬냐? 하지 말라는 데모에 참가한 죄도 덮어 달라는 말이냐?" 하고 언성을 높이셨고, 엄마는 "데모도 안 했을 뿐더러 혹 데모를 했다 해도 그 정의감을 좋게 볼 수는 없느냐? '군사부일체'라는데 어버이와 스승의 마음이 달라서야 되겠느냐?"고 조용히 목소리를 가라앉히자, 드디어 허락이 떨어졌다.

그야말로 길고 애타는 논쟁 끝에 소기의 성과를 얻고 집에 돌아오는 밤길에 내 손을 꼭 잡은 엄마의 손이 부르르 떨렸다. 나는 엄마의 용기 있는 모성애와 놀라운 말솜씨에 흥분되어 정신이 없었다. 아니, 그 유명한 법학자 김증한 박사를 설득시키다니! 내가 엄마의 딸이라는 게 너무나 자랑스러웠다.

모든 게 순조롭게 진행 되던 어느 날, 동생이 무척 곤혹스런 표정으로 의논할 게 있다고 엄마에게 말씀드렸다. 오늘 어떤 사람이 만나자고 해서 만났는데 '중앙정보부'에 있는 사람이라며, 동생이 공부하러 가는 오스트리아는 중립국이라서 북한의 외교관이나 정보원도 와 있다며, 우리나라는 경제 형편이 넉넉지 못해서 충분한 수의 외교관을 거기 보내지 못하고 있으므로 학생이 좀 도와 달라고 했다는 것이다. 특별히 하는 일은 없으나 그저 북한 사람들의 동태나 가끔 알려 주면 용돈 정도의 사례를 나라에서 해 줄 것이니 서로 좋지 않겠느냐고 했다는 것이다. 부인회 장학금이란 것이 아주 최소한의 경비이니까 동생으로서는 '애국'도 하며 경제적 도움도 받아 좋을 것도 같은데 어쩐지 꺼림직하기도 한 모양이었다.

얘기를 듣자마자 엄마는 일언지하에 거절하라고 하셨다. 이유는 간단했다. 부인회 장학금은 공인된 것이고 순수한 것이지만, 그 사람은 모르는 사람이고 혹 정말 국가기관의 사람이라 해도, 나중에 학위를 받고 와서 직장을 정할 때 자유롭지 못할 수가 있으니 안 된다는 말씀이셨다. 몇 푼 돈에 코가 꿰일 수도 있다며 극구 반대하셨다.

동생은 결국 그 제안을 거절하고 홀가분한 마음으로 유학길에 올라 고생 끝에 비엔나대학에서 '국제정치학' 박사학위를 받고 귀국했다.

   높은 학식도 졸업장도 없는 엄마이지만 그 지혜로움과 떳떳한 소신은 누구와도 비할 데 없는 분이 우리 엄마인 것이 자랑스럽다.

떠나는 연습

노천명의 〈고별〉이라는 시의 마지막 구절은 이렇게 끝난다.

눈물 어린 얼굴을 돌이키고
나는 이곳을 떠나련다
개 짖는 마을들아
닭이 새벽을 알리는 촌가(村家)들아
잘 있거라
별이 있고
하늘이 있고
거기 자유가 닫혀지지 않은 곳이라면

그분은 무슨 심경으로 이 시를 썼을까? 자기가 처한 이 현실에 대한 혐오감이 그를 배신한 우정과 신의가 이 여류시인으로 하여금

이런 고별을 알리게 했으리라.

그러나 그도 이 구절이 그의 무덤의 비명(碑銘)이 될 줄 짐작하지 못했을 것이다.

내가 숙명여고 3학년 때, 숙명은 개교 50주년 행사 준비로 부산했다. '문예반'에서는 유명 문인들을 찾아가 탐방 기사와 함께 그분들의 대표작과 우리에게 주시는 말씀을 포스터로 만들어 전시하는 작업을 하고 있었는데, 여러 문인 중에서 노천명을 가장 좋아하던 나는 자원해서 노천명 시인 댁을 방문하겠다고 했다.

가슴 두근거리며 그 댁을 찾아갔으나 나는 그분을 만나지 못했다. 방문 앞에서 없는 말재주를 다해서 간곡히 말씀드렸지만, 조용한 음성으로 끝내 거절하는 바람에 간단한 코멘트도 얻지 못하고 돌아오며 느꼈던 그 허전함이란….

이듬해(1957년) 그분이 돌아가셨다는 소식을 접했을 때는 더욱 안타까웠다. 그분이 얼마나 무정한 이 사회에 환멸을 느꼈을까?

별안간 들이닥친 공산군 치하에서 어쩔 수 없이 겪게 된 가녀린 여시인의 삶에 대해 그 누구도 비난을 할 수 있었으랴만, 그때는 전시였다고 할 수밖에 없었으니, 철없는 어린 여학생과 마주하고 실없는 소리를 할 만큼 여유가 없었을 것을 짐작하고도 남겠으나, 돌아가시기 직전 만나볼 수도 있는 기회를 놓친 것이 못내 아쉬웠다.

6·25와 9·28을 겪은 서울 시민들은 공산군과 중공군이 또다시 쳐들어온다는 소리에 모두들 허겁지겁 피란을 떠났으나, 우리는 그럴 수가 없었다. 증조할아버지께서 아흔이 넘은 연세에 석 달의 공산 치하에서 제대로 영양 섭취를 못해 쇠약한 상태이셔서 도저히

피란을 떠날 수 없었기 때문이다.

우리가 미적거리는 동안 서울은 하루가 다르게 텅텅 비어 갔다. 특별히 할 일이 없던 나는 매일 우리 동네(성북구 돈암동, 지금의 동소문동)를 한 바퀴 돌아보는 게 일이었다. 집집마다 대문을 활짝 열어 놓고 대청마루도 안방도 휑하니 비어 있는 그 적막감이란…. 장독대에는 그 집 안주인이 매일같이 윤기 흐르게 닦던 간장, 된장 항아리들이 고스란히 남아 있고, 뒷마당에 묻혀 있는 김장독마다 맛있는 김치가 익어 가고 있는데, 이 집 식구들은 다들 어디에 가 있을까?

더 이상 미룰 수 없었던 우리 식구들도 그 동네에서 마지막으로 집을 떠나 피란길에 올랐다. 효부인 우리 할머니가 증조할아버지와 함께 집에 남겠으니 다들 떠나라고 하시는 바람에 우리는 무거운 마음으로 떠날 수밖에 없었으니, 특별히 나를 귀여워해 주시던 증조할아버지를 다시는 만날 수 없게 된 것이다.

피란길의 아수라장은 다시 기억하기 싫은 것이려니와 대구를 거쳐 부산에 이르는 동안 나는 다행히 중학생이 되어 초량에 있는 '숙명여중'을 다니게 되었는데, 말이 학교이지 초량 목장 한켠을 빌려서 나무에 간이 칠판을 걸어놓고 학생들은 야외용 그림판을 목에 걸고 수업을 했다. 비가 오면 수업을 못할 뿐 아니라, 울타리를 벗어난 소가 학생들 사이로 뛰어들면 깜짝 놀라 흩어지다가 이빨이 부러지는 친구도 있었다.

나라는 전쟁 중이었고, 어디 기댈 데 없던 학교에서는 비바람을 가릴 교사가 시급하여 오전에는 수업을 하고 오후에는 온 학생들이 산비탈에서 돌을 주워 내는 작업을 몇 달이나 계속한 끝에, 겨우 천막을 치고 공부를 할 수 있었다.

초량 목장의 임시 교사에 가려면 버스정류장에서 비탈길을 한동안 올라가야 했으므로 부민동에서 통학하던 나는 아침 등굣길에는 버스를 타고, 하굣길에는 목장에서 대신동으로 넘어가는 산길을 걸어서 집에 갔다.

그 산은 공동묘지 산이어서 항상 여럿이 걷다가 묘지 상석에 앉아 쉬기도 하면서 노닥거렸는데, 나는 문득 묘지 앞의 비석이나 나무 푯말에 흥미를 느끼고 하나하나 살피기 시작했다. 대개 '몇 년에 나서 몇 년에 죽은 아무개'라는 글이 쓰여 있었으나, 더러는 애절한 묘비도 있었다. 애통해하는 글을 읽을 때는 눈물을 흘리기도 하고, 출생연도와 돌아가신 때가 너무 짧은 걸 보면 안타까워하기도 했다. 묘지에 누워 있는 돌아가신 분들의 사연이 남의 일이 아닌 시절이었다.

아직 어린 중학생이던 우리지만 전쟁으로 피란 와서 가난과 두려움을 겪으며 살 뿐 아니라 매일 전사자와 부상병이 쏟아지는 현실과 맞물려 생(生)과 사(死)는 바로 눈앞에 닥친 일이었으니, 자연히 삶에 대한 깊은 사색까지 하게 되었다.

정신없이 떠나온 서울 집, 집 앞에서 징집되어 간 외사촌 오라버니는 어찌 되었을까?

모두들 떠나기만 했지 돌아오는 사람이 없었으며, 우리도 또 언제 어디로 떠나야 할지 모르는 세상을 살아야 하는 어린 계집아이는 항상 불안하기만 했다.

어느 날 갑자기 경복중학교에 다니다 일선으로 갔던 재설 아저씨가 돌아왔다. 한쪽 다리를 나라에 바친 채. 큰아들은 보성전문(현 고려대), 작은아들은 연희전문(현 연세대)에 다니는 게 자랑스러우셨던 당고모께선 끝내 연락 없는 두 아들 때문에 가슴이 타들어가던 참에 막내의 덜컥거리는 기계다리를 안고 울지도 못하셨다.

우리 셋방이 '서울대 임시 교사'가 있는 대신동이 가까워 제대 후 우리 집에 온 후 밤늦도록 공부하다가 재각재각 의각(義脚)을 풀어 놓고 잠들고 하던 아저씨는 아침이면 다시 철컥철컥 다리를 붙이면서도 서울대 문리대 영문과 시험에 붙어 절뚝거리며 '서울대 임시 교사'에 다녔다.

잘난 사람은 또 있었다. 아저씨는 가끔 같은 문리대 친구인 '이어령'을 데리고 왔는데, 그 청년은 항상 무슨 소설을 썼노라고 우리에게 보여 주곤 했다. 원고지에 적어 온 습작 소설을 재설 아저씨가 읽는 동안 옆에서 계속 '이건 이런 뜻으로 쓴 것'이라는 등 '이 내용은 이런 의미를 담고 있다'는 보충 설명을 하곤 했는데, 그 학생이 돌아간 후에 아저씨는 내게 눈을 찡긋하면서 "소설은 그지같이(거지같이란 뜻의 서울 사투리) 썼으면서 설명은 번드르르하지?" 하면서 웃던 생각이 난다.

나중에 그는 결국 '평론가'로 유명해지고 '문화부장관'도 했으며 여러 책을 저술했다. 생긴 것은 꺼벙해서 우습게 보았는데, 그럴 것이 아니었다.

그러던 중 '윤원 아저씨'의 슬픈 소식이 왔다. 전쟁 직전 서울 의대 의예과에 2등으로 합격했다고 좋아하던 그 미소년의 모습에,

전쟁이 나자 학도병 소위가 되어 전선에 갔다가 포격과 총탄 소리에 정신을 잃고 폐인이 다 되어 우리 집에 왔던 후줄근하던 형색이 겹쳐서 그의 죽음은 우리 식구들의 가슴을 후벼팠다. 나도 넋을 잃었다.

나는 역사책을 통독하며 모든 전쟁 기록을 조사해서 내 나름대로 정리를 했다. 마침내 서양과 동양을 막론하고 적어도 30년 동안이라도 크고 작은 전쟁이 일어나지 않은 시기가 없다는 것을 발견하게 되었다. 기가 막힐 일이 아닌가? 전쟁과 이별이 어쩔 수 없는 일이라면 나는 어찌해야 하는가? 나는 '떠나는 연습', '보내는 연습'을 하지 않을 수 없다는 결론을 얻었다. 조금이라도 마음을 덜 다치기 위해서 준비가 필요하다고 생각했다.

아침에 학교에 가면서도 '엄마와 다시 못 만나고 헤어진다'고 생각만 하여도 가슴이 뭉클하고 애틋해서 몇 번이나 손을 다시 흔들고 갔으며, 동생이 내 일기장에 낙서와 그림을 잔뜩 그려 놓아도 '이 애와 다시 못 만날지도 모른다'고 여기니 모든 게 용서가 되었다. 이래저래 상처 난 마음을 달래는데 도움이 되었는지 잘 모르지만, 새삼 돌이켜 생각해 보니 힘들었지만 아름다운 시절이었다.

---

* 서울 사람들은 삼촌이니 오촌이니 하고 촌수로 부르는 걸 상스럽다고 흉보았다. 남자는 아저씨, 여자는 아줌마 혹은 이모아줌마, 고모아줌마라고 불렀다.

천당과 극락 사이

서울 돈암동성당 레지오마리에 '평화의 모후' 단원인 선배는 여학교 친구의 언니이기도 한데, 하루는 자기 집에 나를 초대한다면서 눈을 찡긋하였다.

"남편 친구도 한 명 더 불렀는데 아주 좋은 사람이야."

그렇게 만나 자연스럽게 사귀게 된 그가 천주교에 관해 전혀 문외한이어서 내가, "저는 천주교 신자인데 괜찮으세요?" 하고 물으니 천연덕스럽게 "그럼요, 아주 좋습니다" 하는 것이었다. "뭐가 그렇게 좋은가요?" 하니까 "저희 어머니는 불교 신자라서, 나는 절에 안 다니지만 나중에 죽으면 설마 어머니가 아들을 버리고 혼자 극락에 가시지는 않을 거라고 믿었는데, 이제 천주교 신자가 아내가 된다면 천당에 한 자리 마련해 줄 테니 얼마나 좋습니까?" 한다.

나는 기가 막혀서, 헤어지는 길로 대학 때부터 지도 신부이신 나상조 아오스팅 신부님을 찾아가서 그대로 말씀을 드렸다. 신부님은 껄껄 웃으시더니 "재미있는 녀석이구나. 그런데 가서 내 말을 전해라. 그렇게 어머니나 마누라만 믿고 살다가는 나중에 천당과 극락 사이에 둥둥 떠다니게 된다"고.

이런 황당한 사람이 그래도 나는 좋아서 몇 달 후 그 청년이 결혼을 하자고 하자 솔깃한 마음이 들었으나, 망설여지는 마음에 자꾸 성당을 찾아갔다.

때마침 옛날 신학교 자리인 용산구 원효로에 있는 '성심수도회'에서 주최하는 11박12일짜리 피정이 있어서 나는 거기 들어가 하느님의 뜻을 여쭈어 보기로 했다. 피정 중에 묵상과 기도를 열심히 하고 '총고해'까지 하고 나니 몸과 마음이 가뿐해지고 하느님도 나를 축복해 주실 것 같은 용기가 생겼다. 나는 그를 만나 우선 내 본당인 돈암동성당 주임신부님께 허락을 받아야 한다니까 선선히 따라왔다.

레지오 단원이며 주일학교 교사이던 나를 위해 신부님께선 각별히 천주교에 관해 설명을 하시며, 남편감에게 입교를 하든가 관면 혼배를 하라고 하시니, 이 사람은 우선 관면 혼배를 하겠다며 세 가지 약속을 굳게 지키겠노라고 다짐했다.

'언젠가는 신자가 되겠다! 아내의 신앙생활을 방해하지 않겠다! 자녀들은 신자로 키우겠다!' 그랬더니 신부님께서는 우리가 세속의 결혼식을 하기로 정한 10월 10일 이전인 10월 8일 성모님 축일 저녁 미사에 참석하도록 권유하셨다.

1965년 10월 8일 저녁 미사는 정말 감동적이었다. 신부님께서는 정성을 다해 하느님께 제사를 드리셨고, 내 주일학교 제자 둘이서 귀여운 복사를 했으며, 청년 레지오 단원들의 진심 어린 축하는 가슴 벅찼다.

신랑은 미사를 마치고 나오면서 "생전 처음 천주교 미사에 참석했는데, 이렇게 엄숙하고 인상 깊은 일은 없었다"면서 자기는 자신이 없지만 아이들은 꼭 신자로 키우겠다고 다짐했다.

나는 이런저런 일로 너무 바쁜 나머지 미리 신랑감에게 '미사의 맛'을 맛보게 해 주지 못한 것이 못내 후회되었지만, 그래도 우리의 결혼 생활에서 종교는 별로 문제가 되지 않을 것이란 희망을 갖게 되었다.

남편감은 외아들이고 누님 한 분과 여동생이 넷이나 있었는데, 내가 결혼한다는 소식을 들은 친지들은 "아니, 외딸로 곱게 자란 네가 어떻게 그런 데로 시집을 가느냐?" 하고 걱정들을 하는데, 정작 나는 네 명이나 되는 손아래 시누이들이 '언니'라고 불러 줄 생각을 하며 즐거워했으니 대책 없는 철부지였다.

10월 10일 예식장에서 결혼식을 하고 우리는 온양 온천장으로 신혼여행을 갔다. 이튿날 아침 일찍 일어나자마자 내가 온양성당엘 가야 한다고 하니 신랑은 황당한 모양이었지만 순순히 따라와 주었다. 나는 처음 가는 성당에서 늘 하듯이 '주모경, 영광경'을 다섯 번 하고 간절한 소원 세 가지를 떼쓰는 심정으로 하느님께 아뢰고 나왔다.

"무슨 기도를 그렇게 열심히 했어요?" 하고 신랑이 묻기에,

"신랑이 빨리 신자가 되게 해 주시고, 시부모님이 신자가 되시어 저희 집안이 성가정이 되게 해 달라고 빌었어요" 하니까, "모두

불가능한 기도를 했군요" 하였다.

그러나 하느님께서는 13년 후에 신랑이 신자가 되게 해 주셨고, 20년 후에는 시부모님이 신자가 되셨을 뿐 아니라, 우리 아이들 삼남매와 사위, 며느리가 모두 열심인 신자가 되는 축복을 내려 주셨다.

1965년 10월 12일 우리는 여행에서 돌아와 친정에서 하루를 보내고 이튿날 안암동 시댁에 가서 폐백을 드렸다. 그 시절엔 시댁에 간 날 폐백을 드리는 게 일반적인 풍습이었다.

시댁에 들어가자마자 시어머님께서 다홍치마에 노란 저고리를 내어 주시며, "입어 봐라. 네 넷째 시누이가 약혼 때 널 보고 어리짐작으로 만들었는데 맞을지 모르겠구나" 하시는 것이었다. 저고리 동정도 달아 본 적이 없던 나는 기가 팍 죽어 버렸다.

그 후 이런 일은 거의 매일 일어났다. 어머님께서는 따님 다섯을 무엇 하나 서투르지 않게 제대로 가르쳐 놓으셨는데, 며느리라고 단 하나밖에 없는 게 걸레 하나 꼭 짜지 못해 절절매는 데 실망하시고, 나는 죽어라고 땀을 흘리며 다림질을 해 놓으면 어머님은 한 번 훑어보시고는 말없이 대야 물 속에 던져 버리시는 게 서운하였다.

견디다 못한 나는 어느 날 밤 신랑에게 따져 물었다.

"결혼 전에 나는 '집안일은 전혀 못한다'고 누누이 말하지 않았느냐? 그때마다 분명히 '괜찮다'고 해 놓고 이게 뭐냐? 어머님께 미리 말씀만 드려 놨어도 이렇게 실망하시진 않았을 거 아니냐?"

그런데 신랑은 너무나 기가 막히는 대답을 하는 거였다.

"나는 인사로 겸손하게 하는 말로 알았지. 여자들은 내 동생들처럼 다 어느 정도는 살림을 할 줄 알았어."

할 말이 없어 나는 그냥 이불을 뒤집어쓰고 말았다. 시댁 식구들이 나를 우습게 여기니, 일요일이면 대청소를 한다고 식구들이 나서는데 차마 성당에 가겠다는 말이 나오지 않아 우물쭈물 지나는 일이 계속되었다.

이듬해 첫아들을 낳았다. 사흘 만에 병원에서 나오면서 우리 내외는 명동성당에 들러 나 신부님께 세례를 받게 했다. 9월 27일생이라 본명을 미카엘로 하였다. 연년생 둘째는 아빠가 미국에 연수 받으러 간 사이에 낳아 세례도 못 받고 있던 어느 일요일 부모님이 친척 댁 결혼식에 가시고 큰애가 잠이 들었기에, 시누이에게 잠깐 부탁을 하고 갓난애만 업고 본당인 제기동성당으로 허둥지둥 갔다.

이미 교중미사는 시작된 지 오래여서 '성찬전례'가 올려지고 있었는데, 애기 때문에 성당 안에는 못 들어가고 문 밖에서 제대를 바라보니 내 가슴은 벅차올랐다. 그때 누군가가 내게 부드럽게 말을 걸었다.

"성당 안으로 들어가세요."

그분은 보좌 신부님이셨다. 그리고 우리는 서로의 얼굴을 확인하고 깜짝 놀라고 말았다. 불과 삼 년 전 레지오 주회 때 나는 성경 공부 결과를 발표하고 있었고, 그때 신학생이던 신부님께서는 여름방학으로 본당에 봉사하시던 중 레지오 주회에 견학 차 참석했는데, 내 발표를 듣고 소감을 피력하셨던 기억이 퍼뜩 난 것이다.

"일반 레지오 단원의 공부가 이렇게 깊고 철저한 것을 보니 신학생으로서 너무 부끄럽습니다. 앞으로 더욱 열심히 공부해야겠다는 결심을 했습니다" 하시던 그분이었다.

그분은 이제 어엿한 신부님이 되셨는데, 나는 이 몰골이라니! 인사도 제대로 못하고 집으로 오는 내 눈에서 눈물이 줄줄 흘러내렸다.

'내가 어쩌다 이런 꼴이 되었나?' 한탄만 할 수는 없다. 모든 일은 하나하나 풀어 나가야지. 우선 둘째가 세례를 받아야 했다. 며칠 후 무서운 어머님 때문에 외출도 맘대로 못하던 나는 무조건 갈 데가 있다며 돌잡이 큰애를 맡기고 갓난이를 업고 집을 나섰다. 웬일인지 어머님도 아무 말씀 없이 다녀오라고 하셨다. 사무실에 있는 착해 보이는 청년 하나를 이끌고 사제관에 가서 유아세례를 청하는 내 모습이 얼마나 절박해 보였는지, 본당 신부님께서는 아무 말씀 없이 세례를 주셨다. 우리 집 세 번째 신자 라파엘이 탄생한 것이다.

연년생으로 애기가 둘이니까 어려운 일도 많지만 그 중 힘든 일이 목욕시키는 것이었다. 부엌에 있는 연탄 아궁이에 큰 솥을 올려놓고 물을 데워 쓰던 그 시절, 애기 목욕 준비를 해 놓고 부엌에 나가면 방금 전에 따뜻하던 물은 누군가 퍼가고 없고 찬물만 있는 것이다. 집에 한창 나이의 처녀가 여럿이니 누군가 머리를 감으려고 퍼간 것이다. 다시 물을 데우면 또 다른 시누이가 퍼가고…. 이러다가 이제 겨우 물이 준비되면 이번엔 애기가 잠이 들어 버리고…. 아무것도 아닌 사소한 일로 허둥거리다가 밤잠도 제대로 못 자며 살다 보니, 기도라고는 이 쩜 저 쩜에 그야말로 화살처럼 드리는

'화살기도'밖에 드릴 수가 없었다.

그래서 나는 그 시절보다 여유가 생긴 지금도 화살기도를 좋아한다. 계단을 오를 땐 다리가 불편한 사람들을 위해 잠깐, 터널을 지날 땐 연옥 영혼들을 위해 잠깐, 수를 헤아려야 할 땐 '예수 마리아 하나, 예수 마리아 둘…' 이런 식으로. 이렇게 기도하는 순간, 나는 하느님 가족의 일원이라는 편안함을 느낀다.

이 습관은 40년이 지난 요즈음까지 이어져, 우리 식구들이 다 알아서 차를 타고 가면서 이야기를 하다가도 터널을 지나면 말을 멈추고 나의 '구원의 기도'를 기다려 주게 되었다.

내가 어린 시절에 친정 엄마는 아주 엄격하셔서 6·25로 피란을 다니면서도 조만과의 삼종경을 어김없이 바치게 했다. 그때의 저녁 기도인 '만과'는 지금과 달라서 '성인 열도문'을 전부 외는 긴 기도였으니, 나는 무릎 꿇은 발에 쥐가 나서 코에 침을 발라가며 몸을 비비꼬며 드렸다. 그뿐인가. 엄마가 '성 베드로' 하면 '우리를 위하여 빌으소서' 하고 받아야 하는데 꾀를 내어, 채 '베드로'의 '로'가 끝나기도 전에 '우랴비소' 해 버리곤 했다. '우리를 위하여'를 '우랴'로 '빌으소서'를 '비소'로 줄인 것이다. 마음대로 기도를 못하던 시집살이 시절 그게 제일 후회스러웠다

힘들다, 힘들어 죽겠다 하면서도 십 년 세월이 흘러 시누이들은 모두 시집을 가고, 나도 막내 실비아까지 낳았건만, 어머님은 내가 조금만 틈이 있어 보이면 '부모은경중경' 등 불경 읽히기를 즐기시는 것은 변함이 없었다.

그즈음 나는 극도로 몸이 쇠약해져서 소화도 안 되고 혈압도 낮아

서 40에서 60 정도의 저혈압으로 아무 데서나 픽픽 쓰러지는 지경에 이르러 병원에 가 보니 위궤양이 심각한 상태라며 당장 입원 치료를 해야 한다고 했다. 큰애가 겨우 중1이고 칠십이 넘으신 시부모님을 두고 입원한 나는 마음이 걷잡을 수 없이 불안하였다. 그러던 중 앞집에 사는 윤이 엄마가 문병을 왔다.

"우리 집이 엉망이지?" 하니까, "자기 병 나을 생각만 해. 원이 엄마는 여태 헛살았으니 꼭 나아서 제대로 한 번 살아야 하지 않겠어?" 하며 입을 비죽거렸다. "왜 그래?" 하니까, 오늘 병원에 오기 전에 우리 어머님께 여쭤 보았단다. "할머니, 오늘 원이 엄마 문병 가려는데 뭐 전하실 것 없으세요?" 했더니, "없수" 하시기에 "할머니는 언제 가 보세요?" 하니까 "안 가 봤어" 하시더란다. "아니, 며느리가 입원한 지 일주일이 넘었는데 가 보지도 않으셨다구요?" 이 말에 한참 생각을 하시더니 "난 그애가 살 것 같지 않구려" 하며 휙 돌아서시는데 찬바람이 돌더란다.

원이 엄마가 아침에 식사 준비하느라 애들 도시락 싸느라 절절맬 때, 할머니는 한가히 산책하시는 걸 보며 동네 엄마들이, "저 할머니 바쁜 며느리 아침 밥상에 숟가락이라도 놓아 주시지…" 하며 수군댔는데, 이제는 실컷 부려먹다가 병이 나니까 돌아보지도 않다니, 그렇게 인정머리가 없느냐고 얼굴을 붉히며 흥분했다.

그날 밤 나는 병원 침대에 누워 내 지난 인생을 돌이켜보았다. 모자란 며느리였지만 정성껏 모시고 열심히 살았건만 이런 대접을 받고 억울해서 그냥 죽을 수는 없었다. 이를 악물었다. 어떻게든 병에서 벗어나 새 삶을 살아야 했다. 악으로 약을 먹고 음식을 먹으며 살려고 애쓰니 병을 이길 수 있었다.

　퇴원해 집으로 온 후, 나는 일요일이면 서슴없이 아이들을 데리고 주일 미사에 갔다. 남편도 일요일이면 "당신 성당에 가야지?" 하며 나를 밀었을 뿐만 아니라, "나도 교리를 배워서 영세를 받을래" 하여 6개월 후 드디어 '토마스 아퀴나스'로 영세를 받았으며, 이어서 견진성사까지 받고 성당 사목위원으로 일하기까지 하였다.

　하루는 내가 없는 사이에 친정 엄마가 오셨는데, 시어머님께서 "내가 요새 아들을 위해 '백일 불공'을 드리는 중이랍니다" 하시더란다. 엄마는 이때다 싶어서 "사돈 마나님, 제 말씀을 서운해하지 마시고 들어보세요. 아들은 저쪽 하느님을 믿는데, 어머니가 이쪽 부처님께 치성을 드린다고 효험이 있을까요?" 했더니, 어머님이 "아니, 그게 무슨 말씀이요? 그러면 내 아들이 천주교라도 믿는다는 말씀입니까?" 하며 놀라시더란다.

　내가 집에 오니 어머님은 화를 내시는 게 아니라 오히려 은근히 물으셨다. "얘, 그 천주교에서 부르는 이름이 있다지? 애비 이름이 뭐냐? 아까 사돈 마나님이 '도마'인지 '빨래판'인지 뭐라고 하시던데, 그땐 내가 좀 흥분을 해서 잘 못 알아들었구나. 이름을 알아야 내가 늬들 하느님에게 공을 들일 수 있지 않겠니?" 드디어 어머님은 사랑하는 외아들을 위해서 아들이 믿는 신에게 '도마(토마스)'를 잘 봐달라고 빌어 주시게 된 것이다.

　불행히도 1981년 아버님께서 중풍과 함께 흔히들 치매라고 하는 노망이 드셨다. 별안간 사람도 못 알아보시고 말씀도 잘 못하시게 되어 우리는 정성껏 병원이며 한의원에 모시고 다니던 중, 이듬해엔

어머님까지 몸 한쪽이 마비되는 중풍에 걸리시니 눈물 콧물이 줄줄 흐르고 입까지 비뚤어져 진지도 드시기 어렵게 되었다. 유난히 자존심이 강한 어머님은 창피하다고 집에만 박혀 지내시게 되었다.

나는 어머님이 우울증에라도 빠지실까 걱정되어 성당 할머니 레지오 단원에게 우리 어머님 벗이 좀 되어 달라고 도움을 청했다. 그러자 기꺼이 매일 번갈아 오셔서 어머님의 굳은 몸을 안마해 드리고 같이 놀아 주시니 그렇게 고마울 데가 없었는데, 하루는 어머님이 그분들께 "내가 예전에 며느리에게 몹쓸 짓을 많이 해서, 병이 나자마자 '이제 저것이 그동안 받은 서러움이 있으니 분명 복수를 하겠구나' 하고 각오를 했는데 오히려 착하게 구니 부끄럽다" 하고, 레지오 할머니들께서 "천주교 신자는 '원수도 사랑하라'는 하느님 말씀을 따르는 사람들인데 시어머님께 복수라니, 말도 안 된다"고 했단다.

우리 내외가 열심히 병원에 모시고 다닌 끝에 병환에 차도가 있자 어머님은 "이젠 너희들이 믿는 신을 믿겠다"고 선언하시게 되었다. 우리는 이제 '이모니카' 어머님을 모시고 주일미사에 가게 되었고, 불편한 아버님은 혹시 아이들이 기도를 잊어버리고 밥을 먹기 시작하면, 성호 긋는 시늉을 하시며 '으이, 으이' 하셔서 우리 집 밥상에 웃음꽃이 피게 하셨다.

큰애가 고3이 되었지만 우리 집에선 항상 귀가 어두운 부모님 덕에 아침 일찍 '애국가'로 시작해서 한밤중 '애국가'가 울려 퍼질 때까지 TV 소리가 왕왕거렸다.

그뿐인가, 자율학습을 마치고 온 아이가 겨우 잠이 들 만한 새벽

세 시쯤 되면 아버님은 기어 나오셔서 지팡이로 방문마다 두들겨 깨우시는 게 하루도 거르지 않는 행사가 되었다. 어른 아이 할 것 없이 잠 못 자는 밤이 이어지는 사이에도 시간은 어김없이 가, 대학 입시날이 되었다.

아침 일찍 화장실에 가려던 아이가 울상이 되었다. 먼저 들어가신 어머님이 문 두드리는 소리를 못 듣고 문을 안 열어 주시기 때문이었다. 황급히 열쇠를 찾아 문을 열고 들어가니 머리를 감고 계셨다.

이듬해 둘째가 고3일 때 아버님의 병세가 악화되어 우리는 라면을 상자째 사다 놓고 아무나 배고플 때 끓여 먹으며 아버님 간호를 해야 했다. 몸져 누우신 채 가래가 끓고 숨을 잘 못 쉬시니, 병원 중환자실에서 사용하는 '토마스 석션'이라는 기계를 집에 사 놓고 내가 수시로 가래를 빼 드렸으며, 소간을 삶아 으깨고 좁쌀을 삶아 체에 거르는 등 병원 영양사에게 배운 대로 16가지 재료로 만든 액체를 주사기로 코에 넣어 드리고 대소변을 받아내려니 어쩌겠는가?

의식이 거의 없으신 것 같아도 뒤처리를 할 때, 대야 물에 수건을 적시느라 내가 고개를 돌리는 순간 겨우 움직이는 오른손으로 아버님은 홑이불을 툭 쳐서 아랫도리를 가리곤 하시는 것을 보면, 아버님이 이런 상황을 얼마나 계면쩍어 하시는지 알 수 있을 뿐 아니라, 생각이 분명 하시다는 확신 아래 우리는 성당에 청해서 '대세'와 '병자성사'를 받으시게 했으니, 결혼 21년 만에 내 기도가 하느님의 응답을 받아 드디어 온 식구가 신자가 되어 고단한 중에도 감사 기도를 드렸다.

이듬해 1986년 아버님은 우리 보살핌 중에 돌아가시고, 둘째는 대학에 실패했다. 그 후 유난히 금슬이 좋으시던 아버님이 돌아가시자 어머님은 눈에 띄게 쇠약해지시더니, 다시 중풍이 도지어 결국 대소변을 가누지 못하는 지경에 이르셨다.

화장실에 가시다가 마루에 줄줄 흘리고 화장실 바닥이며 변기에도 마구 묻히시니, 나는 하루 종일 어머님 뒤만 따라다니는 게 하루 일과가 되고, 막내는 고3을 바라보고 있으니 내 가슴은 쇳덩이처럼 무거웠으나 어쩔 도리가 없었다.

얼마 안 가서 그나마 움직이기 힘들어지시니 이제는 일으켜 드리거나 욕창이 안 나게 몸을 옮기는 게 큰 일이 되자, 아들들이 돕겠다고 나섰다. 둘이 학교 수업 시간을 조절해서 가능한 한 하나는 집에 남아서, 내가 필요할 때마다 쏜살같이 달려와 도와주었다.

워낙 깔끔하시던 어머님은 자신도 모르게 나오는 대소변이 부끄러워 하도 신경을 쓰시니, 이제는 소변을 못 보는 증세가 나타나 배가 부어오르면 몸을 가누지 못하는 분을 매일 병원에 모시고 가서 소변을 빼드리는 일이 너무 힘들었다. 종로3가 의약품 상회에서 기구를 사다가 내가 빼드리기 시작하니 결국 우리 집은 다시 중환자실이 되었다.

아들들 뿐 아니라 아버님 땐 집이 멀어서 자주 안 오던 시누이들이 이번엔 자주 와서 어머니 시중을 들어주었다. 물론 그래서 힘든 일도 있었지만….

노망드신 어머님이 시누이들이 사 온 과일을 내가 어머님은 안

드리고 애들만 준다느니, 밥을 굶긴다느니 하는 터무니없는 말씀을 하신 것을 곧이듣고 사달이 나곤 했으나, 나는 상관을 안했다. 하느님이 아시니까! 하느님이 다 알고 계시는 한 나는 누가 뭐래도 떳떳했다.

하루는 남편이 나보고 "마당에 좀 나가보라" 했다. 마당에선 딸아이가 제법 세찬 비를 그대로 맞으며 서 있었다. "실비아, 너 왜 그래?" 내가 놀라 물으니 "엄마, 난 산성비를 맞고 죽고 싶어요." "뭐? 그게 무슨 말이야?" "다른 친구들은 고3이라고 엄마들이 보약을 지어 주느니, 잣죽을 쑤어 주느니 정성인데, 우리 집에선 도시락도 제대로 안 싸 주니, 난 무슨 힘으로 공부를 해. 아예 죽었으면 좋겠어."

고2까지 내신 1등급에 전국 모의고사를 보면 100등 안팎의 성적이던 아이가 고3 1학기 내신 4등급이 되었으니 죽고 싶다는 말이 나올 법도 하다. 그러나 나는 정신을 똑바로 가져야 했다.

"알았어. 네 마음 이해해. 그렇지만 엄마는 어쩔 수가 없어. 할머니는 이제 돌아가시면 다시 살아나실 수 없는데, 넌 이번에 대학 못 가면 내년에 재수하면 돼. 엄마 몸은 하나밖에 없어서 두 가지를 다 잘할 수는 없어. 정말 미안해."

나는 빗속에 서 있는 딸을 그냥 두고 집 안으로 들어와 버렸다. 가슴이 찢어지듯 아팠다. 그런데 별안간 딸아이가 뛰어 들어와 나를 와락 껴안았다.

"엄마, 잘못했어요. 제가 잘못했어요."

우리 모녀는 그대로 껴안은 채 소리 내어 울고 말았다.

1988년 여름은 유난히도 더웠다. 본당 신부님께서 '병자성사'를 주신 다음 날 어머님은 그렇게 못 누시던 소변을 흥건히 보셨다. 긴장이 풀리신 덕인가 보다. 온 식구가 반가워하니 어머님이 눈을 흘기며 더듬더듬 말씀하셨다.

"고얀 것들, 내가 오줌 싼 게 그리 좋으냐?"

"하하하…."

오랜만에 온 식구가 배를 쥐며 웃었다.

여름, 가을이 지나 한겨울이 되면서 어머님은 점점 더 까라지셔서 12월 2일 병자성사를 다시 받으시고, 다음 날 사랑하는 아드님 품에서 편안히 돌아가셨다.

안방 병풍 뒤에 어머님을 모셔 놓고 사흘간 모두 연도를 드리는 동안, 막내는 좁은 집에 몰려든 일가친척들 틈에 끼어 울면서도 책을 보아야 했다. 대학 입시가 열흘밖에 남지 않았기 때문이었다.

장례 후 집에 오자 큰아들이 나를 업고 집 안을 한 바퀴 돌았다.

"이 세상에서 마지막 행복한 할머니가 돌아가셨어요. 이런 분은 아마 다시는 없을 거예요. 엄마, 수고하셨어요."

나는 이렇게 대답했다.

"아마 할아버지 할머니가 천당에서 하느님께 너희들 잘 봐 주시라고 빌어 주실 거야. 고마우시니까."

나는 정말 그러시리라 굳게 믿는다.

꽁초가 막대기를 업기까지

이야기 하나

1957년 새로 국어교육과에 입학한 우리들은 '이탁' 교수님의 '훈민정음' 강의를 듣기 위해 책값을 내고 책을 신청했는데, 강의 전날까지 책을 못 받았다.

돈을 받은 과대표 주돈식은 웬일인지 우리 여학생들의 눈길을 슬슬 피하는 눈치였는데, 언뜻 다른 남학생이 누런 표지의 커다란 옛책 모양의 것을 가방에서 꺼내 보는 걸로 보아 남학생들은 이미 책을 받은 게 아닌가 하는 의심이 든 우리는 의논 끝에 작전을 폈다.

우선 부대표인 내가 혼자 주돈식에게 가서 말했다.

"주돈식 씨 할 말이 있는데 4교시 끝나고 운동장 농구대 아래서 잠깐 만나 주실래요?"

주돈식의 얼굴이 발그레해졌으나 나는 모른 체하고 급히 사라졌다.

정한 시간에 주돈식이 쭈뼛쭈뼛 다가올 때, 나머지 여학생 여섯

이 우르르 달려와 그를 에워쌌다. 그 시절 순진한 새내기 남학생 한 명에게 일곱 명의 여학생은 얼마나 부담이 되었을까.

"우리는 훈민정음 책값을 다 냈는데 수업시간이 다 되도록 책을 안 주는 이유가 뭡니까?"

"그게, 그게…."

하고 버벅거리는 그에게 "남학생들은 받았나요?" "당장 주세요."

책은 이미 나왔는데, 남학생들 앞에서 나눠 주다 보니까 돈을 안 낸 학생이 받아가는 바람에 여학생 일곱 명에게 줄 것이 모자라게 되어 아예 우리에게는 주지 못하고 돈을 마저 받아서 신청하는 바람에 늦은 모양이었다. 당장 책을 대령하겠다는 다짐을 받고 우리는 그를 놓아 주었다.

다음 날 우리가 받은 책 몇 권에는 남학생의 이름이 지워진 것이 있었다. 아마 이미 받았던 책을 우선 내어 놓은 남학생의 이름이겠지.

남녀 동기들이 얼마나 서먹서먹하게 지냈는지는 그 후 봄소풍 때 여학생들은 한 명도 안 갈 정도였으니 말할 나위도 없을 게다.

이야기 둘

'사대학보사'에서 의뢰받은 글이 〈사대 남학생을 말함〉이라는 짤막한 촌평이었다.

나는 우선 〈사대 여학생을 말함〉은 누가 쓰는가가 궁금했다. 저쪽에 따라 내 글의 성격도 달라져야 하니까. 불행히도 저쪽이 같은 국어교육과 동기 '김광언'이라는 말에 나는 긴장하지 않을 수 없었다.

얼굴은 앞을 향하면서도 눈은 지긋이 옆으로 돌아가는 그 비꼬는 눈빛의 사나이, 그가 우리 여학생에 대해 좋은 글을 쓸 리가 없는데, 나만 남학생을 부드럽게 칭찬할 수는 없는 노릇이 아닌가? 고민이었다. 그로부터 우리 둘은 서로 저쪽이 도대체 어떻게 쓸까 탐색에 들어갔으나 방법이 없었다.

그 시절(1957년에서 1961년 사이) 남녀 학생들은 서로 호칭도 '아무개 씨'로 부를 정도로 점잖게 대하는 대신 그만큼 친하지도 않았는데, 요즘 들어 자연스럽게 '야, 자' 하는 대학생들을 보면, 지금 학생들은 스스로를 '어린이'로 여기고 옛날 우리들은 서로를 '어른'으로 대접했던 게 아닌가 하는 생각도 든다.

그러니 김광언이 도대체 우리 여학생에게 어떤 끔찍한 별명을 붙여 줄지 모르는 상황이니 나도 약간 미안한 대안이 있어야 했다.

드디어 학보가 나왔다.

'사대 남학생은 꽁초 같은 남학생, 사대 여학생은 막대기 같은 여학생'으로.

한동안 유행하던 이 별명을 들을 때마다 모든 사대 남학생에게 미안했다. 절대로 사대 남학생을 깎아내리려는 뜻이 아니었음을 말하고 싶다.

이야기 셋

그러나 다행히 1학년이 지날 무렵부터 화해 기류가 나타나기 시작했다.

이두현 교수님께서 《신극사 연구(新劇史 硏究)》를 쓰시기 위해 우리 학년 동기 몇 명을 동원하여 국립도서관에서 구한말에 나온 잡지

들을 뒤지는 일을 시키셨는데, 권오만, 김홍기 등 남학생과 여학생이 매일 만나다 보니 남학생에 관한 여학생의 인식이 바뀌기 시작한 것이다. 그들이 무척 부드럽고 진지했기 때문이다.

2학년 여름 방학에는 이응백 교수님께서 《한글 맞춤법 사전》을 만들기 시작하면서 우리 동기들에게 일을 시키셨는데, 주로 여학생들을 중심으로 하시고 남학생 중에는 김승렬과 이성구가 있었다.

김승렬은 머리가 비상한 수재였고, 이성구는 침착하고 예의 바른 학생이었는데 둘 다 무척 단정한 사람들이어서, 남학생을 멀리하고 경계하기까지 하던 우리 여학생들의 인식을 바꿔 주었다.

안암동 모서리에 있던 선생님 댁은 좁은 방 두 개에 넓지 않은 마루와 부엌이 전부인 단독주택이었다. 우리는 매일 모여서 깨알 같은 낱말들을 교정하고 정리하다 보니 자연히 서로를 알게 된 것이다.

불행하게도 그 두 사람이 대학에서 학자로서 역량을 다 펼치지 못한 채 이미 세상을 떠났으니 애석하기 그지없다.

어린 선중이(교수님 아들)를 업고 좁은 부엌에서 매일 우리 점심을 차려 주시던 사모님도 벌써 돌아가셨으니 슬픈 마음 이루 말할 수 없다.

이성구, 김승렬 그리고 4·19 학생의거 때 첫 희생자였던 손중근과 여학생 마영숙의 명복을 마음 깊은 곳에서부터 진심으로 빈다.

3학년 여름이 가까워지자 학교 게시판에 예년과 같은 공고가 나왔다. 지금 생각하면 '격세지감'을 느끼지 않을 수 없는 문구.

'여학생의 블라우스는 어깨에서 5센티 이상 올라가면 안 됨.'

불가리아 여행

유럽 발칸반도 동쪽 흑해 옆에 있는 '불가리아'는 우리에겐 낯선 나라여서인지, 남편이 그곳 학회에 참석하러 가게 되었다는 말을 듣자 나는 부득부득 따라가겠다고 떼를 썼다. 루마니아, 유고슬라비아와 함께 오랜 소련 위성국가였다는 데 더욱 호기심이 났는지도 모르겠다.

1994년 10월 8일
서울에서 독일 프랑크푸르트까지 장장 12시간 40분을 날아가는 비행기에서 본 것이라곤 밤에서 밤으로의 여행이라서인지 시베리아 벌판과 시커멓게 웅크린 산맥들뿐이었다.
그래도 한 가지 느낀 점이 있다면, 내가 그동안 살아온 일상생활의 저편에서 이 산과 벌판들이 주홍색 달무리를 이고 거무죽죽한 모습으로 내내 이렇게 오랜 세월 있어 왔다는 사실을 깨달았다는 것이다.

뿐만 아니라 어떤 역사가 또한 치열하게 이루어지고 있었다는 사실에 눈뜨는 느낌은, 내 좁은 소견을 조금 넓혀 보자고 떠난 이 여행길의 의미를 보여 주는 듯했다.

10월 9일

프랑크푸르트의 밤을 지내고 아침 일찍 불가리아 수도 소피아(Sofia)행 작은 비행기를 탔다.

다른 곳으로 가는 터미널과 달리 한쪽 구석에 따로 구획을 만들어 놓고 짐 검사도 철저하고 여행객들의 표정도 음침한 것이 기분이 별로 좋지 않았다.

세 시간여가 지나 소피아 공항에 도착하니 우리나라 시골 간이 철도역같이 한산한 공항에 '바롭스키 박사'라는 수염 텁석부리 아저씨가 순박한 웃음을 웃으며 마중나와 있었다.

허름한 옷을 입고 늘어져 있던 택시기사들이 일제히 나서서 자기 차를 타라고 잡아끄는 중에 바롭스키 박사와 흥정이 된 한 택시를 타고 KEDAR 호텔로 왔다.

말이 호텔이지 KEDAR는 평소에는 '불가리아 과학아카데미' 회의 장소이자 연구실 및 실험실이며, 특별한 모임이 있을 땐 그대로 숙박을 하는 임시 호텔이란다. 그 황량함이란….

정문부터 시멘트가 군데군데 떨어져 나가고 프런트에선 중년 여인이 뜨개질을 하다 말고 하품을 하며 우릴 맞았다.

호텔 보이 대신 촌할아버지 같은 안내인을 따라 2층 객실로 올라가는데, 어두컴컴한 층계와 복도는 마치 나치 수용소나 감방으로 가는 게 아닌가 하는 착각이 들 정도였다.

우리나라에서 온 학자 중 강 교수와 오 교수의 방은 넓이가 한 평 남짓한데 검은색 좁은 침대가 하나, 책상과 TV 하나에 화장실이 딸려 있었다.

우리 내외 방은 두 평쯤 되는데 방 양쪽 벽에 딱딱한 좁은 침대가 하나씩 붙어 있고, 그래도 컬러 TV와 작은 냉장고가 있었지만 우스운 것은 전기 코드를 꽂을 곳이 하나밖에 없어서, TV를 켜자면 냉장고를 꺼야 하므로 TV를 다 보고 나서야 냉장고에 전기를 연결할 수밖에 없었다. 물론 냉장고 안은 텅 비어 있었다.

화장실 비품이라곤 손가락 두 마디만 한 칙칙한 분홍색 비누 두 개, 낡은 컵 두 개, 못에 걸린 기다란 무명 수건이 전부였다.

창밖을 내다보니 을씨년스런 뒤뜰이 보이는데 넘쳐흐르는 쓰레기통을 뒤지는 수척한 개 한 마리뿐. 우리가 어느 머언 나라에 유배되어 온 느낌이 들었다.

프런트에 가서 저녁 식사를 물으니, 회의가 내일 시작하기 때문에 오늘 저녁은 준비가 안 되어 있다면서 '로얄식당'이라는 곳의 약도를 주며 거기 가서 사 먹으란다.

동구라파에 가면 입은 옷까지 홀랑 벗겨 가는 깡패를 조심하라는 말을 들은 터라 말도 안 통하는 거리로 나간다는 게 겁이 났지만, 우리 일행이 네 사람이라는데 힘입어 가로등도 드문드문한 밤거리로 주춤주춤 나섰다.

속력을 내며 질주하는 차들을 보며 대책 없이 서 있는데, 길 건너

지나가던 택시가 끼익~ 하며 차를 돌려 우리 앞에 먼지를 날리며 섰다. 교통 법규고 뭐고 없나 보다.

로얄식당은 자그마하지만 깔끔했는데 독한 담배 연기로 가득 차 있었다. (나중에 안 일이지만 이곳은 일반 키피숍이나 식당은 어딜 가나 담배 연기로 꽉 차는 게 보통이다.)

음식 맛은 괜찮은데, 다만 스프에 기름이 둥둥 뜨는 것이 이곳은 지방 과다나 콜레스테롤 걱정을 하는 곳이 아님을 알 수 있었다. 넷이서 실컷 먹은 음식값이 겨우 우리 돈 1,4000원 정도여서 놀랐다.

다시 숙소로 돌아와 잠을 자려니 추워서 도저히 잘 수가 없었다. 아무리 둘러보아도 난방 스위치도 없고, 프런트에 내려가 보니 사람 그림자도 없었다.

창문은 네 귀가 잘 안 맞아서 찬바람이 숭숭 들어오는데 담요 두 장을 덮고 덜덜 떨다 못해 가방에 가져온 옷이란 옷은 다 껴입고도 잠이 오지 않는다.

웅크리고 누워서 자는 둥 마는 둥하며 틈틈이 샤워 꼭지를 틀어 다섯 시가 되어서야 더운 물이 나오기에 뜨거운 샤워를 하고서야 꼬부라진 발이 겨우 펴졌다.

10월 10일

아침에 바롭스키 박사를 보자마자 나는 추워서 죽을 뻔했다며 호텔을 옮기겠다니까 한다는 소리가, 중심가에 있는 미국인이 경영하는 '쉐라톤호텔'만 예외이고 온 시내 호텔이 마찬가지란다. '중앙난방'이기 때문에. 중앙난방? 어떤 중앙난방?

사회주의 국가였던 이곳은 도시 전체를 한 곳에서 불을 때 주는 말 그대로 중앙난방이어서 날씨가 어느 만큼 추워져야 한꺼번에 난방을 해 준다는 것이다.

아직은 10월인데 이곳 사람들이 낡고 허름하나마 모두 코트를 걸치고 있는 이유를 알겠다. 그래도 내가 춥다고 하도 극성을 부렸더니, 오늘 밤에는 특별히 전기히터를 마련해 준단다.

아침은 KEDAR 식당에서 먹었다. 메뉴가 웃겼다.

우유 몇 그램, 치즈 몇 그램 식으로 되어 있는데, 메뉴에 있는 계란 한 개가 누구에게도 나오지 않기에 항의를 했더니, 나에게만 삶은 계란 한 개를 가져다 주고 다른 사람에게는 시침을 딱 뗐다. 계란이 이렇게 귀할 줄이야!

논문 발표는 소강당에서 한다기에 가 보니, 의자는 낡아서 여기 저기 고장 난 것이 있고 우단 방석은 닳아빠져 있을 뿐만 아니라, 강당 앞쪽 칠판 위 중앙에 걸려 있는 동그란 시계는 고장인지 움직이지 않고 있었다. 그 후 가는 곳마다 똑같은 모양의 커다란 시계가 걸려 있었지만 제대로 가는 것을 보지 못했다.

다른 나라에서 국제학술발표회가 있을 때면 으레 영어나 불어로 통역해 주는 이어폰을 나누어 주는데, 여긴 없기에 물어보니 여권을 맡기고 빌려 가란다. 발표자들 가운데 동구 쪽 나라엔 유난히 여성 학자들이 많은 게 특이했다. 기초과학은 주로 여성들이 전공을 하는 추세인가 보다.

남편이 발표할 때 칠판 앞 스크린에 도표와 그림을 걸어 놓고 '포인터'로 가리키며 설명을 하니, 동구 학자들은 그 움직이는 조그만 불빛에 신기해하며 수군거렸다. 처음 보는 모양이었다.

학술발표회에 따라온 부인들을 위한 프로그램이 있다기에 알아들을 수 없는 지루한 발표장을 떠나 본부에 가니 '에카테리나 드미트리히'라는 40대 여자 과학자가 우릴 기다리고 있었다.

대개 다른 국제회의에 가 보면 남편과 동반해 온 부인들이 많아서 프랑스 니스 회의 때는 큰 버스로 두 대가 가득 차기도 했는데, 이곳은 겨우 세 명밖에 따라온 사람이 없으니 아마 불가리아가 후진국이라서 인기가 없나 보다.

5000년 역사를 가진 고도(古都) 소피아는 매연과 지저분함으로 덮인 듯하지만 그 속에 오랜 유적들을 지니고 있었다.

한때는 매우 아름다운 도시여서, 로마의 콘스탄틴 대제가 "This is my Rome."이라며 사랑했고 그의 딸들도 주로 여기에서 지냈다는데, 공산국가로 있으면서 완전히 낡아 버렸단다.

어딘지 슬픈 듯이 설명하는 에카테리나의 설명에 "우리도 36년간이나 일본의 지배를 받은 아픔이 있다"고 했더니 더욱 서글픈 표정으로 하는 말이, 자기네는 소련 위성국가이기 이전에는 터키에 500년간 지배를 받았을 뿐만 아니라 그 이전에는 로마에, 그리고 그 이전에는 훈족의 지배를 받았단다.

알렉산더 비콜스 성당을 보았다. 양쪽 입구 중 한쪽은 문이 낡아서 커튼을 쳐놓고 사람들이 드나들 만큼 헐어빠진 외형에 비해 성당 안은 너무나 아름다웠다. 지하실에는 '이콘' 성화가 전시되어 있는데, 예수 아기를 안고 있는 성모 마리아상이 모두 슬프게 우는 모습이어서 내 가슴을 찌르는 듯 저절로 눈물이 핑 돌았다.

내 기분을 눈치 챘는지 에카테리나가 그림은 그 화가의 마음 상태를 그대로 표현하는 것이니 서러운 민족의 마리아라서 그렇단다.

시장거리에서 장미유를 몇 개 샀다. '장미 골짜기'에서 생산된다는 장미유는 장미꽃잎 3.5톤에서 겨우 1kg을 만든다는데 장미 기름이라기보다는 향수였다. 향기가 말할 수 없이 진하고 좋았다.

저녁에는 KEDAR 식당에서 주최측이 베푸는 만찬이 있었다. 경제가 어려운 나라여서인지 식탁마다 빵은 수북이 나오는데 채소는 드물고 고기와 치즈는 짰다. 옛날 우리가 밥을 먹기 위한 반찬을 먹던 것과 같은가 보다.

'불가리아'라는 나라 이름은 러시아의 '볼가강'에서 왔다는데, 그래서인지 슬라브 민족인 이들은 덩치가 큰 편이지만 사귀어 볼수록 순박했다.

공산 체제 아래서 길들여진 탓인가?

서울 집에 전화를 하고 싶어서 물어보니 프런트에 가서 우체국에 신청하면 거기서 연락이 올 거란다. 두 시간 만에 급한 호출이 와서 가 보니 그제서야 서울에 연결이 되었단다.

방에 돌아가니 전기 히터가 하나 놓여 있기에 반가운 마음에 켜고 자려 하니 난리가 났다. 온 동네 모기란 모기가 다 앵앵거리며 몰려든 것이다.

온 도시가 다 추운데 우리 방만 따뜻하니까 엉성한 문틈으로 모기들이 떼로 몰려드니, 재떨이에 휴지며 신문 조각들을 태워서 모기향을 대신하며 곧추 앉아 밤을 새웠다. 결국 잠 못 자기는 마찬가지가 되었다.

10월 11일

학술발표는 오전으로 일정이 끝나고, 오후에는 산 속 깊이 있는 '리라성당'으로 간다기에 정한 시간인 오후 1시에 정문 앞에 서둘러 나갔다. 버스 두 대가 서 있기는 한데, 운전기사도 없고 손님도 없다.

강 교수, 오 교수 방을 두드려서 "아니, 오후 1시 출발인데 왜 안 나오느냐?"고 성화를 하니까, 둘 다 "불가리아에서 사흘이나 살았으면 이제 이곳 사정에 좀 익숙해지시라"고 했다.

가는 곳마다 걸려 있는 시계는 다 고장 난 채로 자연에 순응해서 사는 이 동네는 '인간 존중 마을'이니 아마 사람들이 다 모이는 시간이 떠나는 시간일 거란다.

우리도 한때는 '코리안 타임'이라고 해서 선진국들의 놀림을 받은 적이 있지만, 어느새 나는 시간의 노예가 되었나?

그래도 조바심이 나서 1시 15분에 나가 보니 운전기사가 느긋하게 앉아 있었다. 1시 30분, 조급증을 견디지 못해 또 나갔더니 버스 좌석의 반쯤 사람들이 앉아서 느긋하게 나머지 올 사람들을 기다리고 있었다. 드디어 2시나 되어서야 인원 점검을 하고 모두 유쾌히 길을 떠났다.

가는 길은 계속 시골길이어서 옥수수밭, 담배밭 사이에 낡은 2층집이 드문드문 보였다. 그 외엔 낙농국가답게 목장이 많아서 어슬렁거리는 말들까지 이곳 사람들을 닮아서인지 유유자적하는 모습이었다.

두 시간이나 달려 도착한 '리라성당'은 깊은 산골에 어쩌면 이런 큰 건물이 있을까 하고 놀랄 만한 성벽 속의 성당이었다. 500년 터키 지배 하에 승려들이 숨어서 불가리아 언어와 책을 지킨 곳이 란다. 슬라브어과에 속한 불가리아어는 그래서 주로 성서 번역을 통해 전해 올 수밖에 없었으므로 '고대 교회 슬라브말(Old échurch Slavonic)'이라 불리게 되었단다.

성당 안에는 불가리아 최후의 왕 '보리스 3세'의 무덤이 있었다. 제2차 세계대전 중에 유태인이 죽지 않고 살아남은 나라가 유럽에 단 두 나라가 있는데, 그 한 나라는 덴마크, 또 한 나라는 바로 불가리아란 사실을 처음 알았다.

덴마크 사람들은 히틀러가 유태인에게만 노란색 별을 달고 다니라고 하자, 온 국민이 모두 노란 별을 달아 유태인을 감싸 주었는데, 이 불가리아는 보리스 3세가 꿋꿋하게 히틀러 말을 안 듣고 유태인을 보호했단다. 결국 그들에게 독살된 듯 비명횡사를 했단다.

그의 무덤에 누군가가 바친 꽃들을 보며 훌륭한 지도자를 둔 불가리아인들에게 존경심을 금할 수 없었다.

철학(philosophy)이 PILOS+SOFIA(愛+知)라는 그리스어에서 왔듯이 수도 소피아는 말 그대로 지혜(wisdom)란 뜻이란 걸 이해할 수 있을 것 같다.

훈족과 로마와 터키와 소련을 거쳐 이 나라 저 나라의 지배를 받으면서 단 한 번도 피를 흘리고 싸워 보지 못한 민족이 아니라, 꼭대기가 누가 되든 이리 바뀌면 이렇게, 저리 바뀌면 저렇게 내버려 두고 국민들은 그저 바람 부는 대로 먹고 살고, 시집 장가를 가고 아이 낳아 기르면서 그들 나름대로 산 좋고 물 좋은 이곳에서(여긴 미네랄 온천이 많다) 역사의 맥을 이어오는 그들 나름대로의 지혜를 가진 것이다.

돌아오는 버스 안에서 "아까 발표자 중에 마케도니아에서 온 사람이 있던데, 난 서양 역사에서만 배운 나라 이름이다"라고 하자 에카테리나의 말이, 지금도 마케도니아라는 나라가 그리스 옆에 있는데, 바로 불가리아와 한 민족이란다.

"어머, 같은 민족이라고? 그럼, 어서 통일을 해야겠네!"

우리가 항상 남북 통일을 염원하고 있으니, 나도 모르게 한 말에 에카테리나는 오히려 깜짝 놀라면서 그럴 필요가 없단다. 아, 그런 견해도 있구나!

(1994년 국어교육지 게재)

실수! 실패?

혼인하기 전에 나는 신랑감에게 누누이 말했다. '나는 살림을 못한다'고.

친정 엄마는 바느질 솜씨가 좋아서 새댁 시절에 일가친척 바느질까지 하느라 밤잠을 못 잤으며, 음식 솜씨가 좋으니까 부엌을 벗어날 새가 없었다며, 외딸인 나에게는 "넌 공부 잘해서 허드렛일 하지 말고 살아라" 하고 그런 걸 안 가르쳐 주셨다.

책 읽기를 좋아하던 나는 '옳다구나' 하고 살림 배울 생각을 안 했는데, 정작 시집을 가려니 걱정이 이만저만이 아니어서 여러 번 그 사실을 강조했던 것이다.

그럴 때마다 신랑감은 '괜찮다'고 아무 걱정 말라고 했었다. 그러나 정작 시집에 가 보니 그게 아니었다. 시어머님은 딸들에게 매섭게 가르쳐, 시누이들의 살림 솜씨가 대단했다. 그래서 나는 순식간에 조롱거리가 되고 말았다. 하는 일마다 서투른 나의 황당함이란!

내가 마당 수돗가에서 걸레를 빨면 모두 내다보고 킬킬거렸다. 걸레를 반대 방향으로 짜는데다가 꼭 짜지 않아서 물이 뚝뚝 흐른다나 뭐라나.

부엌 아궁이가 있던 시절이니 부엌은 낮고 옆에 찬마루가 있었는데, 하루는 어머님이 "오늘은 시금치나물을 하자" 하고 시금치를 다듬어 움푹 들어간 부엌에 서 있는 내게 던져 주셨다. 나는 시금치를 씻으며 머릿속이 쥐가 나도록 궁리를 하기 시작했다.

'물을 끓이다가 시금치를 넣는가? 시금치를 넣고 물을 붓는가?' 시금치는 말갛게 씻어지는데 '미적분'보다 어려운 이 문제의 해답이 아리송한 판에 어머님의 말씀!

"얘, 넌 물은 안 끓이고 시금치만 씻으면 어떻게 하니?"

'아차, 물이 먼저로구나.'

이러니 내 하루하루는 긴장의 연속이었다.

어느 날 밤 나는 신랑에게 따져 물었다.

"내가 분명히 살림 못한다고 여러 번 말했는데, 괜찮다고 하더니 이게 무슨 꼴이냐?"

신랑은 서늘하게 등을 돌려 누우며 대답했다.

"여자라면 어느 정도는 하는 거 아닌가? 살림 못한다는 말은 그냥 인사로 하는 말인 줄 알았지." 기가 막혔다.

어머님은 외출하시려면 "냄비 닦아 놓아라, 집 안 치워라" 하셔서 옆집 부인이 '친딸인가?' 하고 의심을 했다는 말이 있을 지경이었는데, 기껏 데려온 외며느리는 동서 분간을 못하니 미안한 일이긴 했다.

신혼여행에서 돌아온 지 며칠 후 일이었는데, 어머님은 외출하신다며 내게 비로드로 된 치맛감과 옥양목 허리띠를 내어 놓고 "나갔다 올 테니 치마허리를 달아 놓아라" 하며 급히 나가셨다.

나는 난감하기 짝이 없었다. 보통 옷감의 치마허리도 달아보지 않은 나에게 후들후들한 비로드라니! 시집 올 때 혼수로 해 온 한복 치마를 하나하나 뜯어서 그대로 맞춰 꿰매 보기를 여섯 개나 연습한 끝에 어머님이 주신 비로드 치마를 어찌어찌 만들고 보니 점심도 굶은 채 오후 세 시가 되었을 때 어머님이 들어오셨다.

어머님은 내 작품을 보시더니 아무 말씀도 없이 '후드득' 치맛단을 뜯어 내팽개치셨다. 그게 끝이었다. 내 방에 들어와 보니 뜯었다가 삐뚤삐뚤 꿰매 놓은 치마들이 나동그라져서 나를 비웃고 있었다. 나라는 사람의 가치가 이렇게 천길 낭떠러지로 떨어질 줄 누가 알았을까? 어려서부터 별로 말썽도 피우지 않고 자라서인지 착하고 예쁘다는 말만 들었으며, 그 시절엔 '서울대학교'에 합격하면 신문에 합격자 명단이 발표될 만큼 자랑스런 학생이던 내가 어쩌다 이런 신세가 되었을까?

넷째 시누이 문자가 제 방에 연탄불이 꺼졌는지 바닥이 냉골이라고 투덜거리기에 나는 그 방 연탄 구멍을 열어 놓았다. 그런데 얼마 있다가 셋째 숙자가 방에서 튀어나오며 소리를 질렀다.

"뭐야, 방이 왜 이렇게 뜨거워?"

'아차, 옆방 아궁이었구나.'

실수의 연속으로 허둥거리는 나날이었다.

봄이 되니 마당 여기저기에 꽃이 피기 시작했다. 어머님과 신랑이 꽃을 좋아해서 잘 가꾼 뜰이 아름다우니까 식구들이 사진을 찍자고 나섰는데, 하필이면 자기들은 갖은 포즈를 취하고 나더러 찍으란다. 나는 열심히 찍었지만 현상해 온 사진을 보니 하나가 잘못되었다. 사람 얼굴과 꽃에 초점을 두다 보니까 발이 사진에 안 나온 것이다. 사실 여러 장 중에 단 하나 발이 좀 안 나온다고 그게 뭐 큰 흉이랄 것도 없는데, 넷째가 나를 옆눈으로 보며 무시하듯 깔보는 어조로 말한다.

"아니, 어떻게 사진을 찍으면 발이 안 나올까? 발 없는 사람이 뭐야?"

이럴 때 우리 친정이라면 모두 나서서 '뭐 그럴 수도 있지. 하하하' 하면서 무안한 사람을 두둔할 것이지만, 이 집은 달랐다.

다음 번 사진을 찍을 때, 나는 뒤로 빠졌다. 그러니까 모두 넷째에게 찍으라 했는데, 현상해 온 사진을 보니 한 사진에 사람 얼굴이 안 나오고 목 아래부터 보이는 것이다. "아니, 얼굴 없는 사진이 뭐야? 차라리 발 없는 게 낫지, 얼굴이 없다니" 하고 막내가 투덜거렸다. 이번 것을 찍은 시누이는 지난 번 자기가 한 말이 있어서 발이 안 나오지 않게 하려고 애쓰다 보니 그리 된 거다.

여기서 나는 친정과 시댁 두 집의 차이를 분명히 깨달았다. 친정에서는 식구들이 외출했다가 집에 오면 낮에 실수한 것을 얘기하고 같이 웃으며 '아이고 그랬구나' 하며 위로해 주고 실수가 재미있다고 한바탕 웃음꽃이 피는 데 반하여, 시댁에서는 가정이 보듬어 주는 분위기가 아니라 냉정히 비판하니, 똑똑하게 잘 살기 위해서는 이로울지 모르나 삭막했다.

나는 내 아이들이 자라면 밖에서의 모든 허물이 용서되고 받아들여지는 다사로운 가정을 만들어 주리라 마음먹었다.

신랑은 장가들고 아들이 색시만 안다는 소리를 듣지 않으려고 그러는지, 퇴근하고 집에 와서 씻고 안방에서 밥을 먹으면 오지 않고 거기 남아서 TV도 보고 어머님, 동생들과 얘기꽃을 피우는 사이에 나는 설거지를 끝내고 방에 혼자 앉아 있으려니 '내가 왜 여기서 이러고 있을까?' 하는 한심한 생각만 들었다.

기껏 우리 방에 와도 신문만 들여다보고 있기에, 나는 신문과 신랑 얼굴 사이로 얼굴을 들이밀며 "나하고 말 좀 합시다" 했다. 신랑은 즉각 신문을 착착 접어 옆에 놓더니 "말해요. 무슨 의논할 일이 있어요?" 진지한 그 표정에 기가 막혀서 더 무슨 소리를 하겠는가.

시집온 지 몇 달 안 되어 첫애가 들어선 나는 입덧을 심하게 해, 부엌에서 음식 장만을 하다가도 왝왝거리고 밥 냄새만 맡아도 토하는 상황이 계속 되었는데, 신랑이라는 사람은 내가 토하는 소리를 들어도 안방에서 꼼짝도 안하고 가끔 막내 시누이가 껌을 가져다주는 게 전부였다.

시댁은 만주에서 오래 사셔서인지 음식 습관이 완전 추운 지방의 식문화를 많이 따라서, 기름진 돼지고기찌개를 자주 하고 뭐든지 걸쭉하고 기름기 많은 걸 좋아했다. 입덧하는 내겐 냄새도 맡기 힘들고 토악질이 났는데, 어머님은 자신은 입덧 한 번 안했다며 고개를 흔들면서 이해를 못하셨다.

생각다 못해 친정에 좀 다녀오겠다며 허락을 받고 갔더니 엄마는 끼니때가 아닌 어정쩡한 시간에 간 내게 "뭘 해 주랴?" 물으시기에 나는 무심코 "계란이나 부쳐 주세요" 했다.

그 시절엔 미제 전기 프라이팬이 처음 나와 집집마다 그걸 방에다 놓고 거기에 엄마는 계란 한 줄을 들고 오셔서 기름을 두르고 부치기 시작했다.

계속 제대로 먹지 못하던 나는 무심코 앉아서 그걸 받아먹었다. 하나, 둘, 셋, 넷… 일곱 개째 엄마는 눈물을 확 쏟으며 일어나 나가셨다.

그제서야 정신이 번쩍 들었다. 결혼 전에 입이 짧은 나는 계란을 잘 안 먹어서 엄마는 "계란 좀 먹어라" 하고 내게 사정을 하셨었는데, 아마 내가 미쳤나 보다, 그걸 정신없이 먹다니!

방을 나가 진정을 하셨는지 엄마는 배를 여러 개 들고 오셔서 "우리 입가심으로 배나 먹자" 하시기에 "엄마, 나 이제 과일도 잘 깎아. 훈련을 받아서" 하곤 배를 깎기 시작했다. 아무 생각 없이 접시에 수북히 깎고 있는 나에게 엄마가 물으셨다. "아가, 우리 둘이 이 많은 걸 어떻게 먹으려고 다 깎니?" 아차, 나는 또 실수를 한 것이다. 시댁에서 나는 과일을 깎는 사람이지 먹는 사람이 아니었으므로 마냥 깎기만 한 것이다. 그날 엄마 마음을 아프게 해 드린 일이 지금까지도 가슴이 저리도록 후회스럽다.

첫째 해원이를 낳고 이어서 규원이는 남편이 미국으로 공부하러 간 사이에 낳고 보니 그 고생은 이루 말할 수가 없었는데, 갓난이와 돌잡이를 데리고 지내는 밤, 한 녀석이 깨어 울어서 우유를 먹이려면 다른 녀석이 깨고… 그동안에 아침이 되어 세어 보면 기저귀가 열 개씩 나오니, 내가 밤잠을 잤는지 안 잤는지 알 수가 없을 지경이었다.

하루는 규원이 우유를 타려고 보온병을 마악 집어드는데 해원이가 내게 버럭 달려들기에 아이가 뜨거운 물에 델까 봐 놀라서 홱 돌리다가 보온병을 떨어뜨리면서 병이 깨져 버렸다.

이미 오후 시간인데, 밤 동안 두 놈 우유를 계속 타야 하는데 보온병이 없으면 어쩌나? 할 수 없이 친정에 전화를 했다.

엄마가 급히 남대문시장에 가서 새 보온병을 사 오시니 저녁때가 지났다. 그러자 아버님께서 "사돈 마나님이 우리 손자들 때문에 오셨으니 저녁 대접을 해야지…" 하셨다. 그때 어머님은 심드렁하게 "우린 저녁상을 치웠는데" 하셨다.

"그럼 중국집에 국수라도 시켜 드려야지."

이 말씀이 끝나기 바쁘게 시누이가 빽 소리를 질렀다.

"자기 밥은 자기 집에서 먹지, 왜 여기서 먹으려는 거야?"

엄마는 벌써 현관에서 신을 신고 계셨다.

"에미야, 나 간다."

어두운 방에서 두 아이를 껴안고 나는 소리 없이 울었으나, 엄마가 나를 미국 사위에게 보내기로 결심한 계기가 되었으니 오히려 잘된 일이었을까?

미국에 가 보니 그 시대(1969년)엔 아직 종이 기저귀는 없었으나 미국에는 diaper service(기저귀 봉사가 아니라 기저귀 배달)라는 게 있어서, 애기 있는 가정마다 목욕탕에 커다란 통을 두고 애기 기저귀를 물에 담가 두었다가 차가 오면 보송보송한 새 기저귀를 받고 젖은 기저귀를 맡기는 서비스가 있어서 신기했으나, 나는 그걸 이용하지는 않았다. 어머님은 대야에 기저귀가 둘만 모여도 싫은 기색을 하셔서 기저귀가 나오는 대로 고무장갑도 없던 시절에 산모가 차디찬 물에 맨손으로 빨기도 했는데, 더운 물에 내 마음대로 모았다가 빠는 일이 하나도 힘들지 않았기 때문이었다.

남편이 미국에 오래 사신 선배님을 초대하고 싶다기에 완전 한식으로 음식을 차렸더니 그분들이 "아니, 새댁이 이런 음식을?" 하며 놀라셨다. "눈물을 수업료로 바치고 배운 솜씨랍니다"라는 내 말에 남편이 눈을 흘겼다. "우리 어머니가 아니면 당신 같은 숙맥을 단기간에 이렇게 가르칠 분이 또 어디 있겠느냐?"는 그를 보며 난 쓴웃음을 웃지 않을 수 없었다.

어느 정도 세월이 가고 나도 배짱이 생겨서 어머님에 대해 불평 비슷한 말을 하려고 하면, 언제나 남편은 어머님이 자기들을 기를 때 얼마나 고생하셨는가를 하도 열심히 얘기하는 바람에 나는 입을 다물 수밖에 없었다.

하루는 마켓에 가니 천도복숭아가 먹음직스럽기에 얼른 장바구니에 넣었다. "그걸 누구 먹으라고 사?" 남편이 물었다. "이거 어머님이 얼마나 좋아하시는데…" 하다 말고 내가 웃었다. 여기는 미국, 어머님은 한국에 계시는데 그렇게 구박을 받고 살았으면서 어머님 좋아하는 걸 보니 나도 모르게 사려 하다니. 어느 새 나도 그 어머님과 정이 들었나 보다.

얼마 전 집 안 정리를 하며 신선로 열 개를 다 내다 버렸다. 맨 밑에 무를 얇게 썰어 깔고 살코기로 쇠고기를 맛있게 무쳐서 얹고, 민어나 비리지 않은 생선전을 부쳐서 반듯한 것은 접시에 담아내지만 모양 내느라 썰어놓은 자투리를 그 위에 얹고, 그다음에 석이버섯이며 계란 지단과 당근 등으로 예쁘게 윗부분을 꾸며서 잣가루를 솔솔 뿌린 후 맑은 육수를 부어서 가운데 빨갛게 피운 숯불을 담아 내면, 잔칫상에서 식지 않고 인기 있는 메뉴여서 참 많이도 만들었지만, 약주 잡수실 때 좋아하시던 아버님도 이미 안 계시고, 손님 부르기를 그리도 즐기시던 어머님도 안 계시니….

어머님은 워낙 깔끔하셔서 마당 수돗가에 있는 스테인리스 대야에 누군가가 세수를 하거나 손을 씻고 나면 즉시 말끔히 닦아 놓아야 한다고 이르시는데, 가끔 아이들이 쓰는 걸 내가 보지 못해 닦지 않으면 금방 나가셔서 왕그랑 댕그랑 소리를 내며 닦으셨다.

어느 날 내가 하루 동안 대야 닦은 수를 세어 보니 무려 열 번이나 되었다. 저녁에 퇴근한 남편에게 나는 투정을 했다.

"내가 좀 더 창조적인 일을 하며 살게 해 줄 수는 없어요?"

남편은 잠깐 생각에 잠기더니 이렇게 대답했다.

"내가 창조적인 일을 하는 걸 도와 주는 걸로 보람을 가질 수는 없어?"

말수가 적은 사람이 말도 잘한다.

내 대학 동기들이 '졸업 30주년'이라고 서울대에서 부부동반으로 모인다기에 우리 내외가 갔더니, 테이블을 사이에 놓고 왼쪽엔 졸업생이 오른쪽엔 부인들이 앉아 있었다. 아직 여자 동창들이 안 온 모양인데, 남편이 웃으며 "그러니까 이쪽은 졸업생이 건너편엔 배우자가 앉는군요. 그러면 나는 이 자리에 앉아야겠네요" 하며 부인들 옆으로 가서 모두를 웃겼다.

10여 년 전에 '대장암'을 앓은 내가 요즘은 황반변성으로 시력이 안 나오니 속이 상하는데, "내가 명품백을 안 사주었더니 대신 명품 병을 앓느냐?"고 해서 나를 웃긴 남편, 어느새 유머러스한 사람이 되어 있다.

실수 중에 가장 큰 것은 작은아들의 교통사고였는데, 힘든 유학 생활 중에 얼마나 남편의 충격이 컸으면 이빨이 뭉텅 빠지고 말았고, 나는 그 사건 이후 겁이 나서 평생 운전을 못한다.

만 2년 만에 회복한 아이가 목욕하다가 제 형을 보고, "형, 왜 내 다리에 0자가 있어?" 하는 걸 보고 우리는 웃었다. 아이가 그 사실을 잊은 모양이니 그보다 더 다행한 일이 어디 있을까?

그 까칠하던 시누이들도 이제는 후덕한 할머니가 되어 사이좋게 지내면서 "언니, 언니" 하며 진짜 동생 노릇을 해 주니 고맙다.

가끔, 내 생각 내 꿈과 동떨어진 삶에 대해 힘들어할 때마다 남편은 내게 "인생은 시(詩)가 아니야"라고 말했지만, 돌이켜보면 인생은 시요, 소설이었다.

어느새 결혼한 지 50년, 실수투성이였지만 나는 실패하지는 않았다고 생각하고 싶다.

오늘도 좋은 날이요

나는 서울대학교 사범대학을 졸업하고 성심학교에서 즐거운 교사 생활을 하였지만, 실은 매우 힘들었다. 그 까닭은, 일반 중고등학교와 달리 신설 성심여자중고등학교는 한 학년이 단 한 반이었으니, 내가 부임할 당시 중1에서 고2까지 다섯 학급의 국어, 고문, 국문학사, 국어 문법과 한문까지 전 과목을 나와 김수정 수녀님만 전임이고 두어 개를 김남조 시인과 전광용 소설가께서 맡으셨으니, 내가 맡은 과목만도 여덟 과목이었으며, 죽어라 준비해서 한 번 가르치면 그 해에는 다시 쓸 수가 없는 강행군이었기 때문이다.

다른 학교에 취직한 친구들은 한 학년에 하나 내지 두 과목을 맡아 12학급에 재탕하는 동안, 단 한 번밖에 쓸 수 없는 교재 준비로 정신없이 바빴다. 하지만 그렇게 몇 해 지나는 동안 나는 어느 학년 어느 과목도 두려울 것이 없는 실력자가 되었다.

그러다가 연년생으로 둘째 아이를 가지자 학교를 그만두게 되었으니, 내 가슴속에는 항상 학생들을 가르치고 싶은 갈증이 가득 차 있었다.

다행히도 1974년 동덕여중에서 임시교사로 불러주어 3년 동안 신나게 열심히 가르치는 보람을 느꼈으나 계속하지 못했는데, 하필 시어머님이 대소변을 가리지 못하시던 1988년 성심학교로부터 내게 기회가 왔다. 도저히 어머님 곁을 떠날 수는 없고, 이 마지막일 것 같은 기회를 놓치기 아까워서, 나는 교장 수녀님께 간청해서 일주일에 이틀, 몇 시간만이라도 강사로 나가기로 허락을 받았다.

사실 내가 성심을 그만둘 때 교무주임이던 손 선생의 고약한 짓이 있었으니, 그 시절 주매분 교장 수녀님께서 학교 건물 신축 때문에 힘든 것을 지나치게 아첨 수준으로 돕느라고, 나에게 "안 선생같이 훌륭한 교사가 퇴직한다는 건 학교로 보나 국가로 보나 말할 수 없는 손실이니, 절대 퇴직하지 말고 휴직을 하라"는 말을 곧이듣고 퇴직금도 안 받고 그야말로 휴직인 줄 알고 학교를 쉬었더니, 심심하면 한 학기 정도 강사로 나오라고도 했기에 '아이들이 좀 크면 다시 복직하리라'고 바보같이 생각하다가, 어느 날 이제는 복직하리라고 교육부(그때 문교부)에 복직을 신청했더니 나는 이미 퇴직 처리가 되었다는 것이었다.

그것도 나를 휴직시킨 바로 그다음 날짜로! 뒤통수를 얻어맞아도 크게 맞았다. 더구나 퇴직한 교사는 새로 임용고시를 봐야 교직을 가질 수 있게 되었다는 것이다.

결국 손 선생은 내게 퇴직금만 주지 않은 게 아니라 복직도 못 하게 앞길을 막은 것이었다. 그 사실을 알았을 때 이미 손 선생은 학교에서 퇴출당한 후이니 어쩌랴. 억울하지만 지난 일은 잊어버리기로 하고, 불러주는 것만도 고마워서 나는 기꺼이 나가서 물 만난 고기처럼 신나게 가르쳤다.

어느 날 갑자기 교장 수녀님이 내가 가르치는 교실에 수업 참관을 오셨는데, 마침 나는 설측음(舌側音)과 설전음(舌前音)에 관해 수업을 하는 중이었다.

내 장기인 사람의 얼굴 옆모양을 칠판에 크게 그려놓고 설측음과 설전음의 발성 위치를 설명하면서, 우리가 영어 발음을 할 때 rose는 '로즈'라 하고 love는 '을러브'라고 설측음으로 하면 된다고 했더니, 교장 수녀님은 굉장히 좋아하시며 나를 교장실로 불러서 "당장 전임으로 나와 줄 수 없느냐"고 하기에 지금은 안 되지만 신학기부터 전임을 할 수 있다고 약속했으니, 이미 쇠약해진 시어머님께서 올해를 넘기시지 못할 것 같아 그런 것이었다.

어느 날은 수업이 끝나자 아이들이 감동해서 박수를 치는 일까지 있을 정도로 나는 눈물나게 충실한 시간들을 보냈다. 그 해 12월 어머님이 오랜 투병 끝에 돌아가시고, 새 학기가 되기 전에 희망을 품고 학교에 간 내게 교장 수녀님은 다른 선생님을 모시기로 했다고 말씀하셨다. 당연히 이미 말씀하신 대로 전임이 될 줄 알았던 나는 매우 실망했다.

그런 지 겨우 며칠이 되었을까? 대학 동창 신철수로부터 전화가 와서 하는 말이, "안 선생, 성심 그만두었어?" 한다. "응 그렇게 되었어" 하니까, "야, 잘되었네. 경기여고로 와."

그때 신 선생은 경기여고에서 근무하고 있었는데, 어제 한우택

교장 선생님께서 부르시더니 "동창 중에 안병옥이라는 사람이 어떠냐?" 하시더란다. "그이보다 더 좋은 선생은 없지만, 안 선생은 성심여고에 있습니다" 하니까, "그 학교 그만두었대" 하셔서 확인하는 거란다.

내가 성심을 그만둔 것을 경기여고 교장 선생님이 어떻게 아셨을까? 그 미스테리는 곧 풀렸다. 내가 성심을 그만두게 한 장본인까지 드러난 일로, 바로 김안토니아 선생의 입김이었던 것이다.

경기여고에는 안토니아의 바로 아래 동생인 김종현 선생이 근무 중이었는데, 지난 설날 친정에서 형제들이 만났을 때 제 언니인 안토니아에게 "병옥 언니는 잘 계시냐?" 하고 내 안부를 물었다는 거다. 그때 안토니아의 대답이 "아니, 안 선생은 이제 성심에 더 못 나와" 하기에, "아니, 왜?" 하니까 "교장과 다 얘기가 되었어" 하더란다.

안토니아는 나를 못 쓰게 했을 뿐만 아니라, 그 사실을 미리 알면서 내가 다른 학교를 알아볼 시간을 주지 않으려고 입을 다물고 있었던 것이다.

성심학교는 좋은 곳이지만 아직도 세상일에 어두운 나는 또 당한 것이다. 어려서부터 같은 성당에 다니면서 나를 좋게 보았던 김종현 선생은 제 언니의 말을 귀담아 들었다가, 마침 국어 임시교사를 찾는 한 교장 선생님께 나를 추천했고, 교장 선생님은 내 동창 신 선생에게 물어보신 덕에 일이 잘되었다.

다음 날 나는 경기여고로 가서 교장 선생님을 뵈었고, 당장 채용되어 3년간 임시교사지만 전임으로 경기여고에서 가르치게 되었다.

공립학교라서 서울대 사대 동창 선후배가 많은 경기여고에서 나를 괴롭힐 사람도 없이 내 실력을 마음껏 발휘할 기회가 온 것이다.

내가 출근하기 전날 57학번 동기인 조진희 영어 선생에게 다른 선생들이 나에 대해 물어보았던 얘기로 출근하자마자 교무실은 웃음꽃이 피었으니, 조 선생 왈 "안병옥 선생은 한마디로 '얌전이'야. 다른 사람 얼굴도 똑바로 쳐다보지 못하는 얌전이"라고 했는데, 정작 내가 나타났는데 전혀 다르게 당당하더라는 것이다. 그도 그럴 것이 조 선생은 대학생 때의 나를 기억하지만, 그 후 나는 여기저기 속고 당하면서 많이 똘똘해졌기 때문일 것이다.

국어과 주임인 신철수 선생은 곧바로 내게 '국어1' 강의를 맡게 했고, 시험 문제 낸 것을 볼 때마다 '기가 막히게 냈다'고 감탄을 하며 내 기를 살려 주었다.

하루는 경기여고 선배인 강릉 '선교장' 주인 성기희 할머니께서 뜻밖의 초대장을 학교에 보내셨는데, 여선생들을 2박3일 동안 선교장에 초대하신다는 것이다. 당시 교감이었던 안인애 선생은 경기여고 졸업생인 관계로 모든 준비를 꼼꼼히 하고 우리는 즐겁게 선교장으로 가서 그 아름다운 고택을 구경하고, 첫날은 연못 위에 세워진 '활래정'에서 선배 할머니의 말씀도 듣고 맛있는 음식도 대접받았다.

달빛이 휘영청한 선교장의 밤은 잠을 자기 아까울 정도로 감동 그 자체였으며, 이튿날 아침 안채 마루에서 떡 벌어진 아침상을 받아 즐겁게 먹고 있는데, 할머니께서 한 말씀 하실 게 있다는 것이다.

사실 작년에 이곳 관동대학교 교수님들을 모시고 활래정에서 점심을 대접했는데, 모두 이곳 경치와 오래되고 운치 있는 고택을 칭찬하기에 한 가지 부탁을 했단다. 이 아름다운 경치를 감상하고 음식을 잡수셨으니, 청컨대 그 답례 삼아 시(詩) 한 수 읊어 주십사고 했더니, 희희낙락하던 국문과 교수님들이 입을 딱 다물고 끝내 말씀이 없으셔서 서운하셨단다.

그러면서 "오늘은 자랑스런 내 모교 선생님들이 오셨으니 이 즐거운 정경을 시 한 수로 읊어서 늙은 선배를 즐겁게 해 주시지 않으시렵니까?" 하시는데, 그 순간 좌중은 물을 끼얹은 듯 조용해지고 말았다. 안 교감은 당황해서 우선 국어 선생님을 찾았다. "박 선생님 어떠세요?" 묵묵부답. "조 선생님, 시 한 수만?" 명랑한 조 선생은 손사래를 치면서 "아이고, 난 못해요. 미안합니다." 그러자 성 할머니 왈, "아이고, 내 모교 선생님은 다를 줄 알았는데…" 하고 한숨을 쉬시는 걸 보다 못해 내가 한마디했다. "부족하지만 제가 시조 한 수 읊겠습니다." 그제서야 모두 살았다고 박수를 치며 반가워하기에, 나는 《청구영언》에 나오는 작가 미상의 시조를 천천히 한 수 외웠다.

    오늘도 좋은 날이요 이곳도 좋은 곳이
    좋은 날 좋은 곳에 좋은 사람 만나이셔
    좋은 술 좋은 안주에 좋이 높이 좋애라

모두 좋아서 난리였는데, 누구보다도 주인 할머니께서 춤출 듯 기뻐하시며, "역시 우리 모교야. 내 모교는 선생님도 달라" 하며 시조를 한 번만 더 읊어 달라 하시기까지 하더니, 이 마루에 걸어 놓고 싶다고 써 줄 수 없냐고 물으시니, 안 교감은 즉시 붓글씨로 써 보내 드리겠다고 약속했다.

교감 선생님은 내게 고맙다고, 자기와 학교를 모두 살려 주었다고 몇 번이나 치하했다.

하루는 안 교감이 나를 불러 하나의 제안을 하였는데, 그건 우리 학교 학부형들이 소위 강남 8학군 학부형들이어서 교육 수준도 높고 학교에 대한 기대가 큰데, 학생들은 학생들대로 학교와 부모의 기대에 대한 중압감이 높아서 이를 중화하기 위한 학교와 학부모 그리고 학생이 소통하고 이해를 향상시킬 수 있는 프로그램을 좀 구상해 보라고 했다. 나는 흔쾌히 그 제안을 받아들여 일을 추진했다.

내가 겁 없이 그 일을 맡은 것은, 학교를 쉬는 동안 나는 남영동에 있는 '서울시립청소년회관'에서 계속 전화 상담 봉사를 해 왔기 때문에 자신이 있었다.

우선 설문지를 만들어 고1, 고2 전 학년에게 돌리고 답을 받아서 '고민의 유형'을 분류하고 교감 선생님께 내가 할 일에 대해 설명하니 적극 협조해 주셨다.

학교에서는 학부모에게 어느 날 방과 후에 학교, 학부모, 학생들의 공개 상담 자리를 마련했으니 많은 참석을 바란다는 통지문을 학생을 통해 보냈다.

그날이 왔다. 과히 많은 인원이 참가하지는 않았으나, 다행히도 상담 자리는 상상외로 진지하고 솔직하게 진행되었고, 나중에는 엄마와 딸이 부둥켜안고 우는 일이 벌어질 정도였다.

진행은 내가 했는데, 우선 부모님에게 학생들의 부모님에 대한 불만이나 부탁 사항을 설명하고, 그 사항에 대한 학생들의 의견을 듣고 나서 부모님 의견을 들은 다음, 내가 그 해결책이랄까 부탁 말씀을 하는 순서로 진행되었는데, 어찌나 열띤 얘기가 오갔는지 예정된 시간이 지났는데도 아무도 집에 돌아갈 생각을 하지 않을 정도였다.

금방 소문이 나서 두 번째 모임에는 너무 많은 학부모와 학생들이 참석해서 마련한 자리가 모자라는 일이 벌어졌다.

가장 많은 대화의 요지는 공부만 하라는 부모님의 무리한 요구에 대한 학생의 반발심과, 대화 부족에 대한 불만 그리고 의외로 일하는 엄마에 대한 불만이 중요한 이슈였는데, 양쪽의 솔직한 대화 후에 내놓은 내 의견이 많은 공감을 얻었다.

이미 나는 설문지를 꼼꼼히 읽어 보고 유형별로 정리를 한 후 상담에 임했기에 듣는 학생이나 부모님들에게서 긍정적인 호응을 얻었다.

예를 들면 '열쇠 아동'이란 말이 있듯이 방과 후 집에 와서 열쇠로 문을 열고 들어갔을 때 엄마 없는 빈 집이 너무 싫다는 학생에게는, 설문지에 장래 희망을 물었더니 90%가 다 전문직이나 기타 직업을 갖고 싶다고 썼던데, 너희는 엄마가 직장 다니는 게 그렇게 싫다면서 자신은 직업을 가지겠다는 이기적인 생각을 하느냐고 했다.

너희는 엄마 퇴근 후와 휴일에 엄마와 얼마든지 좋은 시간을 누릴 수 있지만, 엄마나 부모가 없어서 1년 365일 외롭게 사는 아이들도 많다는 걸 생각해 보자.

부모님들에게는 아이들에게 공부만 하라고 하지 말고, 설거지도 시키고 쓰레기도 치우라 하고, 더 나아가서 힘든 집안 사정도 말해서 도움을 요청하시라고 조언했다. 사실 이 세상에서 편히 앉아 공부하는 게 제일 쉬운 일인데, 자녀들에게 더 어려운 일을 안 시키니까 아이들이 공부를 어렵다고 느끼는 것이니, 힘든 일을 시키면 "나 공부해야 해" 하면서 책상 앞으로 달려갈 거라니까 모두 웃었다.

땀 흘려 육체를 많이 움직여야 머리가 맑아져서 공부도 잘된다는 내 말에 모두들 고개를 끄덕이며 기분 좋게 공개 상담을 마무리할 수 있었다.

교감 선생님과 나의 합작품은 대성공이었고, 학교에 대한 학생과 학부모의 호감도 상승했다.

3년이라는 시간은 정말 빠르게 지나갔고, 내가 집에서 쉬고 있은 지 채 한 달도 안 되어 경기여고에 계시다가 삼성고등학교로 전근 가신 선생님에게서 연락이 왔다. 국어 교사가 다쳐서 급히 임시 교사를 찾는데 실력을 갖춘 분을 찾기 힘들어 교장 선생님께 나를 추천했단다. 나는 뛸 듯이 기뻐서 남편에게 말하니 남편 왈, "하하하, 또 기생방에 종이 울렸군." 남편은 내게 임시교사 자리가 나면 나를 놀리려고 꼭 그렇게 말해서 나를 웃겼다. 보따리 장사처럼 이 학교 저 학교로 다니는 걸 조금도 언짢아하지 않고 오히려 즐겁고 보람 있게 생각하는 나를 놀리려는 농담인데, 나는 그것도 좋았다.

출근 첫날 교무실 칠판의 시간표를 확인하고 교실에 들어가려는 내게 교도주임 선생님은 교무실 문 옆에 있는 큰 서랍을 열어 보이셨다. 맙소사! 그 서랍 안에는 무시무시한 것들이 가득 들어 있었게 아닌가? 큰 몽둥이, 가지가지 모양의 회초리, 심지어 칼까지….

"새로 오신 여선생님을 우습게 보는 녀석들이 있으니, 한두 개 골라서 들고 가셔야 애들이 좀 조심할 겁니다."

놀라서 입이 다물어지지 않았으나, 나는 단호히 말씀드렸다.

"아닙니다. 그냥 들어가겠습니다. 아무리 거친 사내아이들이라도 감당할 자신이 있어요."

아무렇지 않게 하나씩 무기(?)를 들고 교실로 향하는 다른 분들 사이에서 교과서와 출석부만 가지고 나는 어깨를 펴고 당당히 교실에 들어갔다. 교실 분위기는 어수선했다.

우선 "젊고 예쁜 여선생님을 기대했다면 미안하다. 그러나 너희는 국어 선생님이 필요하니까, 국어 공부에 관한 한 틀림없이 잘 배우게 될 테니 염려 마라."

"오늘은 훈민정음 공부할 차례지?" 하며 칠판에 '훈민정음'이라고 판서를 했다. 물론 한글로. 그런데 교실 뒤쪽에서 "선생님, 세종대왕이 처음 훈민정음을 지으셨을 때, 우선 한문으로 쓰셨겠지요?" "그렇지. 한문으로 먼저 쓰시고 그걸 새로 지으신 한글로 보여 주셨지." "그럼, 선생님도 한문으로 훈민정음 전문을 칠판에 좀 써 보세요."

나는 두말없이 한자 훈민정음을 써 내려갔다.

世宗御製 訓民正音
國之語音 異乎中國 與文字 不相流通 故 愚民
有所欲言 而終不得伸其情者多矣 予 爲此憫然

新制二十八字 欲使人人易習 便於日用矣

내가 칠판에 글을 쓰는 동안 교실 안은 차차 쥐 죽은 듯 조용해졌다. 그다음부터 수업은 순조로웠고, 순식간에 다른 반까지 소문이 나서 나는 아무 불편 없이 개구쟁이들을 가르칠 수 있었다.

하루는 교도부 앞을 지나가고 있는데, 내가 가르치는 남학생이 복도에 두 팔을 든 채 벌을 서고 있었다. "어떻게 된 거야?" 하고 물으니 "담배 피다 들켰어요" 한다.

"아이고, 좀 잘 숨어서 피지." 내 말에 목을 움찔해 어깨를 툭툭 두들겨 주고 지나갔는데, 그게 꽤 좋았던 모양이다.

어느 날 퇴근하려고 교문을 나서는데 미리 기다리고 있던 껄렁껄렁한 녀석 둘이서 내 양쪽에 들러붙더니 팔짱을 턱 꼈다. 순식간에 일어난 일이었다.

"선생님, 돈 좀 빌려 주세요."

"왜? 돈이 필요해?"

"네, 돈이 좀 급해서요."

"집에 갈 차비가 없니?"

그런데 뒤에서 나타난 한 녀석이 내게 들러붙은 두 놈을 탁 떼어 놓았다. 바로 담배를 피다 들켜서 벌을 서던 아이였다.

"앞으로 안 선생님 괴롭히는 놈 있으면 모두 내가 손봐줄 테니까 알아서 해!" 하며 머리통을 한 대씩 쥐어박고 몰아내 버렸다.

그 후 나는 편하게 교사 생활을 즐길 수 있었다. 더러 거친 면이 있지만 내가 가르친 애들 중에서 제일 인간적이고 순수한 학생들로 기억된다.

　중고등학교에서 학생들 가르치기를 즐기던 내 소망은 삼성고를 끝으로 다시 기회가 오지 않아 그 후에는 한글을 모르는 할머니들에게 무료 수업을 하며 보람을 찾았다.
　웃기는 일이랄까? 기가 막히는 일이 있었으니, 1986년 시아버님께서 오랜 투병 끝에 돌아가시고 우리는 이문동에서 방배동으로 이사를 하는 바람에 막내딸은 고등학교 배정을 상명여고를 거쳐 서초동 동덕여고로 전학을 하게 되었는데, 내가 아이를 데리고 학교에 갔을 때 일어난 일이었다.
　모든 전학 절차를 끝내고 담임 선생님이 아이를 데리고 교실로 가시자, 나는 밖에서 기다리기로 하고 교사 앞 운동장으로 나왔다. 근처 여기저기에선 중학생들이 그림을 그리고 있었고, 미술 선생님은 운동장 계단 어귀에 서 계셨는데, 내가 창신중학교에서 뵙던 바로 그 이훈 선생님이 아닌가! 나는 얼른 가서 "선생님, 안녕하세요?" 하고 반갑게 인사를 했으나, 선생님은 전혀 알아보지 못하는 기색이었다. "선생님, 저 몇 년 전 중학교에서 국어를 가르치던 안병옥입니다" 하니, 그분은 깜짝 놀라시며 무너지듯 주저앉아 버리시는 게 아닌가?
　한참 후에 정신을 차리신 그분 말씀은 "아, 아, 미안합니다. 정말 미안해요. 사실 난 선생님을 잊지 않고 있었습니다. 잊기는요, 오늘 아침만 해도 새로 오신 여선생님을 보고 '우리 학교에 안병옥이라는 국어 선생님이 계셨는데, 그 청초한 모습과 많이 닮았다'는 말까지 했는데요."

그런데 이렇게 변했을 줄 몰랐다는 얘기에 이번에는 내가 놀랐다. 시부모님의 치매와 대소변 수발에 여러 해 지친 끝에, 그날은 검은 상복까지 입은 나를 못 알아보셨구나. 내가 그 정도로 낡아 버렸나?

동덕여중 3년 동안 여러 선생님이 나를 아껴 주셨고, 학생들도 내 별명을 '박사'라고 불러주며 사랑을 듬뿍 주었는데, 그 후 나는 경제적으로도 힘들고 두 시어른께서 편찮으신 바람에 정신없이 보냈으니 변할 만도 했다. 하는 수 없지. 내가 나쁜 짓을 하다가 이렇게 된 것도 아닌데, 속상해하면 뭘 하나.

그러나 내 아이들 해원, 규원, 지원에게는 몸이 약하고 능력이 모자란 내가 제대로 돌봐주지 못해 죽을 때까지 미안한 마음으로 살 것이다. 외손자 이지섭과 외손녀 이혜섭은 미국에 사는데도 제 엄마가 우리말과 글을 가르쳐 준 덕에 우리와 의사소통에 지장이 없으며, 예의 바르고 머리 좋은 지섭이와 성당 복사를 하고 그림을 잘 그리는 따뜻한 감성을 가진 혜섭이가 예쁘기 짝이 없으나, 장손 영묵이 국어 성적이 안 좋다는 큰아들의 말은 내 가슴을 아프게 한다. 어려서 그 큰 머리통만큼 명석하고 사교성이 있던 아이였으니 제 할아버지 말대로, '씨가 좋으니 잘 자랐을 거'라고 믿을 수밖에 없다.

작은아들은 맏이 현송과 막내 현묵을 두었는데, 여러 해 동안 경기도 도서관에서 항상 책을 가장 많이 읽은 '다독상'을 탈 정도로 책을 많이 읽으니 고맙기 짝이 없다. 나를 닮았는지 글쓰기를 좋아하는 현송이, 생긴 것이 할아버지를 빼닮은 현묵이는 성당에서 미사 복사를 하는 착하고 바른 아이이니 하느님께 감사할 따름이다.

그러고 보니 나는 사범대학을 졸업한 보람도 없이 제대로 교사 노릇도 못했으며, 자식과 손자들에게도 제대로 가르쳐 주지 못한 엉터리 국어 선생이었다. 그래도 나는 내가 살아온 하루하루가 '오늘도 좋은 날이었다'고 우기고 싶다.

정화조 오물을 뒤집어쓰고 만난 사람

돌이켜보면 그때가 내 인생 중에서 가장 힘든 때였던가 한다.

시아버님께서 오랜 병환 끝에 돌아가시고, 시어머님도 노환 중이신 데다가 대학생, 고등학생인 삼남매에게 한창 돈이 들어가니까 나는 자연히 한 푼 한 푼에 발발 떠는 짠순이 주부가 되어 있었다.

골목 안 조그만 단독주택에 살던 우리는 식구가 많다 보니 변소 오물도 쉽게 모여 정화조 청소하는 것도 큰일이었다. 전화로 정화조 청소를 신청해서 날을 받고, 정한 날에 그 커다란 탱크를 실은 청소차가 골목을 비집고 들어와서 굵고 시퍼런 호스를 집 안 정화조까지 밀어 넣어 오물을 빨아들이면 온 동네 냄새가 진동할 뿐 아니라, 오물 탱크에 처박혔던 호스가 마당을 가로질러 마당과 대문을 더럽히니 뒷청소도 만만치 않았지만, 무엇보다도 빡빡한 살림에 비용도 꽤 들었다.

그러자니 나같이 돈 쓰는 데 안달을 부리는 여편네들은 혹시나 정화조 청소원이 딴소리나 하지 않을까 해서, 오물을 담기 전의 계량기를 확인하고 또 오물을 다 빨아들인 다음 계량기를 확인하려고 청소차 뒤로 다가갔는데, 별안간 '퍽' 하는 소리와 함께 오물을 잔뜩 머금은 호스가 확 풀리면서 호스 끝에서 똥물이 무서운 기세로 뻗쳤다.

가슴으로 그 오물 줄기를 맞은 내가 정신을 차렸을 때는, 내 몸이 건너편 집 담벼락까지 날아간 후였다.

나도 모르게 두 손으로 가슴을 가린 덕에 두 손등에선 피가 터져 나오고, 마침 겨울철이어서 껴입었던 두꺼운 스웨터 덕분에 죽지는 않았지만 내 몰골은 차마 눈 뜨고 볼 수 없는 상황이었다.

실수를 한 청소원 아저씨가 나를 병원에 데려가려고 택시를 부르러 간 사이에 나는 욕실에 가서 우선 찬물을 끼얹어 오물 덩어리들을 털어내고 덜덜 떨면서 겉옷만 하나 걸치고 병원으로 향했다.

그러나 세상은 정말 비정했다. 개인 병원마다 나는 문전박대를 당하고 하는 수 없이 가장 가까운 대학병원으로 갔으나, 하얀 가운을 입은 젊은 의사는 오물 냄새를 풍기며 피가 철철 흐르는 나를 보더니 기겁을 해서 나가라고 고래고래 소리를 지르는 것이었다. 그 순간 나는 정신이 번쩍 들면서 화가 머리끝까지 났다.

"당신이 의사요? 의사가 환자를 거절하다니?"

내 고함에 그는 "제대로 진찰권을 끊고 오던지 응급실로 가요, 가!" 하고 맞받아 소리를 질렀다.

"응급실에는 피부과가 없대서 이리 왔습니다. 제발 좀 봐 주세요."

청소원 아저씨가 애원을 하는 사이에 나는 오기가 펄펄 나서, 이 병원 원장실이 어디냐고 간호사를 다그쳤다.

나도 한때는 잘나가던 엘리트였는데, 사회의 당당한 일원이었는데 어쩌다 이 꼴이 되었는가? 악이 바짝 오른 나는 다 때려 부수기라도 할 듯이 오물 투성이 몸을 끌고 쏜살같이 원장실을 향해 돌진했다.

"가만 안 둘 거야. 원장에게 가서 따질 거야."

원장 비서가 고즈넉이 앉아 있다가 후다닥 채 일어서기도 전에 원장실 문을 박차고 들어갔다. 악이 받치니 못할 일이 없었다. 점잖게 앉아 있던 원장이 놀라서 벌떡 일어나고 동시에 내 미친 듯한 걸음도 멈췄다.

"아니, 이럴 수가!"

그는 내 친구 피아니스트 서계숙의 남편 김재호 박사였다. 언제 저 양반이 이 병원 원장이 되셨나? 너무나 망신스러웠다. 그러나 다행히 그분 덕분에 피부과 의사는 오히려 호통을 듣고, 나는 무사히 치료를 받을 수 있었다. 생각할수록 무안하고 웃을 수도 울 수도 없는 추억이었다.

큰아들 해원

1965년 10월 10일에 혼인하고 이듬해 9월 27일에 큰아들을 낳았다. 겨우 2.5킬로그램짜리 작은 아기를 낳아 애기에겐 너무너무 미안했다. 임신 중에 엄마가 제대로 먹지도 못하고 고생한 덕에 그렇게 된 것이니 면목이 없을 수밖에. 기르는 동안에도 에미 노릇을 제대로 못해 지금껏 미안함의 계속이다.

거기에다 하필이면 백일도 못 채우고 동생이 생겼을 뿐 아니라 생후 열 달도 안 돼 아빠가 유학을 가서 아빠의 부재와 허둥지둥 두 연년생을 돌보면서 대식구 시집살이를 하는 못난 엄마 손에서 제대로 고임을 못 받은 채 자란 것도 미안하다.

그래선지 돌이 지나자마자 '장중첩'이 되어 큰 수술을 받게 되었다. 그때 마침 친정에 갔었는데 순하던 아이가 심하게 보채고 울어서 잘 아는 내과에 갔더니 그저 '장염'이라며 약을 주어서 받아다 먹였는데, 멀쩡하다가 별안간 울고 다시 괜찮다가 갑자기 울고를 반복했다.

　친정 엄마가 나에게 "얘, 이상하다. 애기가 울 때면 한쪽 다리를 오그리며 우네" 하시기에 퍼뜩 '혹시 장중첩이 아닐까?' 하고 급히 서울대 병원에 가서 수술하게 해 달라고 졸랐다. 시간이 많이 지났으니 병원에서 당황할 수밖에. 그래서 서울대 '민병철' 선생님에게 급히 연락해서 특별히 그날 오후에 수술을 했다.

　겨우 생후 일 년 몇 개월의 애기를 수술대에 놓고 밖에서 마음 졸이는 에미 마음을 누가 헤아릴 수 있으랴? 다행히 수술을 잘 끝낸 선생님이 어젯밤에 검사하느라 장을 건드려 놓아 꽉 막힌 게 약간 뚫린 덕에 썩지 않았노라고 하셨다. 애기가 영리해서 아플 때 한쪽 다리를 오그리고 울었고, 그걸 알아본 외할머니가 엄마에게 알려 주셨고, 에미가 '장중첩일까?' 의심한 것이 아이를 살린 것이라며 집도의의 칭찬이 그제서야 귀에 들어왔다.

　아이는 참 똘똘했다. 미국에서 공부하는 아빠는 아이들에게 장난감 꼬마 자동차를 많이 보내 주었다. 나의 동네 친구가 두어 살 더 먹은 자기 아들을 데리고 와서 같이 놀다가 가려고 마루에 나오는데, 이 녀석은 그냥 방에 남기에 그러나 보다 했다가 웃을 일이 벌어졌다.

　하직 인사를 끝내고 마악 가려는 친구의 아들에게 해원이가 다가가더니 갑자기 그 애 몸을 샅샅이 훑더니 위 호주머니에서 꼬마 자동차 하나를 찾아내는 거였다. 방에 들어와 보니 꼬마 자동차가 차례로 가지런히 놓여 있었다. 아직 말도 못하고 물론 셈도 못하는 녀석이 제 장난감이 모두 있는지 점검하고 그 중 하나가 빠진 것을 알아내고 회수한 것이니 웃기지 않은가?

남편의 공부가 길어질 것 같아서 내가 두 녀석을 데리고 미국에 가기로 했을 때, 우리는 미국행 비자를 받으러 미국 대사관에 갔는데, 그날이 마침 12월 24일이었다. 그 시절은 미국 비자 받기가 무척 힘들었는데, 비자 면접관 앞에 가면서 한 살과 두 살짜리 사내아이들이 신사복을 귀엽게 입고 아장아장 들어가면서 "Merry Christmas" 하니 면접관이 환하게 웃으며 도장을 꽉 찍어 주었다.

드디어 미국에 갔으나 아빠가 낯설었다.

둘째는 아직 어려서 아빠가 안아 주니 마냥 좋아라 하는데, 해원이는 2년 4개월이 되어 무언가 새로 만나는 남자에게 거리감을 느끼는지 거실에서 침실로 가는 좁은 복도에서 아빠와 마주치면 멈칫거리다가 "사람 좀 비켜요" 하며 머뭇거렸다.

미국에 간 지 일주일쯤 되었는데, 해가 반짝 나고 날씨가 좋아 아이들을 데리고 밖에 나갔다. 먼저 앞뜰 넓은 잔디밭으로 뛰어가던 아이 앞에서 큰 소리가 났다.

어느 미국 여자가 비키니 차림으로 선탠을 하고 있는데 가서 손가락질을 하며 엄한 목소리로 "옥 입어(옷 입어)!" 하고 꾸짖은 거였다. 그이가 놀라 일어나는데 내가 가까이 가니 "얘가 왜 이래요?" 하고 물었다. 내가 "너 이쁘다고 하는 거야"라고 대답하니 그녀가 의심스러운 듯 고개를 갸우뚱했다. 나는 웃음이 나서 참을 수가 없었다.

다행히 동네에 세 살짜리 사내아이가 있기에 같이 놀게 했는데, 하루는 그 애 엄마가 우리 집에 와서 물었다. "니 아들이 우리 애를 자꾸 때리는데 이유를 물어봐다오." 내가 놀라서 해원에게 물으니 "그 라비 자식이 자꾸 내가 못 알아들을 소리를 하기에 바로 말하라고 그랬지" 하며 씩씩거렸다.

"해원아, 여기는 미국이야. 그래서 라비가 미국말을 하는 거야. 너도 미국말을 배워서 같은 말을 해야 서로 통하겠구나."

내 말에 해원이는 입술이 삐죽 나왔다.

아파트 국기 게양대에 펄럭이는 성조기를 보며 "태극기!" 하고 소리 지르는 아이들을 보니, 웃다가도 눈물이 났다.

그러나 결국 지친 해원이는 영어를 배우기로 결심했는지 목욕탕에 들어가 웅얼웅얼 미국말을 연습하기 시작했으나, 삼 년 반 동안 우리말을 잊지 않고 살다가 귀국하자마자 할머니에게 "할머니, 어쩌다 이렇게 늙으셨어요?" 해서 할머니가 눈물을 쏟으시며 손자를 와락 안으시게 해 드렸다.

안암동 집은 우리가 떠날 때와 달리 썰렁했다. 방방이 한창때의 시누이들이 들락거리던 활기는 방주인들이 시집가서 없다 치고, 아버님 사업도 잘못되어 나중에 안 일이나 빚까지 진 상황이었던 것이다.

멋모르고 오자마자 해원이를 유치원에 입학시켰던 나는 중도 퇴학을 시킬 수밖에 없었고, 극심한 생활고에 부딪히게 되었는데, 그래도 아이들 때문에 웃을 일이 끊이지 않았다. 미국에서도 고학생으로 힘들었지만 수세식 변소였는데, 그 시절 우리나라에선 푸세식 변소를 쓰니 아이들이 화장실을 가려고 하질 않았는데, 해원이는 배짱으로 변소 입구에다 떠억 응가를 했다. 왜 그랬냐니까 냄새가 나서 못하겠다고 했다.

이듬해 대광초등학교에 들어갔는데, 입학식 날 교과서를 받자마자 다른 친구들은 술술 읽는데 해원이는 미리 한글을 익히지 않아서 까막눈이었다.

1학년 담임인 손관식 선생님은 반가워하시며, 전혀 걱정할 게 없다며 처음 배우는 가로 줄긋기 세로 줄긋기를 하고 시험지를 나눠 주실 때, "이름 안 쓴 시험지는 김해원이 것" 하며 벙글벙글 웃으셨다. 가장 이상적인 입학생이라며….

선생님 말씀처럼 순식간에 한글을 익힌 해원이는 닥치는 대로 책을 읽어서 겨우 2학년 때 전교생 독서대회 대광초등학교 대표로 뽑히기까지 했다.

다음 목표는 서울시 초등학교 독서왕을 뽑는 대회에 나가는 것이라 학교에서는 대표 학생 몇 명을 방과 후에 교육을 시켰는데, 다섯 명 중 해원이만 저학년이었다.

문제는 거기서 시작되었다. 처음 대광학교에 입학할 땐 성북구 안암동에 살아서 학교에 걸어 다녔으나, 집안 사정이 기울면서 우리는 서너 번의 이사 끝에 동대문구 이문동에 살아서 해원이는 스쿨버스로 통학을 하고 있었는데, 그 사정을 모르는 독서 교사가 대회 준비를 끝낸 오후 두 시인지 세 시에 아이들을 '집에 가라'고 그냥 보내고 퇴근을 했단다.

해원이가 나가 보니 스쿨버스는 이미 사라지고 학교 직원들도 아무도 없으니… 집에서는 아이가 돌아올 시간이 넘어도 집에 오지 않아 학교에 연락하니 전화도 안 받았다. 나는 애가 바작바작 탔다.

스쿨버스가 지나갔을 시간이 두 시간이 지나도 아이는 집에 오지 않고 날은 어둑어둑해지는데 아무 대책이 없건만, 두 분 부모님이 계시니 무슨 일이 있어도 저녁밥은 지어야 했다.

공릉동 서울공대에 출근한 남편도 퇴근하자 저녁상을 들이고 나는 외국어대학교 정문 가까이에서 뒷문 담 옆에 있는 우리 집을 허둥지둥 오가며 가슴을 쥐어 짜는데, 저 멀리서 조그만 아이가 터덜터덜 오는 게 보였다. 오후 6시가 넘어서였다.

달려가 아이를 안으니, 온몸이 땀에 절고 얼굴은 새빨간 데 눈만 초롱초롱했다. "엄마!" 하며 달려드는 아이 몸이 불덩이 같았다.

독서대회 준비를 마치고 교실을 나서니 이미 버스는 떠났고 선생님은 아무도 안 계시고 서무실에도 사람이 없어서 할 수 없이 집까지 걸어왔다는 것이다.

아니, 도대체 어떻게 그 먼 길을? 한 달 동안 스쿨버스를 타고 오면서 지나던 길을 기억하며 그대로 걸었다는데, 버스는 학생들 집을 중심으로 다니므로 곧장 오지도 않고 이리저리 돌아오느라 신설동에서 제기동을 거쳐 청량리로, 다시 홍릉을 거쳐 회기동을 지나 위생병원까지 갔다가 휘경동을 지나 이문동으로 오는 길을 고 조그만 아이가 돌아돌아 외국어대학교 뒷문까지 온 것이었다!!!

이듬해 우리는 학교를 옮기기로 했으니 우리 집 근처의 '청량국민학교'는 이미 둘째 규원이가 다니고 있는데, 한 반 인원이 98명인 초고밀 학급에 오전 오후 2부제 수업인 공립학교이고 '경희초등학교'는 사립이라서 전학이 거의 불가능한 상태이지만, 이웃인 영오 엄마를 통해 교장 선생님을 만나 청을 드리기로 해 보았다.

나는 잔뜩 긴장해서 두 아이를 데리고 교장 선생님을 뵈러 갔는데, 웃을 일이 벌어졌다. 교장 선생님이 해원이를 살펴보고 받아들일까 말까를 결정해 주시는 것이 당연한 일인데, 해원이가 먼저 질문을 하기 시작한 것이다.

이 학교에는 어떤 특별활동 부서가 있는가? 한 반에 학생 수가 얼마인가? 학교 구경 좀 할 수 있나? 주객이 전도되어 교장 선생님은 손수 우리를 인도하여 학교 구석구석을 안내하시기에 이르렀다. 심지어 마당 토끼장까지 보고 나서 해원이가 조건까지 붙였다. "제가 내년에 '보이스카우트'에 선정되었는데, 여기서도 거기 들게 해 주시겠습니까?" 하자 교장 선생님은 너털웃음을 웃으시며 "좋다. 너를 우리 학교 학생으로 받겠다. 그리고 네 동생도 함께 다니기로 하자."

영오 엄마는 내 말을 듣더니, 아무리 그래도 관행이니 얼마쯤 후원금을 학교에 내는 게 옳다고 하기에 정말 힘들게 약간의 금액을 마련하여 전학 날 들고 갔다.

전학 수속을 마치고 교감 선생님께 후원금을 드리고 나오는데 잠시 후 교감 선생님이 급히 오시더니, 교장 선생님이 화를 내시면서, 똑똑한 아이를 받아서 기쁜데 후원금은 절대 받을 수 없다고 돌려 드리라 해서 쫓아왔단다. 덕분에 우리 세 아이가 집 근처의 좋은 학교에서 즐거운 학창 생활을 하게 되었다.

'삼익타운'에 살 때인데 한 엄마가 자기 아들이 '광신중학교'에 다니는데, 이번에 반에서 13등을 했다며 자랑했다. 정창국이란 아이였는데, 내가 축하한다고 했더니 어깨를 으쓱했는데 이튿날 나를 보더니 화를 냈다. "어쩌면 그러냐?" 하기에 "왜?" 하고 물으니, 자기 아들이 해원이는 전교 1등인데 거기다 대고 자랑을 했냐고 해서 혼만 났다는 것이다. 우리는 웃으며 손을 잡고 친해져서 나중에 내가 창국이 동생의 대모가 되기까지 했다.

해원이 중2, 규원이 중1 여름 방학 때 우리는 별안간 연구교수로 미국에 가게 된 남편을 따라 가게 되어, 우리는 고심 끝에 미국 중학교 3학년과 2학년으로 높여 전학을 시켰다. 두 나라의 학기가 달라서 한 해 후에 다시 한국에 와서 제 학년에 들어가려면 모험을 할 수밖에 없었는데, 아이들은 말없이 따라 주었다.

해원이는 겨우 1년 반 동안 배운 영어로 미국 아이들 수업을 따라가야 했다. 뿐만 아니라 미국 동부에서 꽤 남쪽으로 내려온 노스캐롤라이나에는 그 시절 동양 아이들이 별로 없는데다가, 우리나라에선 중학생이 머리를 빡빡 깎아야 했기에 그 애들 눈에는 그 민머리가 이상하게 보였는지 놀림의 대상이 되었다. 해원이는 작은 키에도 어깨를 당당히 펴고 다니니 별로 건드리는 일은 없었다.

'진주만 폭격' 사건을 역사시간에 배운 녀석들은 우리 애들이 일본 아이인 줄 알고 "jap(잽. 일본을 얕잡아 부르는 말), jap" 하며 놀리기도 했는데, 그때마다 해원이는 규원이와 서로 등을 맞대고 두 주먹을 쥐며 "우리는 가라데를 할 줄 아는데 덤빌 테냐?" 하고 폼을 잡으면서 "일본이 아니라 KOREA에서 왔다"고 소리쳤다.

겨우 한 학년을 마치고 A를 받아서 우등으로 졸업하는데, 학생에게 surprise해 주느라 미리 알려 주지 않으니 부모가 졸업식에 오면 맨 앞줄에 앉게 조치를 하겠다는 거다. 정말 기특했다. 모자란 영어 실력을 극복하고 그 성적을 받다니!

졸업 앨범에 졸업생들이 친구에 대한 간단한 평을 썼는데, 김해원에는 '장래 하버드대학에 갈 사람'이라고 나왔다. 우리가 귀국할 때 학교 선생님들은 해원이를 미국에 남겨 두고 가라고 적극 권했으나 우리는 데리고 귀국했다.

미국에 맡길 사람도 없고, 기숙학교에 넣을 형편도 아닌 데다가 아직은 부모 밑에서 길러야 하겠기에 데려왔으나, 결국 지금껏 미국에 가서 사는 걸 보면 미안하다.

다섯 식구가 귀국하려니 비행기값이 만만치 않아 나는 몇 달 전부터 무료 전화 800을 통해 미국 전국의 항공사에 전화를 걸어 가장 싼 비행기를 찾았는데, 그러다 보니 남편과 나와 해원이는 어쩔 수 없이 성인 요금을 내겠으나, 아직 미국 애들에 비해 키도 작고 이제 막 어른 요금을 내게 된 둘째가 성인 요금을 내는 게 억울하다는 생각이 들었다. 그래서 꼼수를 쓰기로 나쁜 마음을 먹었다. 부자 나라 미국에서 조그만 아이 하나 좀 싼 비행기값을 받은들 어쩌겠나?

나는 배짱으로 둘째 나이를 한 해 속여서 비행기표를 샀다. 그때부터 정직의 대명사이고 고지식하기 짝이 없는 남편의 성화가 시작되었으나 나는 끄떡도 하지 않았다.

랄리 더럼(Raleigh-Durham) 공항에서 LA까지는 국내 비행기이니 아무 일도 없었다. LA공항에서 서울로 오는 비행기를 타려는데, 우선 모두 줄을 서서 비행기표와 여권을 검사해야 하는데 나는 비행기표 다섯 장과 여권 세 개를 들고 줄을 섰다.

내가 믿는 게 바로 그것이었다. 작년에 우리가 미국에 올 때 남편과 첫째는 각각 여권을 만들었으나, 그때는 나이 어린 둘째와 더 어린 막내는 나와 같이 한 개의 여권에 셋의 사진과 인적 사항을 넣어 만들었기 때문에 내가 그런 엉뚱한 생각을 하게 된 것이었다. 그렇다고 내 가슴이 걱정으로 뛰지 않았겠나?

내가 여권과 비행기표를 들고 앞장서고 뒤에 영문 모르는 아이들이 조르륵 섰는데, 남편은 맨 뒤에 숨듯이 서서 고개를 떨구고 있었다.

드디어 우리 차례가 되었다. 나는 세 개의 여권과 다섯 장의 표를 내밀었다. 그것을 살피던 항공사 직원이 별안간 "어? 이상하다?" 한다. 그 순간 내 얼굴은 하얗게 질려 버렸다. '이크 들켰구나!' 그러나 나는 용감했다. "뭐가 이상하니?" 침착하게 물으니, 그 히멀겋게 생긴 키다리 백인 아저씨가 깜짝 놀라며, "너 괜찮아? 왜 그렇게 놀라니? 나는 그냥 비행기표는 다섯인데 여권이 셋이라서…." 나는 떨리는 손으로 내 여권에 두 아이를 안고 있는 사진을 가리켰더니 그가 "아, 그렇구나!" 하며 웃는데, 내 다리는 후들후들 떨리고 있었다. "야, 이거 미안해서 어쩐다?" 그 직원은 우릴 통과시키지 않고 그냥 여권과 표를 가지고 안으로 들어가 버리는 게 아닌가? 이건 또 무슨 시추에이션? 그때 역시 큰아들은 달랐다. "엄마 괜찮아요?" 하며 내 팔을 붙들어 주었다.

한참 후에야 그 직원이 나오더니 내 어깨를 감싸며 "부인, 미안합니다. 내가 공연히 놀라게 해 드린 걸 사과하는 뜻으로 일반석 표를 비즈니스석 좌석으로 네 분을 바꿔 왔습니다. 마침 비즈니스석이 네 자리 비어서. 다섯 분 모두 바꿔 드리고 싶었지만 이것으로 부인을 놀라게 한 내 경솔함을 용서해 주기 바랍니다."

그때까지도 나는 진정이 안 되었으나 하여튼 우리는 생각지도 못한 비즈니스석으로 가게 되었는데, 큰아들 해원이 선선히 "제가 일반석에 앉을 테니 모두 비즈니스석으로 가세요" 하며 우리를 밀었다. 역시 장남은 달라! 내 마음이 뿌듯했다.

우리나라에 와서는 또다시 한 학기 만에 고등학교 시험을 보아야 하니 일 년 밀린 공부가 얼마나 힘들었겠냐마는 아무 소리 없이 꾸벅꾸벅 해냈다.

이미 재빠른 사람들은 아이를 위해 강남으로 이사를 가는 때이지만, 우리는 형편상 그냥 강북에 살아서 그저 동네의 유일한 고등학교인 '경희'에 가려니 했는데, 그나마 신설인 '청량고등학교'에 추첨이 되었으나 해원이는 여전히 공부를 잘했다.

할아버지와 할머니가 편찮으셔서 집에서는 공부할 형편이 아니고 학교에서는 힘든 대접을 받으니 속이 터지느니 엄마뿐이었다. 부모님 두 분이 귀가 어두우시니 TV를 제일 큰 볼륨으로 아침 시작부터 밤에 애국가가 울려 퍼질 때까지 왕왕거리는 집에서, 수능 시험 보는 날까지 우여곡절 끝에 서울대학교에 합격한 후 일요일 미사에 갔더니 신부님께서 합격 여부를 물으셨다. '언어학과'에 들어갔다고 말씀드리니 "어느 학과?" 하며 얼떨떨해하시는데, 그날따라 흰 눈이 수북이 쌓여 있는 성당 마당이 그렇게 을씨년스러울 수가 없었다.

'하버드에 입학할 친구'라고 인정했던 아이를 한국에 데리고 와서 이리 만들다니, 에미 마음을 아는지 모르는지 낙천적인 해원이는 신나게 대학 생활을 즐겼다. 그러고 보니 해원이의 어릴 적 별난 말들이 생각난다.

돌날 생긴 애기 동생을 어른들이 '애기'라고 하니 저도 애기인데, 꼭 "아이야, 아이야" 하며 쓰다듬어 주었으니 그게 제일 처음 한 말이었다. 그다음에 배운 말이 '엄마, 물, 쉬이…' 등이었는데, 어느 날 비가 오니 밖을 가리키며 "무울, 물!" 했다. 하늘에서 물이 내려오니 무척 신기했던 모양이었다.

두 돌이 되지 않아 감기에 걸렸는데 제 머리를 감싸 쥐면서, "엄마, 언니 머리에 돌이 가득 찼어" 하며 눈을 찡그렸다. 머리가 아픈 것을 돌이 들었다고 하는 그 표현력에 나는 감탄했다. 그즈음 해원이는 동생은 애기, 저 자신은 언니라고 했다.

자라는 동안 단 한 번도 자기 방을 가져보지 못하고 동생하고 같이 썼는데, 동생은 어질러 놓고 형은 항상 정리하고 치우는 편이었다. 둘이는 서로 "에이, 언제나 저 녀석하고 다른 방을 써서 정돈된 방에서 사나?" 하고 "아이고, 형 잔소리 안 듣고 살 날이 언제 오려나?" 하며 불평이었다.

대학 때 양력설에는 둘째가 외가에 다녀오고, 음력설에는 큰애가 다녀왔는데, 집에 들어서자 동생들에게 만 원씩을 나눠 주었다. "웬 돈?" 하니까, "외할아버지께서 세뱃돈을 3만 원 주셨어요" 한다. 그러니까 둘째가 어깨를 흠칫한다. 저도 3만 원을 받았는데, 그냥 다 혼자 가졌다는 것이다. 우리는 모두 웃었다. "역시 형이야!" 하고.

어머님이 가장 많이 편찮으실 때 막내딸은 고3이고 두 아들은 대학생이었는데, 둘이 시간표를 열심히 짜서 가능한 한 나를 도와주었다. 어머님 기저귀를 갈아 드리거나 음식을 드리려면 일으켜야 하는데, 이미 지칠 대로 지친 나는 기운이 달려서 아들 방 벽을 치거나 종을 치면 누군가가 달려와서 도와 주었다. 어머님 변 냄새에 우리는 가끔 방을 바꾸거나 병원 나들이를 할 때면 큰애가 주로 업어서 옮겨 드렸는데, 2층 층계를 오르내릴 때 키도 작은데 땀을 뻘뻘 흘리면서도 불평도 없었다.

결국 돌아가시고 삼우제를 끝내고 났는데, 별안간 해원이가 나를 덥썩 업더니 우리 집을 한 바퀴 돌았다.

"엄마, 정말 수고하셨어요. 우리 할머니는 이 지구상에서 마지막 가장 행복한 할머니로 돌아가신 분이에요!"

나는 해원이의 등에 얼굴을 묻고 그냥 그 자리에 사그라져서 죽어도 한이 없을 것 같았다.

남편이 두 아들에게 말했다.

"너희들 정말 수고했다. 너희가 우리에게 할 효도는 이미 다 했으니, 앞으로는 더 이상 우리에게 효도하지 않아도 된다. 고맙고 미안하구나!"

마흔을 바라보는 나이에 느닷없이 '로스쿨(법과 대학원)'에 들어간 큰애는 졸업생이 입학생의 반이라는 로스쿨을 무난히 졸업하고, 악명 높은 '캘리포니아 변호사 시험'에 합격했다.

캐슬린 설리번 스탠포드 법대 학장을 비롯해 캘리포니아 주지사를 지낸 제리 브라운도 떨어지고, 또 다른 전직 주지사인 피트 윌슨도

무려 4번의 도전 끝에 합격하는 등 유명 법조인들에게 좌절을 안겨준 것으로 유명하다고 2005년 12월 6일 연합뉴스에 나기까지 한 캘리포니아 변호사 시험은 다른 주보다 시험 기간도 3일로 긴 데다 합격점도 높고 합격률도 44%에 불과한 어려운 시험임에도 해원이는 합격했다.

더구나 그것이 홀로 밥해 먹고 혼자 독하게 공부한 끝에 홀로 가서 시험을 본 후에 이룬 일이라 대견하기 그지없다.

지금 LA의 유명한 '노동법 변호사'로 열심히 뛰고 있는 우리 맏아들이 장하고 고맙다.

저서 : 《고용주를 위한 캘리포니아 주 노동법 해설》(2015)

둘째 아들 규원

둘째 아들은 낳는 날부터 효자이다. 낳기 전날 나는 어머님을 모시고 첫애 해원의 돌잔치 음식 준비로 동대문시장에서 큰 보따리 두 개와 작은 것 하나 만큼 사서 택시를 타고 안암동 집으로 오는데, 고려대 학생들이 데모를 해서 길이 막혔다고 신설동에서 내리라는 거였다.

배가 잔뜩 부른 나와 늙으신(환갑) 어머님이 그 무거운 보따리를 들고 버스로 두 정거장 거리를 가야 하는데, 모자란 나는 차마 어머님께 큰 것을 들으시라고 할 수 없어 작은 것만 드리고 양손에 두 개를 들고 걸으려니 걸음을 뗄 수가 없었다.

겨우 집에 와서 사람 좋아하시는 아버님이 첫 손주 돌이라고 부르신 수십 명분의 음식 장만을 하고, 돌떡을 시루에 안치고 불을 때는데 온몸에 힘이 다 빠지는 듯해서 나는 뱃속의 애기에게 말을 걸었다.

"아가, 오늘도 이렇게 힘이 드는데, 내일 돌잔치 시중을 들으려면 엄마가 얼마나 힘들지 모른다. 제발 잔치 전에 나올 수 있겠니? 너도 뱃속에서 힘들지?"

밤 열두 시가 넘어서 떡을 다 쪄놓고 해원이 우유를 먹여 재우고 막 잠이 들었는데, 이상했다. 아침 일곱 시에 진통이 와서 부리나케 병원에 가자마자 여덟 시에 애기를 낳았다. 커다란 입을 벌리고 힘차게 우는 애기가 효자임이 분명했다. 다들 엄마가 아빠를 얼마나 보고 싶어 했는지 애기가 아빠를 꼭 닮았다고 했다.

초보 엄마가 연년생 둘을 데리고 한밤을 지내고 나면 기저귀가 열 개씩 나오는데, 헝겊 기저귀를 빨면서 시집살이 하느라 일에 지쳐서인지 아이는 자꾸 아팠다. 중이염으로 열이 펄펄 끓기도 하고, 태열이 나서 머리를 째기도 하고, '유문협착'으로 우유를 먹으면 토하느라 정신이 없었다. 사실 학교에 나가느라 큰애는 우유를 먹였기에 둘째는 젖을 먹이려고 했는데, 내가 젖유종이 걸려서 수술을 받는 바람에 우유를 먹이게 되자 생긴 병이었다.

그 시절엔 뒷머리를 예쁘게 한다고 애기를 엎어서 기르는 게 유행이었는데, 분명히 애기를 엎어 놓고 부엌에서 일을 하다가 방에 들어와 보면 애기가 반듯이 누워 있었다. 어머님이 돌려놓으신 거다. 애기가 울 때는 모른 체하던 식구들이 심심하면 자는 애기도 안고 어르니 내 맘대로 하는 게 하나도 없어 속이 터지던 내가 마음을 돌린 사건이 일어났다.

생후 9개월이 이틀 남은 날이었는데 애가 열이 나고 두 눈이 게슴츠레한 게 이상해서 어머님께 "어머님, 애기 병원에 좀 데리고 갔다 올게요" 하니 어머님이 "왜?" 하셨다. 어머님은 애기를 병원에 데리고 가는 걸 무척 싫어하셔서 또 그러신가 보다 하며 애기를 보여 드렸더니 "병원에 갈 것 없다. 홍역이 왔구먼" 하신다. "홍역이요? 내일 모레가 홍역 예방주사 맞을 날인데?" 사실 홍역이었다.

규원이는 뭐든지 빨랐다. 심지어 홍역까지도, 말도 무척 빨리 했다. '책, 꽃' 같은 어려운 말도 돌 때 이미 할 수 있었다. 그러나 웃기는 것은 돌을 지나자 얼마 안 되어 기저귀를 뗀 형과 달리 만 세 살까지도 기저귀 뗄 생각을 안 하고 뒤룽뒤룽 달고 다녀서, 나는 첫애에서 시작한 기저귀를 막내가 기저귀 뗄 때까지 무려 7년 동안 기저귀에 파묻혀 살았다.

돌이 지나 석 달 만에 미국에서 처음 만난 아빠가 얼마나 귀여워했는지 모른다. 갓 낳아서 못 누린 사랑을 실컷 받아서인지 아이는 앓지도 않고 잘 자랐는데, 불행히 교통사고를 당해 죽을 고비를 넘겼다. 두 돌 반이었을 때였다.

나는 그 이후 언제나 아이가 자라는 동안은 물론 지금껏 하느님께 감사하며 산다. 아이는 영특했다. 처음 미국에 간 지 며칠 안 되었는데 문 밖에서 영어로 말하는 소리가 들렸다. 송아지만 한 개가 우리 애들 주위를 어슬렁거리니까 규원이가 하는 소리였다. "오케이, 오케이" 하며 겨우 돌을 서너 달 지난 녀석이 여기는 미국이니까 개에게도 영어를 해야 한다고 생각한 모양이었다.

하루는 두 아이만 두고 남편과 내가 잠깐 나갔다 집에 오니, 어떤 아저씨가 왔었다고 한다. "어떤 아저씨?" 하고 물으니 둘이 잠시 망설이는데, 규원이가 팬티를 내리고 엉덩이를 내밀며 "머리가 이렇게 생긴 아저씨야" 해서 우리는 모두 웃었다. 대머리는 미스터 김이었다.

두 돌이 지나 다리 수술 후유증도 점차 가시자 신나게 나가 놀았는데, 하루는 시무룩하게 들어와 내게 물었다. "엄마 아빠는 언제 이혼해?" 나는 깜짝 놀라서 "왜?" 하니까, "다이애나가 그러는데 오늘 자기 아빠가 엄마에게 키스를 안 하고 출근했대. 인제 엄마 아빠가 이혼할 모양이래." "그래서?" 하고 물으니 "우리 엄마 아빠는 한 번도 키스하지 않으니 곧 이혼하는 거 아니야?" 한다. 나는 웃으며 "아빠와 나는 너희들 안 보는 데서 뽀뽀해, 그러니까 이혼 안 해" 하니 그제서야 안심하고 나갔다.

나중에 집에 온 남편에게 그 얘길 하는 걸 들은 해원이가 한마디 했다. "아빠는 엄마한테 뽀뽀 안 해도 돼" 한다. 내가 "어째서?" 하고 물으니 "엄마는 떨거지같이 생겨서" 하며 껄껄 웃었다. 내가 세 아이 뒷바라지에 남의 애기 베이비시터까지 하면서 절절매고 사느라 꾸미지도 않은 게 몹시 못마땅했던 모양이다.

해원이는 집에서는 동생들도 잘 거들고 엄마도 도와 주며, 나가면 동네 아이들을 몰고 다니며 보스 노릇을 하는데, 규원이는 집에서 아무 일도 안 하지만 나가면 특히 여자 아이들에게 인기가 많았다. 얼굴도 잘생겼을 뿐 아니라 여자애들 손을 잡고 다니고 도와 주기도 하면서 살갑게 굴기 때문이다.

한국에 돌아와서 '예쁜 집'이라는 영아원에 다닐 때는 꼭 내게 업어 달라고 했다. 집에서 엄마가 너무 바빠 저만 돌봐줄 수 없으니 영아원에 가고 올 때만이라도 혼자 사랑을 받고 싶은 모양이었다.

내가 동덕여중학교에 나가면서 학교 근처의 국립 어린이집에 규원이를 넣어서 아침 출근할 때 데려다 놓고 퇴근 때 데리고 왔는데, 하루는 보모 선생이 나에게 그림을 보여 주며 하는 말이, '오늘은 스승의 날'이니 아이들에게 선생님에게 주고 싶은 선물을 그림으로 그려 달라고 했더니 규원이가 준 그림 선물이란다. 거기엔 멋진 자동차가 그려져 있었다. 그리고 "선생님이 창신동 고갯길을 걸어 올라오는 게 안돼 보여서 자동차를 선물하고 싶었다"고 하더란다. 사탕이니 과자 같은 다른 애들의 선물하고 차원이 다르다고 했다.

6개월 만에 졸업식을 하는데, 학생들은 앞에 서고 학부모들은 뒤에 서서 식이 시작되자 '국기에 대해 경례'에 이어 '순국선열에게 묵념' 하는 선생님 말씀이 있자 피아노 소리가 들리기 시작했다. 그 곡은 '애국가'였다. 반주가 끝나고 본 음악이 나가자 학생 중에서 조용히 노랫소리가 들려왔다.

'동해물과 백두산이 마르고 닳도록…' 다들 이상해서 두리번거리는데 엄마인 나는 알아봤다. 우리 아들 목소리였다. 피아노 소리가 끝날 때까지 규원이의 애국가 독창은 끊이지 않고 조용히 이어졌다.

하긴 미국에서 온 지 일 년도 안 된 아이가 '순국 선열, 묵념'이라는 말을 알아듣기 어려웠으니 피아노 소리에 맞춰 노래가 나왔더라도 아무도 따라하지 않으면 쑥스러워서 멈칫 그만두었으련만 끝까지 독창을 하다니! 나중에 물으니 "이왕 시작한 노래이니 끝까지 했어" 하며 어깨를 으쓱했다.

집에 그냥 데려오기 서운해서 같이 참석한 해원이와 셋이서 음식집에 들러 점심을 사 주기로 했는데, 돈이 넉넉지 않은 나는 가장 싼 국밥 두 그릇을 시켰다. 그런데 벽에 붙은 메뉴를 읽던 규원이가 철없는 소리를 했다.

"엄마, 여기 불고기도 팔고, 갈비구이도 판다."

"임마, 잔소리 말고 주는 대로 먹어!"

규원이의 큰 눈에 눈물방울이 툭 떨어지는 걸 보며, 나는 안쓰러움과 함께 큰아이의 성숙함에 마음이 쓰렸다.

가까운 사립학교를 놔두고 한 반에 백 명이나 되는 '청량초등학교'에 입학시킨 에미인 나는 무거운 마음으로 아이를 데리고 학교로 향하는데, 규원이가 내 손을 잡으며 명랑한 소리로 "엄마, 해님이 저 골목길로 쏙 나왔다" 한다.

입학한 지 한 달 만인 어느 날 학교에 있는데 비가 억수같이 쏟아졌다. 나는 이 비를 맞고 어린아이가 집에 갈 생각에 안절부절하다가 우산을 들고 택시를 타고 아이 학교로 급히 갔다. 규원이 반 현관 입구에 아이들이 옹기종기 모여 집에서 우산을 가져올 엄마를 기다리고 있는데, 규원이는 보이지 않았다. 급히 교실에 가니 담임선생님이 앉아 계시기에 규원이 엄마라면서 아이가 안 보인다고 했더니 선생님 왈, 규원이가 "나는 우산 가져올 사람이 없으니 그냥 간다"며 씩씩하게 비를 맞으며 집에 갔다는 것이다.

내 눈에서 눈물이 왈칵 쏟아졌다. 보통 초등학교 입학 후 일주일은 엄마들이 참관하는데, 규원이는 아무도 오지 않아서 선생님이 별로 대수롭지 않은 아이로 생각했는데, 같은 교직에 있다는 엄마의 마음을 비로소 알았다며 98명 반 아이들 중에 규원이를 살뜰히 챙겨 주셨다.

 2학년이 된 어느 날, 규원이 친구 엄마를 길에서 만났기에 나는 인사를 했다. "아이가 학년이 올라가니 좋지요?" 하는 내 말에 그 애 엄마가 "아유, 양초 안 사 주어도 되니 편하지요!" 한다. 양초? 나는 한 번도 아이에게 사 준 적이 없는데. 규원이에게 물으니, 일학년은 마루에 양초를 발라 광을 내야 하기 때문에 청소 당번일 때 양초를 사 가야 한단다. "그런데 너는 한 번도 안 사 달랬는데" 하니까, "엄마는 바쁘시니까 내가 알아서 했어요" 한다. "아니, 어떻게 알아서 해?" "마루 당번일 땐 유리창 당번과 바꾸고, 그것도 안 되면 다른 애 양초를 좀 빌렸지."

 직장에 다니는 엄마를 배려해 준 마음은 고맙지만 가슴이 짠했다. '이 녀석은 뭐가 되어도 될 놈이니 정성껏 길러야지….' 이렇게 마음먹고 잘해 보려고 했지만 쉽지 않았다.

 규원이는 의리의 아이기도 했다. 하루는 신발을 한 짝만 신고 집에 왔다. 한 친구가 신발을 잃어버려서 제 것을 하나 주면서 한 짝씩 신고 집에 가자고 했단다. 도시락에 좀 괜찮은 반찬을 싸주면 고아원 친구에게 주고 저는 그 애의 단무지로 밥을 먹고, 지우개는 사 주는 족족 그 애들을 주기에 큰 것을 사서 필통에 실로 묶어 주었더니 그마저 잘라 주었다. 고아원에서는 지우개를 안 사 준단다.

 학교가 2부제여서 그 달엔 오전에 수업을 하는 날인 줄 모르고 나는 출근을 했는데, 규원이가 오후에 학교에 가니 수업이 끝났다는데, 정말 미안했다. 에미라고 그것도 챙겨 주지 못했구나.

해원이 때는 1학년 첫 소풍 날 도저히 점심과 먹을 것을 사 줄 여유가 없어 결석을 시켰고, 규원이 때는 그만 새 달이 된 것을 잊어버려 결석을 시키다니. 앞집이 3층집이고 우리 집은 쑥 내려간 조그만 집이어서 햇빛이 들지 않으니 기르던 개가 매일 옆에 틈이 나서 해가 비치는 장독대에만 올라가 있다가 결국은 집을 나가 버리는 집에서 우리는 이를 악물고 돈을 벌어 드디어 양지바른 집을 살 때까지 고생하느라 아이들의 희생이 컸다.

집도 이사하고 두 아이가 '경희국민학교'로 전학을 했는데, 하루는 규원이가 얼굴이 상기되어 집에 왔다. 새로 전학 온 학생에게 한 녀석이 시련을 준 것이다. 느닷없이 이승준이란 덩치 큰 녀석이 규원이를 데리고 시장 앞 육교까지 가서 "네가 사나이라면 이 육교 밑으로 길을 세 번만 건너갔다 와" 하더라는 거다. 이제 겨우 3학년 아이가 얼마나 고민이 되었을까.

규원이는 생각 끝에 이렇게 대답했단다.

"우리 엄마가 절대로 육교 아래로 길을 건너지 말라고 하셨어. 나는 네 말보다 우리 엄마 말이 옳다고 생각해."

나는 화가 나서 학교에 전화를 걸어 이승준네 전화번호를 알아 가지고 그 집에 전화를 했다. 이만저만 했다고. 다행히 승준 엄마는 화통한 사람이었다. 극구 사죄를 하고 우리는 친해졌을 뿐 아니라 승준이가 건드리지 않으니 규원이는 무사히 학교에 다니게 되었다.

규원이가 4학년이 되기 직전 하루는 집에 와서 "엄마, 저 보이스카우트 되었어요" 하기에, 나는 "그래, 알아" 하고 대답했다. 왜냐하면 보이스카우트 지원자가 많으니까 조건이 까다롭다. 성적이 모두

'수'이고 숙제 안 해 온 적이 없으며 등. 그러나 예외가 있으니 형이나 오빠가 현재 보이스카우트이면 자동으로 동생을 끼워 주는 것이니 규원이는 형 덕에 당연히 되는 것이기 때문이었다. 그러나 규원이는 목소리에 힘을 주며 "저는 형 때문에 된 것이 아니라 내 힘으로 되었다구요" 했다.

알고 보니 한 반에 다섯 명만 뽑아야 하는 스카우트 단원이지만 규원이는 형 덕에 다섯 명 이외로 되는 것이라 담임 선생님이 그런 줄 알고, 조건에 맞는 학생만 앞으로 나와 제비뽑기를 하자고 하니 규원이가 교단 앞으로 나갔다는 거다. "규원이는 안 나와도 되니 그냥 들어가라"는 선생님에게 "저도 당당히 제비뽑기를 하겠습니다" 하며 버텨서 화가 난 선생님이 "그러면 제비뽑기에 안 되면 넌 스카우트 안 시킨다" 했더니 "좋아요, 그렇게 하겠습니다" 하고 뽑기를 해서 되었다는 것이다.

규원이 때문에 한 친구가 더 될 수도 있었는데 그 자리를 뺏었으니 떨어진 친구들도 약이 오르고 선생님도 서운하실 텐데 왜 그랬을까? 학교에서 선생님들이 모두 '김규원'으로 봐주지 않고 '모범생 김해원의 동생'으로 봐주는 데 대해 "나는 나예요!" 하고 자존심을 세우고 싶었나 보다.

또 한 번은 이런 일도 있었다. 당시 북한이 땅굴을 판 것이 드러나서 난리였는데, 학생들이 땅굴 견학을 가는 날이었다. 나는 그 전날 남편 제자들이 집에 와서 밤늦도록 있다가 통행금지 시간 때문에 집에 돌아가지 않는 바람에 아침밥을 해 먹이느라 규원이가 견학 가는 걸 학교까지 따라가 주지 못했기에, 뒤늦게 학교로 달려가 보니 아이들은 이미 버스에 다 타고 엄마들은 배웅을 하고 있었다. 버스가 여러 대니 여기저기서 아이들이 '엄마' '엄마' 하는 소리에 누가 누군지 모르겠는데, 한 버스에서 큰 소리가 들렸다. "김규원이 엄마, 규원이 여기 있어요!" 드디어 나는 아들을 찾았다.

다른 엄마들이 감탄을 했다.

"야, 어떻게 제 이름을 댈 생각을 했을까?"

놀기 좋아하고 돌아다니기 좋아하는 버릇은 여전해서 아침에 학교 갈 때 말쑥하게 입혀 보낸 옷이 집에 올 땐 거지도 상거지가 되도록 놀다가 지쳐서야 왔다.

규원이는 학교에서 시험지 받아 오는 걸 보면, 몰라서 틀리는 건 얼마 안 되고 가끔 마지막 문제에 답을 안 써서 100점을 못 받았기에, 이유를 물으면 바빠서 못 썼다는 것이다. 빨리 나가 놀고 싶어서….

엄마는 네가 열 번만 계속해서 100점을 받아 오면 원이 없겠다고 했더니 틀림없이 열 번 100점을 맞아 오더니 다시 엉망진창이기에, 이왕 하는 김에 좀 더하지 그랬냐니까 저도 좀 놀아야 하니까 그 이상은 안 된단다.

3학년 때인가? 국어 낱말 뜻 숙제를 한다고 책상 앞에 앉았나 싶었는데 금방 나가 놀기에 공책을 펴 보니, 딱 세 개 찾아 놓았기에 겨우 그걸 했느냐면, 모르는 건 그것뿐이란다.

4학년 담임 선생님은 신경이 무척 예민한 분이셨는데, 이 녀석이 수업 시간에 보시락거리고 공책에 딴 그림이나 그리고 하는 걸 극도로 싫어하셨나 보다. 그때마다 아이를 꼼짝 못하게 닦달하시다

못해 결국 엄마를 호출했다.

장난을 쳐서 화가 나 문제를 물어보면 얄밉게도 대답을 척척한다면서, 머리는 좋은 모양인데 공부를 안 해서 성적이 나쁘다기에, 반에서 몇 등이나 하느냐니까 1학기 성적을 들춰 보시더니 3등이란다.

"굉장히 잘했네요. 저는 더 이상 바라지 않습니다. 수업 시간에 딴짓하는 것은 제가 주의를 주겠습니다만, 시험 성적은 욕심 부리고 싶지 않으니 아이를 너무 채근하지 말아 주셨으면 고맙겠습니다" 하고 아이를 데리고 집에 오다 보니까, 이상하게 눈을 계속해서 깜짝거리는 것이었다. "눈이 아프니?" 하니까 고개를 살래살래 흔든다. "그럼 어디 아프니?" 하니 모르겠다면서 눈물이 글썽거린다. 애가 많이 달라져 있었다.

며칠을 두고 보아도 기운이 없고, 여전히 심하게 눈을 깜짝거리기에 결국 병원엘 데리고 갔더니, '틱(tic)'이라는 병이라면서 굉장한 스트레스로 인한 것이니 스트레스를 제거해 주어야 증세가 가라앉는단다.

언제나 기분 좋고 신나고 재미나게 살던 아이가 얼마나 시달렸으면 이렇게 되었을까? 마음이 아파서 견딜 수가 없었다. 아이를 들볶은 담임 선생님이 너무 미웠지만 그래도 그분의 협조가 필요하겠기에, 누추한 집이나마 초대를 해서 저녁 대접을 하며 우리의 생각을 말씀드렸다. 아이 수업 태도가 나쁘다고 하시지만 절대로 다른 아이들을 선동해서 말썽부리는 것은 아니니 좀 너그럽게 봐주시면 꼭 나아지도록 하겠다고 약속하면서, 우리는 아이가 1등 하기를 바라지 않고 그저 학교 다니는 일이 즐겁기만 바란다고.

그날 밤 나는 아이를 꼭 안아 주면서 부탁했다.

"우리 규원이는 절대로 학교에서 놀기만 하는 게 아니라는 걸 엄마는 알아."

"엄마, 정말 날 믿어?"

"그럼, 믿고말고. 선생님도 아시던데. 네가 좀 더 잘하라고 혼내준 거래."

반신반의하는 아이에게 나는 한 가지 제안을 했다.

학교에서 네가 무얼 배우는지 엄마는 너무너무 알고 싶으니까, 더도 말고 하루에 한 가지씩만 새로 배운 걸 집에 와서 엄마에게 알려 주면 좋겠다고 나는 진심으로 부탁을 했다.

"하루에 겨우 한 가지 알려 주는 거야 뭐 별로 어려운 것도 아니지. 안 그래? 오늘은 엄마에게 무얼 알려 줄까 생각하면 공부하는 것도 무척 재미있겠다. 그렇지?"

여전히 눈을 깜짝거리며 생각해 보던 녀석이 그게 별로 어렵지 않겠다 싶었는지 동의를 했다.

다음 날부터 신이 나서 매일 한 가지씩 전달 강습을 했다. 나는 그때마다 감탄을 하면서, 너희 선생님은 진짜 유식하시다고 칭찬을 할 뿐만 아니라, 아이가 듣는 데서 남편이나 다른 사람에게 규원이가 그러는데 이만저만하다더라고 자랑스럽게 얘기했다.

다행히 아이는 틱 증세가 점차 사라지고 안정되어 갔다. 5학년이 되어 부드럽고 훌륭한 담임 선생님을 만나면서 학교 가는 것을 다시 신나했다. 하루는 얼마나 빨리 학교에 가고 싶었던지 아침밥을 먹자마자 학교에 가다가 교감 선생님을 만났는데 꾸벅 인사를 하니까 "그런데 넌 왜 책가방을 안 가지고 오니?" 하시더란다. 아뿔싸! 도로 집에 와서 책가방을 메고 학교에 갔지만 지각은 아니었단다. 워낙 일찍 갔었으니까.

그런데 더욱 신나는 일은, 그 일로 해서 규원이를 알게 된 교감 선생님이 등굣길에 저를 만나면 귀엽다고 꼭 손을 잡고 가시기 때문에, 길에서 만나는 아이들이 선생님께 인사할 때마다 저도 절을 받는다나. 그즈음 우리는 경희대 뒷문 근처의 소아과·내과인 '모자의원'에 아이들을 데리고 다녔는데, 그 선생님이 '둘째 아이'에 관한 논문을 쓴다며 우리 둘째 규원에게 몇 가지 인터뷰를 하셨다. 질문 중에 형제 중 둘째라서 '좋다, 싫다' 중 하나를 택하는 게 있었는데, 규원이는 '좋다'고 대답했다. 선생님이 깜짝 놀라며 100명 중 규원이만 '좋다'고 대답했다는 거다. "왜 좋으니?" 하고 물으니 "형부터 차례로 해도 두 번째는 되고, 동생부터 무엇을 주어도 두 번째는 되니까 좋다"는 것이었다. "야, 이렇게 긍정적인 아이는 처음이다" 하며 규원이를 특히 예뻐하셨다.

초등학교 졸업을 앞두고 규원의 친구 엄마들이 선행학습이 필요하다고 아이들을 모아 영어 과외를 하자고 해서 친구네 집에 보냈는데, 한 달이 되어 수업료를 내러 그 집에 갔더니 모두 규원이 얘기만 했다. 도대체 무슨 일이?

중학생이 되면 시계가 필요하다고 친구 부모들이 아들들에게 시계를 사 준 모양이었는데, 하나하나 시계를 차고 오더니 드디어 규원이만 빼고 모두 시계를 차게 된 모양이었다. 그렇게 된 다음번에 규원이가 하루는 공부가 시작되기 전에 가방에서 무언가를 꺼내더니 이상한 물건을 턱 내놓았는데 커다란 디즈니랜드 모양의 시계였단다. "이게 내 시계다. 하루에 두 번은 틀림없이 맞는다!" 어리벙벙해하는 친구들에게 하도 당당하게 말해서 아무도 뭐라 할 수가 없었다는 얘기였다.

그러고 보니 생각나는 일이 있었다. 어느 날인가, 그날은 아무도 제 방에 들어오지 말라며 한방을 쓰는 형까지 내쫓고 그 녀석이 무언가에 골몰한 적이 있었는데, 그때 만든 작품인가 보다. 어릴 때 아빠가 사 준 디즈니랜드 그림 장난감 시계에 고장 난 탁상시계 부품을 넣어서 하다하다 못해 하루에 두 번만 맞는 시계를 조립한 모양이었다. 부모에게 저도 시계를 사 달라지 않고.

중학교 3학년 때인가? 밤 아홉 시에 친구 한기정이 엄마가 전화를 해 규원이를 바꿔 달라고 했다. "아니? 이 밤에?" 하니까 "기정이는 아직 초저녁인데…" 한다.

자는 녀석을 깨워 전화를 받게 했더니 통화를 끝내고 다시 자려기에 "규원아, 기정이는 시험 기간엔 밤 12시까지 공부한대" 했더니, 규원이 졸린 말투로 "엄마, 기정이는 12시까지 공부하고 1등 하는데, 나는 9시 전에 자고 3등 하면 내가 더 경제적이에요" 하며 이불 속으로 파고들었다. 하긴 옳은 말이다.

고등학생 때인가? 밥상에서 아버지 말에 무언가 규원이가 말대꾸를 했더니 남편이 놀라서 "아니, 네 형은 한 번도 내 말에 맞서지 않는데 넌 뭐야?" 했더니, 규원 왈 "형은 속으로 해요." 그래서 아빠가 놀랐다.

여름 방학 직전 학교에서 전화가 왔는데, 규원이가 IQ 157로 영재 중에서도 우수한 영재란다. 규원이가 대학에 갈 후년에 카이스트에서 처음 대학을 세우고 학생을 모집하려고 하는데, 그 대상이 될 고2 영재들을 모아 여름 캠프를 완전히 무료로(사실은 국비로) 실시하는데 보내라는 소식이었다. 경희에서는 규원이 단 한 명만 뽑혔다니 영광스럽게 생각해서 보냈는데, 영재 캠프 개소식 날 따라가서 뒤에 있으려니 KBS 기자가 '김규원' 학부모를 찾고 있었다. 규원이 1Q가 가장 높아서 '오늘'이라는 프로그램에 인터뷰하는 영광을 얻어 방송에 얼굴이 나오게 되었다. 태교를 어떻게 했는가? 특별히 먹인 음식이 있는가? 하지만 나는 옛날 생각이 나서 눈물이 났다. "특별히 한 일이 없다"는 내 대답을 아무도 믿지 못할 테지만, 사실이었으니까.

고3 때 할아버지 병환이 심각해서 온 집안이 비상이니 수험생이라도 돌볼 형편이 아니었는데, 아이가 힘이 없고 자꾸 침대에 눕는다. 할 수 없이 병원에 데리고 가니 간염이라며 신경을 좀 써 줘야 한단다. 내 마음이 어땠을까? 지금 생각해도 그 아득하던 심정이 되살아난다. 두 녀석이 2층 침대를 쓰고 있었는데, 아래쪽 큰애의 침대에 걸터앉다가 깜짝 놀랐다. 침대가 아니라 물이었다.

내가 얼마나 아이들에게 신경을 안 썼는지 해원이가 땀이 나서 폭 젖은 침대를 그냥 둔 채 이불을 덮고 자고, 또 밤이면 그 속에서 자는 것도 모르고 둘째가 병이 나는 것도 모르고 어른들 병환 뒷바라지에 벅차서 절절매고 산 것이다. 차마 아이들 얼굴을 볼 수가 없었다.

규원이 고등학교 졸업식 날, 규원이가 담임 선생님과 독대할 일이 있단다. 고2 때 옆 반 담임이었던 이 선생님이 교실 커튼이 낡았으니 새 커튼을 해야 한다고 돈을 걷고는 웬일인지 영 무소식이라고 옆 반 친구들이 불평이 많았단다.

정의감에 넘치는 규원이 간단히 해결해 버렸는데, 그 낡은 커튼을 죽죽 찢어 놓았다는 거다. 화가 난 선생님이 밤늦도록 아이들을 집에 보내지 않고 "누가 그랬냐?" 하고 다그치고 매까지 들었으나, 친구들은 끝내 규원의 이름을 대지 않아 '영구 미제' 사건으로 남아서 선생님이 앙심을 품고 계셨는데, 하필이면 그분이 고3 때 담임이 되어 졸업하기에 이르렀으니 그걸 풀어 드렸다는 거다.

"선생님, 작년에 선생님 반 커튼을 찢은 게 바로 접니다"라는 규원의 말에 아무 말씀도 없으시더란다. 끝까지 의리를 지켜 입을 다문 친구들과 규원이다운 행동이었다. 아는 사람은 다 아는 영재였지만 재수생이 된 후 할아버지는 돌아가시고 장례 후 아들의 얼굴을 보니 너무 수척했다. 좀 마른 것 같다고 하니 "그럼요. 7킬로그램이나 빠졌어요" 한다. 할아버지 병수발 드느라 라면을 박스로 사다 놓고 아무나 끓여 먹으며 사는 동안 대학 시험을 치러야 했던 아들에게 너무 미안했다.

그러고 보니 나는 아이들에게 정말 고마운 것이 또 있다. 다른 친구들이나 심지어 TV 드라마에도 으레 나오는 장면이, 아침에 엄마가 학생인 자식들 방에 들어가 이불을 젖히며 "일어나라"고 여러 번 재촉해야 비로소 아이들이 일어나는데, 나는 평생 단 한 번도 그런 적이 없는 것이다. 아침부터 엄마가 바쁜 걸 알아서인지 우리 삼남매는 언제나 저희가 알아서 일찍 일어나지 깨워 본 적이 없으니, 나는 정말 고맙고 미안하기만 한 에미이다.

불란서 파리의 소르본대학(파리 4대학)에 유학 갔을 때 아들을 보러 갔더니 공항에서 기숙사로 우리를 데리고 가니 마치 아파트처럼 여러 개의 높은 건물이 있었는데, 한 건물을 가리키며 "저 건물을 보세요. 딱 한 방 창틀에 꽃이 심어져 있네" 하기에 "우리 아들 방이겠지" 하니, "역시, 우리 엄마셔" 해서 우리는 웃었다. 힘들고 팍팍한 유학 생활 중에도 좁은 창들에 빨간 '제라늄'을 심을 수 있는 여유를 가진 우리 아들의 낭만을 나는 사랑한다.

저서 : 《축제, 세상의 빛을 담다》(2006)

막내딸 지원

'기대하지 않은 아이를 낳았는데, 기대하지 못한 즐거움을 준다'고 남편이 친구에게 편지 쓴 걸 보았다. 맞는 말이었다.

내가 1969년 1월에 한 살과 두 살짜리 아이를 데리고 미국에 가려고 할 때 남편은 계속 "한 아이만 데리고 오라"고 했다. 밤마다 나는 두 아이를 양 옆에 눕히고 고민을 했으나 차마 어떤 아이를 두고 갈 수가 없어서 무조건 다 데리고 비행기를 탔다. 그때 우리나라엔 소아마비 백신이 주사용만 있어서 100% 예방이 안 되어 다리를 저는 아이들이 꽤 있었다. 미국에는 '먹는 약'이 있어서 100% 예방이 된다는데 어떻게 한 아이를 두고 갈 수 있겠는가?

그 시절 한국 신문에 심심치 않게 나오는 기사는 '어떤 미국 유학생 부부가 아이를 낳아 기를 수가 없으니 비행기로 아이만 보내고 김포공항에서 할아버지나 할머니가 아이를 받는다'는 뉴스였으니 미국에서 아이 기르는 게 얼마나 힘든지, 또 유학생이 공부를 끝내기 전에는 감히 비싼 비행기표를 살 수 없어 갓난아이만 보내는지 짐작할 만하지 않은가? 그러니 남편은 굳이 내가 미국에 오려면 차마 아이 둘을 다 두고 오랄 수 없으니 한 아이만 데려오라는 거였는데, 나는 둘 다 데리고 갔다.

그런데 또 애기가 생겼다. 우여곡절 끝에 애기를 낳아서 집에 데리고 오니, 두 오빠라는 세 살과 네 살짜리가 신기한 듯 애기를 들여다보았다. 둘째는 조심스레 애기 머리를 쓰다듬고 마는데, 큰애가 무척 실망한 듯 말했다. "어머니, 다음 번에는 머리 노란 애기를 좀 낳아 주실 수 없어요?" 온 동네에 저희 둘만 머리가 까만 게 얼마나 싫었으면 그런 말이 나왔을까?

그러나 애기는 자라면서 우리에게 아들을 기를 때 못 느꼈던 자질구레한 즐거움을 많이 주었다. 아빠가 집에 오면 세워 놓고 노래하고 춤추고 애교부리고 한바탕 한다. 편지에 셋째는 딸을 낳았다고 말씀드렸더니 "아들 셋은 채울 줄 알았더니 딸이야?" 하시던 어머님께서도 귀국 후에는 막내에게 푹 빠지셔서 무얼 잡수시려면 막내만 살짝 방에 불러 데리고 잡수셨으니, 그 까닭은 사내아이들은 할머니 방에서 무얼 먹으면 "나 할아버지 방에서 무엇 먹었다!" 하고 불어 고모들이 살짝 가져온 먹을거리들이 들통나는데, 막내는 눈치껏 입을 싹 씻기 때문이기도 했으리라.

어릴 때 우리는 집을 장만하기 바빠서 둘이 무척 바빴는데, 하루는 내가 집을 나서려는데 다섯 살짜리 막내가 뽀루퉁해서 "엄마, 엄마는 망치고 나는 못이야" 한다. "그게 무슨 말이야?" 하니까 "엄마는 나를 집에다 박아 놓고 나가잖아" 한다. 학교에 가서 그 말을 하니 "야, 국어 선생 딸이라 벌써 은유법을 쓰네!" 하고들 웃었다.

어느 가을날 마당의 라일락 나뭇잎들이 낙엽이 되어 떨어지는데, 한사코 뛰어다니며 모아서 내게 부탁을 했다.

"엄마, 이것들 좀 스카치테이프로 다시 나무에 붙여 주세요."

"아니, 왜?"

"불쌍하잖아요. 엄마 나무에서 떨어졌으니."

동안교회 옆에 있던 그 집은 경사 진 골목 안에 있었는데, 바로 앞집은 높은 3층집이어서 우리 집은 햇볕이 전혀 들어오지 않았다. 그 옆집에 종석이라는 사내아이가 우리 연년생 아들들과 잘 놀았는데, 어느 겨울날 두 집 아이들의 눈싸움이 벌어졌다. 우리 집은 역시 그 집보다 지대가 낮아서 도저히 상대가 되지 않았다. 그 아이가 던지는 눈뭉치는 영락없이 우리 아이들에게 떨어지지만, 우리 아이들은 위로 던져야 하니 제대로 되지 않았는데, 별안간 우리 둘째가 마루에 앉은 지원이를 데려다 내세우며 이렇게 소리를 쳤다.

"야, 너 내 동생 알지? 얘가 우리 집 가보(家寶)다. 얘를 건드리면 우리 아빠한테 혼나니, 얘는 맞지 않게 던져야 해!"

역시 아이들은 아이들이라서 종석이는 지원이를 맞히지 않으려고 애쓰고, 우리 녀석들은 지원이를 방패 삼아 눈싸움을 했다.

어쩌다 '가보'란 말이 나왔는가 하면, 그즈음 첫째는 초등학교 2학년, 둘째는 1학년이어서 장난이 심하고 툭하면 치고받고 뒹구는 게 일이었는데, 안방 미닫이문이 아래는 유리이고 위는 창호지라서 이틀이 멀다 하고 유리창이 깨졌다. 오죽하면 내가 유리집에 전화를 걸어 우리 집 주소만 대면 그 집 직원이 어느 유리창인가 묻지도 않고 유리를 들고 왔을 지경이었으니.

그런데 막내는 말 잘 듣고 말썽도 부리지 않을 뿐더러 아빠가 퇴근할 때가 되면 집 안 정리를 하고, 퇴근하는 아빠에게 안겨서 갖은 재롱을 부리니 무심결에 아빠 입에서 "아이고, 우리 지원이가 우리 집 가보다"라는 말이 한 번 나온 모양이었다.

하루는 건넌방에서 이상한 소리가 들렸다. "가! 가야 해!" 하는 사내아이들 소리와 "안 가! 안 가!" 하는 딸애의 소리였다. 알고 보니 막내가 "나는 시집 안 가고 평생 엄마 아빠하고 같이 살 거야"라고 했더니, 두 녀석이 "안 돼. 넌 시집가야 해! 안 가면 우리 마누라들이 고생한단 말이야!" 하다가 그런 소리가 나왔다는 거다.

엄마가 고모들에게 시달리는 게 싫었던 모양이었지만 그 꼴을 보며 우리 내외는 허리를 잡고 웃었다. 유치원에 가기 시작하자 유치원에서 집에 오면 마루에 올라오기 전에 앞가슴 이름표에 달았던 손수건을 떼더니 손에 쥐고 비누칠을 해서 조물조물 빨아 살짝 널어놓고 마루에 올라오는데, 나는 놀랐다.

지원이 고모인 막내 시누이가 진명여고 다닐 때, 집에 오면 가방을 살짝 문지방에 걸쳐 놓고 교복 칼라를 깨끗이 씻어 풀을 빳빳이 먹여 유리창에 붙여 놓고서야 방에 들어오는 걸 보고 내가 감탄했었는데, 내 딸이 가르쳐 주지 않았는데도 어쩌면 제 고모를 그렇게 빼닮았을까? 나는 밥투정이나 하던 어린 시절을 보냈는데, 시댁 식구들은 다들 너무 부지런했다. 일요일이면 친정에서는 그저 쉬는 날이었는데, 여기선 대청소를 하는 날이었다. 오죽하면 겨우 초등학교 2학년 때 2학기 첫날 담임 선생님이 지원이만 데리고 교실

청소를 하셨다기에 왜 그랬냐니까, 다른 아이들은 제 손도 제대로 못 씻고 손에 물만 묻히고 수건에 문질러서 수건만 더럽히는데, 지원이는 깔끔하게 여름 동안 쌓인 쥐똥까지 말끔히 닦아내니 어쩔 수 없었다는 거다.

그것뿐이랴! 운동회 때면 3학년부터 선생님이 꼭 '장비부'를 맡겨서 운동 종목이 바뀔 때마다 운동기구를 준비하고 챙기느라 땀을 뻘뻘 흘리는 걸 보면 에미로서는 안타깝지만, 지원이 아니면 그 일을 할 아이가 없다니 어쩌랴?

그렇다고 공부를 못하나? 언제나 올 100점이어서 새로 반 편성을 하면 아이들이 김지원이하고 한 반이 되면 1등은 포기해야 했다. 인정도 많아서 언제나 힘든 친구, 어려운 친구의 편이어서 인기도 짱이었기에, 지원이가 소풍 가는 날은 오라비들이 동생 오기만을 기다렸다. 갈 때는 달랑 도시락만 들고 가도 집에 올 때는 친구들이 준 과자와 초콜릿, 그때 무척 비싼 바나나까지 가방이 미어지게 받아오기 때문이었다.

지원이가 밤에 나와 기도하고 같이 자다가 초등학교 4학년 때 삼익타운하우스로 이사 오면서 처음 제 방을 갖게 되었다. 그래서 혼자 저녁기도를 하고 자게 되어 기도 방법을 묻기에, "주모경 외우고 할아버지 할머니 오래 사시고 아빠 엄마 건강하시고 오빠들 공부 잘하게 해 주세요 하고 기도하면 되지" 그랬더니, "네" 하고 제 방으로 들어가서 한참 후에 불이 꺼지곤 하더니 어느 날부터 아주 잠깐만 있다가 불이 꺼지는 것이다. 궁금해서 내가 이튿날 물어봤더니, "네, 기도하고 잤어요" 한다. "그렇게 짧게?" 하고 물었더니,

배시시 웃으면서 너무 졸려서 간단히 "하느님! 오늘의 기도는 어제와 같습니다, 하고 자요" 한다. '이하동문(以下同文) 기도'를 한 것이다. 우리 내외는 깔깔 웃으면서 "이하동문 기도를 하는구나" 했다. 주님, 이 딸을 저희에게 주셔서 무한 감사하옵니다.

아버지는 청렴의 극치인데다 월급은 적고 식구는 많으니 내가 지나칠 정도로 절약을 하는 걸 보아서 지원이는 알뜰했다. 이문동 집 안방은 어두웠는데, 방에 사람이 없을 땐 늘 전등을 끄곤 했다. 그 집을 팔려고 복덕방에 내놓았을 때 초인종 소리가 나고 "복덕방입니다" 하는 소리가 나면, 나는 얼른 안방 전등을 켜놓고 문을 열어 주었다. 안방이 어두워서 집이 안 팔릴까 봐. 그러나 복덕방 아저씨와 같이 안방에 오면 어김없이 방의 불이 꺼져 있는 것이다. 하루는 내가 열받아서 "아니, 누가 안방 전등을 껐어?" 하니까 지원이가 "엄마, 저예요. 방에 사람이 없는데 불이 켜져 있어서." 그래서 쓴웃음을 지을 수밖에 없었다.

하루는 길에서 여학교 동창을 만나 반갑다고 집에 데리고 왔는데, 서로 전화번호를 교환하느라 종이와 펜을 주었더니 그 친구가 반갑다고 펜을 든 채 계속 얘기를 하는데, 지원이가 그 옆에서 펜 뚜껑을 들고 계속 닫으려고 애를 썼다. 친구가 "애 왜 이러니? 왜 내 팔을 따라 올렸다 내렸다 하니?" 했더니, "죄송해요, 아줌마. 우리 엄마가 펜을 안 쓸 땐 뚜껑을 닫아 놓아야 잉크가 안 마른다고 해서요." 그 알뜰함은 어른이 된 지금까지 변함없어서 살림을 검소하고 규모 있게 한다.

청량중학교에 들어가서 담임 선생님이 생활기록부와 초등학교

성적표를 보고 반 아이 다섯 명을 방과 후에 남으라고 하곤, 집에 가서 어머니더러 '육성회원'이 되어 달라고 하셨는데, 다른 친구들은 "네" 하는데, 지원이만 남아서 선생님께 매달렸단다. "우리 집은 식구도 많고 경제적으로 넉넉지 못할 뿐 아니라 엄마는 불편하신 할아버지 할머니 시중을 들어야 하기 때문에 절대로 육성회원이 될 수 없다"면서.

담임은 "이런 아이는 처음 본다"며 혀를 내둘렀다. 덕분에 나는 육성회원이 안 되어 학교에 후원금은 안 내게 되었으나, 지원이는 반장에 지명되지 않았다. 그래도 성적은 여전히 올 100점일 뿐 아니라, 중2에 벌써 학교 '영어이야기대회'에서 학교 대표로 뽑히고 '동대문구 대회' 1등을 거쳐 전 서울 중학생 대회에서도 금상을 탔다. 시상식 날 나는 부모님 저녁이 걸려 서울 시청까지 가지도 못하고 버스정류장에서 기다리는데, 몇 대를 지나친 후에 막내가 버스에서 내렸다. 제 키보다도 더 큰 트로피를 혼자서 낑낑거리며 들고 버스에서 내리는 딸을 보면서 미안하고 대견했다.

지원이를 기다리면서 문득 1980년 미국 살 때 지원이가 아빠에게 무언가를 사 달라고 하니 아빠가 "미안해. 아빠가 요즘 돈이 없으니 나중에 사 주면 안 되겠니?" 하니 그러마고 한 게 어제 일인데, 오늘 남편이 학교에서 오자 옷을 벗고 지갑을 챙기다가 "여보, 나 학교 매점에 다시 다녀와야 해" 하며 부리나케 다시 나갔다 오더니 '이상하다'며 고개를 갸웃거렸다.

저녁을 먹으며 왜 그러냐고 물었더니 하는 말이, 학교 매점에서 문방구를 사고 10불을 내고 거스름돈을 받아왔는데, 집에 와서 보니 지갑에 15불이 있더란다. 그래서 급히 다시 가서 10불을 돌려주려니까 그 여직원이 그날의 계산을 다 해 보고 나서 자기는 분명히 거스름돈 5불만 주었다며 "어떤 천사가 당신 지갑에 10불을 넣었나 보다"라고 하더란다. 그 얘기를 듣던 지원이가 고개를 움찔하며 "아빠, 그 10불 내가 몰래 아빠 지갑에 넣었어요" 했다. 어제 아빠가 돈이 없다는 말을 해서 제가 설날에 받은 세뱃돈을 아빠 지갑에 몰래 넣었다니, 천사는 막내였던 것이다.

지원이는 정말 천사였다. 그런 큰 상을 받는데, 아무도 가서 축하해 주지 않아도 군말 없이 혼자서 광화문에서 이문동까지 버스로 오는 아이가 바로 천사이지. 중학교 졸업도 전교 1등인데 선생님이 불러서 "1등 졸업을 하면 선생님들에게 한턱 내야 하는데 50만 원이 든다"고 하니 저는 2등으로 해 달라고 졸랐다는 우리 딸! 그런 딸의 졸업식에 나는 참석도 못했다. 마침 대학 시험에 실패한 둘째 아들의 고등학교와 같은 시간에 졸업식이 있으니 그리 갈 수밖에 없었다.

오히려 졸업식 전날 3년 전에 받아 책상 위에 두었던 조화를 말끔히 빨아서 큰오빠더러 가지고 오라고 건네 나를 울렸다. 힘들게 사느라 배우고 싶다는 '발레'며 '수영' 등을 못 가르쳤더니 지금 제 딸에게 시키는 걸 보노라니 에미 마음이 아리다.

서울대학이 관악 캠퍼스로 이사한 후 남편이 이문동에서 출퇴근하느라 너무 힘들어 강남으로 이사를 하면서 지원이는 고등학교 추첨을 강남으로 신청했건만 엉뚱하게도 용산에 있는 '상명여고'에 되었다. 새로 이사한 방배동에서는 지하철도 가지 않는 불편한 곳이어서 입학식 날 담임 선생님에게 전학 신청서를 내어 허락을 받고 기다리니 한 달여 만에 다시 '동덕여고'로 통지가 왔다. 그래서 다시 전학을 하기 위해 상명의 담임 선생님을 뵈러 교무실에 가니 선생님 안색이 무척 불편했다. 하필 그날이 첫 달 시험 결과가 나온 날이었는데 지원이 전교 1등이라는 성적이 나와서 교장 선생님에게 언짢은 말을 들었단다. 우수한 학생을 붙잡지 않고 전학을 허락했다고. 담임 선생님이야 청량중학교 출신의 수수한 엄마와 수수해 보이는 학생이니 아무 생각 없이 도장을 찍어 주었던 것이 '아차 실수'였겠지.

새로 전학 서류를 들고 찾아간 '동덕여고'에서도 그랬다. 새 반에 가서 선생님이 "이번에 청량중학교에서 온 김지원이가 우리 반에 새로 전학 왔다"고 소개하자 영악한 강남 여학생들이 "청량리? 청량리중학교?" 하며 샐샐 웃었는데, 또 첫 달 시험에서 지원이가 1등을 하자 모두 놀라서 경계심을 나타냈다.

그러나 워낙 친화력이 있는 지원이는 학교에서는 무리 없이 잘 지냈으나, 이사 오자마자 아버님이 돌아가시고 어머님마저 몸져 누우시니 집 안은 엉망이었다. 고1, 고2 때까지 우수한 1등급이던 성적은 할머니가 심각해지시자 내가 도시락도 못 싸주고 절절매는 동안 3학년 1학기 성적이 4등급이 나오기에 이르렀다.

그래도 학년 초에는 전국모의고사에서 100등 이내에 들어 '어느 학교, 어느 과에도 합격 가능'이라는 소견을 받은 우리 막내가 내신 성적이 4등급에 이르도록 나는 어머님 대소변 받아내고 죽이며 미음 쑤느라 헤매고 있었으니 가슴이 미어졌다. 두 아들에 이어 막내까지 망치는 상황에서 나는 하느님께 미친 듯이 떼를 썼다.

"주여, 제가 어머님 병수발 하는 일은 너무너무 힘들어요. 그래도 꾀부리지 않고 열심히 하겠습니다. 그러나 당신이 실비아를 대학에 붙여 주는 일은 쉬운 일이잖아요. 저는 힘든 일을 할 테니 주님은 쉬운 일을 해 주세요!"

이런 억지가 어디 있으랴마는, 나는 떼를 썼다.

그래도 막내는 말없이 꾸벅꾸벅 제 할 일을 해내는데, 하루는 셋째 시누이가 어머님을 뵈러 왔다. 그저 잠깐 엄마 곁에 앉아 있다가 일어나려는 시누이를 내가 붙잡았다. "마침 어머님 목욕을 시키려는 참이니 좀 붙들어 달라"고 했더니 항상 내가 잘하느니 못하느니 시비를 걸던 사람이 황급히 일어나며 "난 허리 아파서 못해. 아이고, 바빠서 얼른 가야겠다"며 부리나케 현관으로 나가려다 시험이라 일찍 집에 오던 지원이와 부딪쳤다. 나는 붙들고 고모는 뿌리치고 나가려는 걸 본 지원이는 선선히 "바쁘시면 가셔야지요. 고모, 안녕히 가세요" 하며 꾸벅 인사를 했다.

"엄마, 제가 붙들어 드릴게요. 싫다는 사람 잡는다고 무슨 도움이 되겠어요?"

수학능력시험을 열흘 앞두고 어머님이 돌아가시자 문상객들이 들이닥쳐서 좁은 집 안은 엉망이 되고, 집 안에 하나밖에 없는 지원이 침대는 집안 손님들의 겉옷 코트를 걸치는 데가 되고, 지원이 방 앞에서는 화투판이 벌어졌다. 동네 독서실은 기왕에 다니던 학생이 아니라고 받아주지 않으니 지원이는 어느 한쪽 구석에 쭈그리고 앉아 공부를 할 수 없자 그 낙천적이던 아이가 비로소 눈물을 흘리고 말았다. 지금껏 그 쓰라린 기억이 새롭다.

결국은 세 아이가 우리가 무조건 등록금을 안 내도 되는 서울대에 가기를 바라는 걸 알고 전공과를 낮춰서 들어간 것을 생각하면 평생 미안하기 짝이 없다. 지원이가 다른 대학의 희망하는 학과에 갔으면 너끈히 붙었을 텐데, 미안하다.

우리 세 아이는 어려서 예방주사를 맞을 때 그 반응이 각자 달라서 늘 나를 웃겼는데, 큰애는 주사 맞기 전에는 안 맞겠다고 울다가 일단 주사를 놓기 시작하면 포기하고 울음을 그치는데, 둘째는 주사를 다 맞은 후 주삿바늘을 뺄 때부터 앙앙 울기 시작해서 그 병원을 나올 때까지, 아니 심지어 나와서도 병원을 돌아보며 돌아보며 억울해서 울기를 그치지 않았다. 뒤끝 작렬이다. 막내 지원이는 간단하다. 주사를 놓기 시작하면 울다가 주사기를 빼면 뚝 그쳤다.

지원이가 초등학교 2학년이었을 때 한 반 친구인 '표수지' 엄마로부터 전화가 왔다. 자신이 의사라서 도무지 딸을 챙겨 주지 못해 작년 1학년 때는 아이가 준비물이며 숙제며 제대로 준비도 못하고 절절매서 학교에서 왕따를 당했는데, 2학년이 되어 지원이와 한 반이 되고, 수지가 따돌림을 당하는 걸 보고 지원이가 나서서 다 막아 줄 뿐 아니라, 일일이 챙겨 주어 너무너무 고맙다는 얘기였다. 이제 수지가 즐거운 학교생활을 하는 건 모두 지원이 덕이라며, 이번 토요일 학교 마치는 시간에 지원이를 자기 집에 초대해서 놀다 가게 하고 싶다기에 그러라고 했다.

그 집에서 잘 놀고 있으려니 했는데, 다시 수지 엄마한테 전화가 왔다. 수지네 가 보니 거기가 병원이니까 지원이가 "우리 엄마가 바빠서 제가 맞아야 할 뇌염 예방주사를 아직 못 맞춰 주었는데 여기서 맞게 해 주실래요?" 해서 주사를 놓아 주었다며 "아니, 조그만 아이가 어쩌면 이렇게 철이 다 들었어요? 우리 수지는 지원이에 비하면 아주 애기에요, 애기."

수지 엄마는 지원이 덕에 수지가 정말 안전하게 학교도 다니고 철도 들겠다며 고마워했다.

수지는 외딸동이지만 지원이는 우리 일곱 식구 중에 제일 꼴찌이니, 밥상에 좀 맛있는 반찬이 나오면 할아버지 할머니 앞에 한 접시, 아이들 앞에 한 접시 놓지만, 먹성 좋은 오라비들이 후다닥 먹어 치우니, 그것이 비록 튀김이라도 지원이는 우선 몇 개라도 집어 제 밥 속에 푹 박아 밥이 수북해진 후에야 밥을 먹곤 했다. 그러니 외동딸 수지보다는 재빨리 철이 들었을 거다.

우리 집 식단은 항상 어른들 위주로 밥, 국, 나물… 식이었기에 아이들 키가 못 큰 것 같아 그것까지도 에미는 마음에 걸리고 미안하다. 고등학교 때도 지원이는 내가 할아버지 할머니 시중드느라 항상 바쁜 걸 아니까, 집에 오면 우선 쌀부터 씻어 놓고, 공부하다가도 부엌에 물 마시러 들어왔다가 설거지거리가 있으면 후딱 씻어 놓는 걸 보고, 내 막내고모인 기순이 엄마가 늘 부러워했다. 자기는 딸이 다섯인데 다 합쳐도 내 딸 하나만 못하다고.

큰아들은 국비 장학생으로 미국에 가고, 둘째는 불란서에 가서 국립 파리4대학(소르본대)에 들어가 학비 걱정을 안했는데, 지원이는 토플 시험을 만점을 받고 대학과 대학원 성적이 A이니 미국 버클리대학에서 장학금까지 주어 제일 좋은 조건으로 박사학위까지 받았으니 고맙기 짝이 없다. 버클리대에 유학 간 8월엔 이미 결혼하고 임신 6개월로 배가 불렀는데, 장학금까지 준다고 데려온 학생을 보고 교수님이나 학생들이 아마 놀랐을 터인데, 씩씩하게 공부하다가 12월 29일에 애기를 낳고, 일주일 만에 학교에 갔다.

여러 실험실을 일일이 방문해서 지원이가 한 인사말은 "하이! 모두 내가 배 부른 것만 보아서, 애기 낳고 홀쭉해진 걸 보여 주러 왔다"고 해 모두를 웃겼다 한다.

돌이 되기 전에 오빠들이 소파에 뉘어 둔 막내의 이마를 북치듯이 두들기며 '아바아바' 하며 인디안 흉내를 내는 바람에 놀란 내가 그물처럼 망을 두른 플레이 팬을 얻어다가 그 안에 지원이를 넣어 두고 편히 놀게 했더니, 자유를 잃은 게 싫었던지 앙앙 울어도 효과가 없자 어느 날부터 조용히 노는 것 같아 나는 마음을 놓았다.

아뿔싸, 그게 아니었다. 어느 날 보니 플레이 팬에 구멍을 내고 밖으로 나와 기어다니고 있었다. 아마 좀 허술한 곳을 집중 공격해 뜯어낸 모양이었다. 그 후론 그 구멍을 막으면 또 다른 곳을 뜯어내는 바람에 내가 두 손을 들고 말았다. 어려서부터 끈기 있고 집중력 있는 막내, 하느님은 그 애를 무슨 뜻으로 우리에게 주셨을까? 생각하게 된다.

맺는 글

이 책을 짓는 데는 큰아들과 막내딸은 미국에 살고 있어서 정신적으로 도와 주었으나, 둘째 아들 내외는 우리 병간호와 병원 나들이를 지극 정성으로 도와 주면서 이 책을 짓는 데도 크게 힘써 주어서 고맙게 생각한다. 또 이 책을 내주신 이지출판사 여러분께 감사드린다.

도미노 부부

김상용 ─────────────

서울대학교 공과대학 섬유공학과 학사, 석사 졸업
미국 노스캐롤라이나 주립대학교에서
섬유고분자과학으로 박사학위 받음
현재 서울대학교 공과대학 명예교수

안병옥 ─────────────

숙명여자고등학교 졸업
서울대학교 사범대학 국어교육과 학사 졸업
전 성심여자중고등학교 교사

도미노 부부

김상용·안병옥 지음

이지출판